Fernando Lalana Lac

Los niños y la Calle

Bd.: 1: la infancia sin techo

Temas hispánicos

Schmetterling Verlag

Bibliografische Informationen *Der Deutschen Bibliothek*
Die Deutsche Bibliothek verzeichnet diese Publikation in der Deutschen Nationalbibliografie; detaillierte Daten sind im Internet über
http://dnb.ddb.de
abrufbar

Schmetterling Verlag GmbH
Lindenspürstr. 38b
70176 Stuttgart
www.schmetterling-verlag.de
Der Schmetterling Verlag ist Mitglied von aLiVe

ISBN 3-89657-744-1
1. Auflage 2004
Printed in Germany

Fotos: Institut für Brasilienkunde e.V., Sunderstraße 15, 49497 Mettingen
(Autor und Verlag bedanken sich herzlich für die zur Verfügung gestellten Fotos)
Satz und Reproduktionen: Schmetterling Verlag
Druck: GuS-Druck GmbH, Stuttgart
Binden: IDUPA, Owen

Inhalt

Pandillas, maras y sicarios

Nuestros niños de la calle

Quellennachweis

Vorwort

«Schau mir in die Augen Präsident des Internationalen Währungsfonds, schau mir in die Augen Multi-Manager, schau mir in die Augen Politiker des Westens, des Ostens, des Südens und des Norden, schaut mir in die Augen Anführer aller Weltreligionen; auch du, Wohnzimmer-Revolutionär, der du mit vollem Bauch über das traurige Los der Anderen schreibst, darüber wie schön es doch sein könnte, aber nicht ist, über die Notwendigkeit des Pragmatismus und über diese Welt, ‹die bestmögliche›. Schau mir genau in die Augen, denn bald werde ich es nicht mehr schaffen, deinem Blick Stand zu halten. Ich laufe, seitdem ich gelernt habe zu gehen; ich grabe, seitdem ich gelernt habe die Hände zu verwenden; ich denke, seitdem mein Hirn angefangen hat, die Mauer, die mich stets gefangen hält, zu verstehen. Und das alles habe ich ausschließlich gelernt, um essen zu können.» (Maria Lidia Mota Cunha)

Die Zahl der Straßenkinder hat in den letzten Jahren explosionsartig zugenommen. Nach Schätzungen der UNO gibt es heute mehr als einhundert Millionen Kinder, die auf den Straßen der Großstädte, vor allem in Iberoamerika, um ihr Überleben kämpfen. Brasilien ist mit mindestens zwölf Millionen «meninos da rua» an der Spitze dieser makabren Bilanz.

«Los niños de la calle» haben keinen Kontakt zu ihren Eltern, schlafen auf Kartons in Hauseingängen, ernähren sich von Abfall. Sie werden verjagt, geächtet und ermordet.

Das zweiteilige Dossier («Los niños sin techo» und «Niños objeto en el siglo XXI») versucht, Maria Lidia und den anderen nicht nur lateinamerikanischen Straßenkindern in die Augen zu schauen.

«Leben auf der Straße», «Kinder und Arbeit», «Soziale Säuberung in lateinamerikanischen Metropolen», «Kinder im Drogenhandel und als Auftragsmörder» und «Unsere Straßenkinder» sind die Unterthemen des vorliegenden ersten Bändchens, das nicht Mitleid, sondern vielmehr Solidarität und Engagement im Aufbau einer gerechteren und humaneren Welt bei Lehrenden und Lernenden zu erwecken beabsichtigt.

Das «Dossier» richtet sich an Lernende, die bereits über Grundkenntnisse der spanischen Sprache (etwa vier Jahre Spanisch-Unterricht) verfügen.

Zu dieser Textsammlung ist ein Lehrerheft vorgesehen, das ausformulierte Lösungsvorschläge zu allen Aufgaben enthält.

Ich danke Herrn Paul Sandner und Herrn Jörg Hunger – Geschäftsführer des Schmetterling Verlages in Stuttgart – sowie meiner lieben Tochter María del Carmen Lalana Cordeiro für ihre hilfreichen Anregungen und das Duchsehen des Manuskriptes.

Es würde mir große Freude bereiten, mit der Erstellung dieser Textsammlung dem von mehreren Kolleginnen und Kollegen geäußerten Wunsch danach zufriedenstellend entsprochen zu haben.

Rheine, März 2004
Fernando Lalana Lac

Lehrer für Religion, Französich und Spanisch
am Kardinal-von-Galen-Gymnasium in Mettingen

I

¿Quiénes son los niños de la calle?

NIÑOS DEL SUR

Estoy estremecida. Una buena amiga, una amiga de confianza, ni fantasiosa ni inventadora, acaba de regresar de un largo viaje por varios países de Iberoamérica y ha contado historias que me han dejado el corazón en un puño. Historias de niños. Si terribles son las noticias que nos llegan de niños de la guerra, de niños de la antigua Yugoslavia, más terribles todavía, son las historias de niños de Brasil, Perú, Colombia o de países aparentemente con menos problemas de infancia, como pueden ser México o Venezuela. Cinco millones de niños de la calle hay en Brasil, cinco millones; la población entera de Madrid. Niños que viven en favelas, en los túneles de las cloacas, en los portales, en las playas paradisíacas donde al mediodía se tuestan al sol los multimillonarios que se acercan a Ipanema o Copacabana. Dicen esos multimillonarios que por las noches hay dunas en las playas que de día desaparecen, porque las «dunas» no son más que centenares de muchachos que se acuestan sobre la arena y se tapan con la arena para protegerse de la inclemencia del tiempo. Viven en la violencia, saben desde que gatean qué horrores se pueden hacer con una navaja o una pistola, y de vez en cuando son perseguidos como perros y asesinados en razias en las calles por las que trotan todo el día buscando algo que comer. Y buscando a los turistas que pueden ser asaltados, porque la mayoría de los niños de la calle, que viven en violencia, generan más violencia.

Me cuenta de los sicarios colombianos, críos que matan a cambio de unos dólares. Niños que inhalan pegamento ayudándose de bolsas de plástico, pues esas inhalaciones quitan el hambre, calientan el cuerpo y atontan; de esa forma los niños olvidan por unas horas sus problemas. Vagan días y noches por las calles, son comprados, prostituidos, engañados, trasladados de un lugar a otro, donde piensan que pueden tener más futuro. Los narcotraficantes los utilizan como portadores menores de droga, y al poco tiempo los matan, cuando piensan que disponen de demasiada información y se convierten en un peligro, en posibles delatores. Los que se apuntan al sicarismo son entrenados previamente en campos de tiro clandestinos. Cuando saben manejar un arma se les dice que maten a la primera persona que encuentren, y si regresan con los nervios templados pueden integrarse en esa red en la que niños que a veces no tienen más de diez años matan a personas concretas a cambio de un par de centenares de dólares, con los que creen que pueden resolver económicamente el porvenir de su familia.

Hay tráfico de órganos con niños, que casi siempre les cuestan la vida. Hay niños ciegos por las calles cuyos ojos han sido comprados por americanos pudientes; sí, tráfico de ojos. Y de corazón, y de riñones. Me cuenta esta amiga un caso que ha vivido de cerca y que no me atrevo a trasladar al papel porque es demasiado terrible. Esos niños de la calle no valen nada, y como no valen nada se les usa como cobayas. Los de más suerte, si tienen pocos años y una cara simpática, consiguen que les compre un europeo para adoptarlos, y también la adopción entra así en el submundo de los traficantes.

Los niños del Sur se mueren mientras los del Norte inquietan a sus padres porque no han conseguido buena nota en inglés o matemáticas. Los niños del Sur, de la India, Brasil, Sudán o Etiopía tienen los ojos grandes y el estómago encogido por falta de alimentos. Pero los de la India, Sudán o Somalia al menos mueren con dignidad, en brazos casi siempre de su madre, mientras que los niños de la calle de Suramérica viven y mueren en el detritus y en la violencia.

¿Adónde va el mundo? Estos niños son los hombres del futuro o deberían ser los hombres del futuro, si llegan a hombres. En España hay organizaciones excepcionales que se ocupan de nuestros niños abandonados o con deficiencias físicas; organizaciones ejemplares a las que dedican su tiempo y su esfuerzo personal un puñado de mujeres que han nacido sin problemas, y que sin embargo trabajan en exclusividad para estos críos.

Incluso ponen su patrimonio personal en hogares donde los niños encuentran algo parecido a una familia y reciben cuidados médicos o psicológicos que les permiten salir adelante. Pero para el más desgraciado de los niños españoles siempre habrá unos miles de niños suramericanos que le superan en desgracia. En España hay pobreza, allí hay miseria. En España hay enfermos; allí, epidemias. Aquí hay delincuencia; allí, niños de la calle. Y un niño de la calle es todo lo que hemos contado y más. Demasiados horrores los suyos como para ser descritos.

Pilar Cernuda, Blanco y Negro, 28-11-1993 (801palabras)

Anotaciones

(1) estremecido /a: conmovido, muy inquieto, turbado [erschüttert] — (6) dejar el corazón en un puño: impresionar extremamente [fassungslos lassen] — (12) aparentemente: a primera vista, supuestamente [scheinbar] — (18) favela (f.): chabola de las grandes ciudades de Brasil [elende Wohnung] — túneles (m. p.) de las cloacas: [Kloakengänge] — (20) tostarse: broncearse, ponerse moreno /a al sol [sich rösten] — (22) duna (f.): montículo de arena [Düne] — (24) taparse: cubrirse, protegerse contra el frío [sich zudecken] — (25) inclemencia (f.): severidad, crudeza [Rauhkeit] — gatear: andar a gatas, comenzar a andar [krabbeln] — (26) navaja (f.): cuchillo de bolsillo [Taschenmesser] — (27) trotar: correr, andar, caminar — (31) sicario (m.): asesino a

sueldo, persona que recibe dinero para asesinar — (33) atontar: ofuscar, enajenar [betäuben] — (34) vagar: andar, caminar sin rumbo fijo — (36) portador (m.); aquí: persona que lleva la droga a los consumidores — (38) delator (m.): denunciante, acusador — apuntarse a: alistarse a [sich melden für] — (39) campo (m.) de tiro: zona donde se aprende a manejar las armas de fuego — (46) ciego /a: se dice de una persona que no ve, invidente — (48) trasladar al papel: escribir — (49) cobaya (m. / f.): conejito de indias [Versuchskanninchen] — (53) inquietar: intranquilizar, preocupar — (55) encogido /a: pequeño, contraído — (58) detritus (m.): basurero [Abfallhaufen] — (62) puñado (m.): pequeña cantidad, pequeño grupo — (67) desgraciado /a: desdichado [unglücklich]

Cuestionario de estudio

Elaboración y comprensión

a) Cuestiones sobre el texto

1. ¿Quién ha informado a la autora sobre los niños de la calle? — 2. ¿Dónde ha pasado su amiga una temporada? — 3. ¿En qué países es extremamente grave la situación de los niños? — 4. ¿Cuántos niños de la calle existen en Brasil? — 5. ¿Dónde viven estos niños? — 6. ¿Qué son dunas? — 7. ¿Por qué aparecen dunas en las playas de Copacabana? — 8. ¿Pueden vivir los niños de la calle tranquilos? — 9. ¿Qué niños reciben el nombre de sicarios en Colombia? — 10. ¿Para qué toman pegamento los niños de la calle? — 11. ¿Qué tareas les ofrecen los que trafican con las drogas? — 12. ¿Por qué arriesgan los niños portadores frecuentemente sus vidas? — 13. La autora del texto dice que los niños de la calle son empleados como «cobayas». Explique y comente esta expresión. — 14. ¿Qué es lo que preocupa sobre todo a los padres de los países ricos? — 15. ¿Qué es lo que lleva a la autora del texto a afirmar que la situación de los niños de la calle latinoamericanos es todavía peor que la de los asiáticos y africanos? — 16. Exponga con sus propias palabras la comparación que se hace al final del texto de los problemas de los niños españoles y los niños iberoamericanos.

b) Léxico y gramática

II. Complete las frases.

1. *un número — tienen acceso — terminan — riesgos — marginados — futuras — afrontar — el avenir — el consumo*
   Los niños, niñas y jóvenes ... de América Latina ... limitado a la educación y las oportunidades y, con frecuencia, ... trabajando o viviendo en las calles. La prostitución, la mendicidad, el robo y ... de drogas son parte de las «herramientas» que estos niños y niñas tienen para ... la vida cotidiana. Estas prácticas, en las que se involucra ... creciente de pequeños y pequeñas, suponen enormes ... para la presente y ... generaciones y, en última instancia, para ... de toda la sociedad.

2. *crisis económica — de productos básicos — el tiempo — en bancarrota — en el noroeste — esta situación — menos — quedan — sensibles*
Ecuador, un pequeño país ... de Sudamérica, está viviendo en nuestros días la peor ... de su historia republicana. Con un estado ... y unas elites económicas que no han sido ... a la realidad del 80% de los ecuatorianos, las alternativas que ... no son muchas, y ... es muy corto. Quienes más sufren por ... son los sectores más pobres (ahora el 70 % del total de ecuatorianos), de los cuales, cuatro millones (30%) ganan ... de cuarenta dólares al mes, o alrededor de un dólar al día, mientras que la canasta ... cuesta en promedio doscientos dólares al mes.

I Ordene los antónimos.
acercarse — acostarse — aparecer — atacar — barato /a — calentar — castigar — clandestino /a — claro /a — comprar — confianza — construcción — dar — dicha — encenderse — estremecido /a — imposible — inocente — limpio /a — nada — niño — obstaculizar — olvidar — pacífico /a — perder — permitir — realmente — saber — salir — salud — siempre — tranquilo /a — verdad

tranquilizado /a	...	sucio /a	...	regresar	...
recordar	...	público /a	...	prohibir	...
preocupado /a	...	premiar	...	posible	...
pedir	...	oscuro /a	...	mucho	...
mentira	...	levantarse	...	jamás	...
ignorar	...	favorecer	...	enfriar	...
enfermedad	...	encontrar	...	destrucción	...
desgracia	...	desconfianza	...	defender	...
desaparecer	...	culpable	...	caro/a	...
aparentemente	...	apagarse	...	alejarse	...
adulto	...	vender	...	violento/a	...

III Ponga las preposiciones necesarias.
1. ¿Por qué habéis tardado tanto ... llegar? — 2. Los acusados se han negado ... confesar su crimen. — 3. Íbamos ... la piscina dos veces ... semana. — 4. Estoy muy enfadado ... todos vosotros. — 5. En nuestra asociación las decisiones siempre se han tomado ... votación. — 6. Muchos niños de los países ... vías de desarrollo se ven condenados ... morir ... hambre. — 7. Es una historia larga ... contar. — 8. Su padre nos contó que había empezado ... trabajar ... los dieciséis años. — 9. Tenéis algo ... beber. — 10. Hoy es el 18 ... noviembre ... 2003. — 11. Los agricultores se manifestaron ... el ministro. — 12. Los turistas se pasan ... las tardes ... la playa dorándose ... el sol. — 13. Esto no sirve ... nada. — 14. La mayor parte ... los niños de la calle se abrigan ... la noche ... plásticos y cartones. — 15. Se ha echado ... la cama porque no se encuentra bien. — 16. Las máquinas ... escribir ya no se emplean mucho. — 17. Acaban ... regresar ... un viaje ... África. — 18. A él, le gusta mucho meterse ... cosas ajenas. — 19. En esta región llueve cada dos ... tres. — 20. El director ha convocado ... todos los estudiantes ... el lunes ... las seis ... la tarde. — 21. Le he enviado el paquete ... correo. — 22. A mí me gusta más viajar ... noche que ... día. — 23. Caminan ... las calles ... un rumbo fijo. — 24. He pensado muchísimo ... todo lo que me has dicho. — 25. El pegamento les ayuda

... olvidar los problemas ... unas horas. — 26. Los accionistas no saben cómo reaccionar ... la crisis finaciera. — 27. Dicen que las obras ya estarán terminadas ... el verano. — 28. Las heladas han tenido efectos desastrosos ... los campos ... cultivo. — 29. El atracador se colocó ... el empleado y lo amenazó ... una pistola. — 30. Hoy no estoy ... nada. No me encuentro bien. — 31. Perdone ... las molestias. — 32. En los campos ... tiro aprenden ... servirse ... las armas. — 33. Se nota que está enfermo ... la palidez de su rostro. — 34. Estas murallas fueron construidas ... los romanos.

IV Ejercicio de traducción

1. Entendemos por «niños de la calle» niños y adolescentes en situación de alto riesgo, menores de edad que hacen de los espacios públicos urbanos su hábitat temporal o permanente, se alimentan con lo que encuentran, roban o les dan, se agrupan en bandas y consideran la calle como territorio propio.
2. La actual situación económica y social de América Latina ha forzado a niños y niñas a tomar la vida callejera como un medio para sobrevivir.
3. La infancia debería ser un tiempo para jugar, para aprender, para crecer; un tiempo en el que todos los niños y niñas deberían tener la oportunidad de desarrollar sus capacidades y soñar con maravillosos planes para el futuro.
4. Desde edades muy tempranas, sucios, harapientos, a veces con su bolsita de inhalante en la mano, niños que venden, lustran zapatos, lavan carros, mendigan o simplemente están en parques, mercados y terminales forman parte del paisaje cotidiano de numerosas urbes mesoamericanas.
5. Con el tiempo los niños de la calle tendrán hijos que, a su vez, reproducirán el mismo proceso de marginación, ya que entre una y otra generación no ha mediado ninguna intervención eficaz para interrumpir el fatal proceso.

Lectura comentada

¿Qué implica ser un niño de la calle?

Imagina que tienes ocho años. A lo mejor tus padres te pegaban, y huiste. Quizá no tenían dinero para mantenerte, o simplemente así lo parecía, y un día decidiste irte de casa para que tu hermana pequeña no tuviera que pasar hambre. Si vives en Colombia, en Perú, o en el sur de México, a lo mejor el ejército o la guerrilla mató a tus padres, y no has podido encontrar a la tía que siempre te habían dicho que vivía en la ciudad. Después de todo, tienes ocho años. El motivo no importa; lo que importa es que estás solo.

El primer día que pasaste en la calle, te encontraste con una pandilla de niños. Ellos te enseñaron a sobrevivir: te mostraron cómo fingir una lágrima para pedir las sobras de un restaurante; cómo pedir limosna; cómo encontrar comida en un vertedero; dónde ir al baño... Tus nuevos amigos también te dan calor por la noche. Cuando se acerca la policía, o cuando los vigilantes vienen con sus armas, ellos te dicen dónde puedes esconderte. La pandilla te mantiene en vida.

Mas tus nuevos amigos también quieren algo de ti. Es posible que los mayores te pidan favores sexuales, ya seas niño o niña; sí, no tienes más que ocho años, pero eso sólo quiere decir que no tienes el SIDA o un herpes. Otros te ofrecerán drogas... en

Colombia puede que te ofrezcan *bazuko*, un derivado de la cocaína que hace que el crack parezca inofensivo. En México, te darán *activo*, un producto que sirve para limpiar tuberías de material sintético, que esparces en un pañuelo de papel para esnifar, y que luego te produce un horrible dolor de cabeza; el *activo* te come literalmente el cerebro, pero también te ayuda a olvidar.

Los días pasan, cada uno igual que el anterior. Tu pandilla ha encontrado una cloaca decente para dormir... allí te proteges de la lluvia y la gente no puede verte, pero el hedor es insoportable. Todos los niños utilizan el mismo rincón para ir al baño, y hay comida podrida esparcida por todas partes... ¿Pero qué puedes hacer? Te pones en cuclillas en la misma esquina que los demás. Como uno de los mayores te ha enseñado a limpiar parabrisas, cada día te pones junto al semáforo, y respiras el humo de los coches, intentando ganarte algo de calderilla de los taxistas.

Un día, después de producirse un robo en una tienda de informática, los policías hacen un «operativo» en la cloaca. Puede que uno de los niños fuera el autor del robo, puede que no... nadie lo recuerda... pero eso a la policía le trae sin cuidado. Los agentes la emprenden contigo a porrazos y te dejan inconsciente; luego, cuando recobras el sentido ves que un par de ellos están violando a una niña mayor que tú en el rincón en el que todos suelen dormir. Antes de subirle las bragas y de marcharse, la golpean un par de veces más y le recuerdan lo que ocurrirá si cuenta a alguien lo ocurrido.

Dos días más tarde, la vida vuelve a la normalidad; uno de los niños consigue birlar alguna aspirina, así que la cabeza no te duele tanto como antes, pero, en el refugio, huele como si una de las heridas o uno de los golpes que los policías dieron a un amigo tuyo se hubiera gangrenado. La niña se pasa todo el día acurrucada en una esquina, llorando, y nadie sabe qué hacer. Tú no sabes dónde puedes encontrar la ayuda de un médico o de un psiquiatra y, de todos modos, cualquier hospital te prohibiría la entrada. Estás sucio, lleno de cardenales, eres joven, y después de esnifar toda aquella cola, la verdad es que eres incapaz de hablar como solías hacerlo.

Una noche, cuando una amiga sale a gatas del túnel par ir en busca de comida, oyes un par de disparos, luego una risa estrepitosa. Las balas rocían el túnel sin tocar su cuerpo. Sólo son niños ricos que se divierten. Todo el mundo habla de buscar otro lugar, ¿pero adónde podemos ir?»

La historia parece exagerar la realidad, pero así es como vive un niño de la calle en una gran ciudad de Latinoamérica. Los detalles sólo consiguen recrudecer esta historia: en Guatemala, los niños viven en vertederos, en los que tienen que luchar con los buitres y perros para rescatar su comida de la basura. En Bogotá, viven en cloacas, rodeados de excrementos. En Quito, o Ayacucho, o en La Paz, se hielan de frío por las noches, y en Santiago, muchos duermen bajo la nieve en invierno. (...)

ESPERANDO LA LUZ ROJA DEL SEMÁFORO

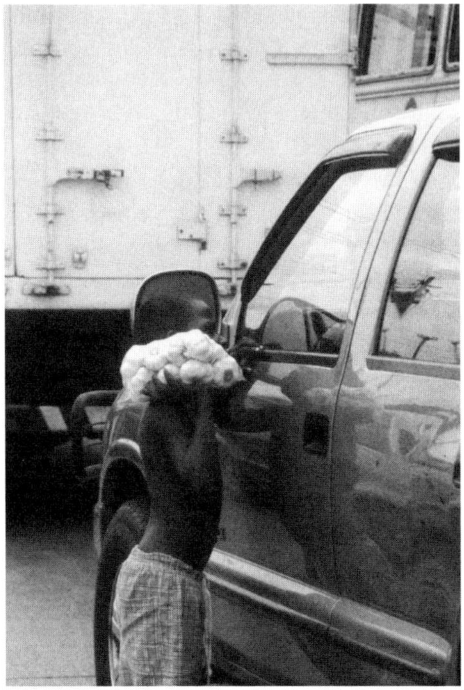

Los niños de la calle están en todas partes. Algunos venden golosinas, otros limpian los parabrisas de los vehículos y otros, simplemente, piden unas cuantas monedas. Son chicos que se pasan el día entero tratando de conseguir algo de dinero para llevar a sus casas. Es un problema que no termina y que va creciendo cada vez más sin que nadie pueda detenerlo.

Esperando la luz roja del semáforo una y otra vez, desde tempranas horas de la mañana y hasta altas horas de la madrugada, vemos a niños vagando por la ciudad.

Anteriormente se los veía sólo en algunas esquinas de Asunción, ahora están en cualquier parte. En las calles, frente a restaurantes, shoppings, supermercados, plazas, parques, iglesias o cualquier centro donde haya gente que les pueda dar unas pocas monedas. Las edades de estos niños varían entre 3 y 10 años, incluso podemos ver pequeños bebés de meses, o días, que pasan horas en brazos de otros niños que se te acercan y te dicen: «... dame plata para la leche de mi hermanito». Los niños están allí en todo tiempo, con sol o lluvia. Algunos tienen la suerte, después de una larga jornada, de poder regresar a sus casas. Otros, en cambio, se quedan en las veredas, plazas o en cualquier lugar, durmiendo sobre cartones, diarios o bolsas de plástico. Los vemos allí, en el rinconcito de algún portal, acurrucados, ¿por frío?, ¿por miedo?, dormidos, soñando que son los príncipes de un gran reino o los valientes defensores de la humanidad, como cualquier otro niño de su edad. El hambre y la soledad están allí, esperando que despierten del mundo de sus sueños.

Los cinturones de pobreza que rodean a Asunción ya no solo se limitan a la zona de la Chacarita como en otras épocas. Hoy en día vemos que cada vez más gente de escasos recursos se instala en precarias viviendas cerca de la ciudad porque piensan que aquí encontrarán alguna forma de sustento. La crisis económica afecta también a la capital. La falta de empleo y la retracción de las ventas circulantes, marcan la constante aquí y en el interior pero, sin embargo, la población de Asunción y alrededores va creciendo con la llegada de contingentes humanos en busca de nuevos horizontes.

¿Qué se les ofrece? Poco o nada. Están en las calles tratando de vender todo tipo de artículos o subiendo a los ómnibuses de pasajeros con discursos de presentación de cualquier baratija dichos con «acento argentino» para sonar más importante.

La población crece y éste es un país cuya tasa de nacimientos es de 3,2 al año. Las mujeres, casadas o no, desde niñas quedan embarazadas, así vienen al mundo bebés con padres niños. Se estima que, en promedio, cada mujer tiene cinco hijos, número que en muchos casos llega a catorce.

Estos niños llegan al mundo sin ninguna protección, ni respaldo, de sus propios progenitores que no pensaron dos veces antes de tener relaciones sexuales sin protección.

Aquí hay que analizar la cuestión, la falta de educación y de conciencia de los jóvenes al traer chicos al mundo que, después, ni siquiera tienen leche o un trozo de pan que llevarse a la boca y mucho menos, en un futuro, la oportunidad de estudiar. Es algo asustador.

Prácticamente nadie puede escapar de ellos. Están en toda la ciudad, son violentos, tal vez por falta de alimento, tal vez es su forma de rebelarse ante la situación que desgraciadamente les toca vivir. En muchas personas ya ni siquiera provocan lástima, sino rabia y temor, por la reacción que puedan tener los chicos ante la negativa de contar con «sencillo» para darles.

¿Cuál es su futuro? Pues bastante negro. El gobierno actual y los anteriores poco o nada hicieron para frenar esta situación, que bien podría tener una salida empezando por la educación, enseñando planificación familiar. Estos niños de la calle en pocos años se convierten en jóvenes, luego en adultos y su caso no varía en nada. Pasan a engrosar la tasa de desempleados, no tienen estudios básicos y oportunidad, mucho menos. Nuevamente se los ve en las calles corriendo hasta los automovilistas para venderles algo mientras está encendida la luz roja. La cadena continúa, rápidamente se convierten en padres de un niño tras otro y el problema no tiene fin.

En una de las esquinas de Asunción sobre la Avenida Santísima Trinidad y Artigas encontramos a las nueve de la noche de un día cualquiera a Javier (7) y a Anita (5), chicos que en vez de estar descansando en la casa, jugando o estudiando, se pasan horas en ese lugar.

Todas las noches se los ve en esa esquina esperando que se encienda la luz roja del semáforo. Normalmente no tienen nada para vender, ni siquiera golosinas. Solo se acercan a los vehículos y piden algo de dinero.

Javier nos dijo que quiere ser «doctor para curar a la gente», pero hizo el primer grado y no continuó porque sus padres no tienen dinero para comprar libros y pagar sus estudios. Lo mismo sucede con Anita, ella es más chiquita y acompaña a su hermanito en esa esquina en donde poco o nada logran juntar a la noche para llevar a su casa porque sus padres los envían a pedir limosna. Están expuestos a cualquier tipo de violencia callejera sin protección alguna pero ellos mantienen sus sueños de llegar a ser alguien en la vida.

Editorial, Panal, julio 1999 (911 palabras)

Anotaciones

(2) golosina (f.): cosa de comer leve y normalmente dulce, chuchería [Nascherei] — (3) parabrisas (m.): cristal de la parte delantera de un automóvil — (10) detener: hacer parar, no dejar avanzar, atajar, frenar — (11) semáforo (m.): aparato eléctrico (ahora electrónico) que sirve para regular la circulación por medio de un juego de tres luces: verde, que significa: paso permitido; ámbar, precaución; roja, alto — (14) madrugada (f.): horas que siguen a la medianoche, amanecer, alba, aurora — vagar: andar sin rumbo fijo, vagabundear, deambular, callejear, — (25) plata (f.); aquí: dinero — (27) jornada (f.): día de trabajo, — (28) vereda (f.); aquí: calle, camino, ruta — diario (m.): escrito de carácter informativo que se publica diariamente, periódico — (29) rinconcito (m.): diminutivo de *rincón*, escondrijo [kleine Ecke] — acurrucado /a: encogido para no perder el calor del cuerpo [niedergehockt] — (30) reino (m.): imperio — (33) cinturón (m.); aquí: zona que bordea un núcleo de población — (35) precario /a: pobre, necesitado — (36) forma (f.) de sustento: algo para poder vivir — (37) retracción de las ventas circulantes: la disminución del mercado ambulante por las calles — (39) contingente (m.): grupo, conjunto — (43) baratija: tontería, mercancía de poco valor y bajo precio — para sonar más importante: para darse importancia — (45) embarazada: se dice de una mujer que va a tener un niño, en estado (de buena esperanza) — (46) en promedio (m.): de media [durchschnittlich] — (48) respaldo (m.): apoyo, auxilio — (49) progenitores (m. p.): padres — (54) asustador: que da mucho miedo, que inquieta enormemente, preocupante — (55) escapar: huir, liberarse — (57) lástima (f.): compasión [Mitleid] — (58) rabia (f.): [Wut] — (59) sencillo (m.); aquí: monedas, calderilla — (64) engrosar: aumentar, hacer mayor — (77) chiquito /a: pequeño — (80) callejero /a: de la calle

Cuestionario de estudio

Elaboración y comprensión

a) Cuestiones sobre el texto

1. El autor comienza su texto enumerando tres actividades de los niños de la calle. ¿De qué actividades se trata? — 2. ¿Cuánto tiempo pasan los niños de la calle fuera de sus hogares? — 3. ¿En qué lugares y zonas pasan el día? — 4. ¿Qué edad tienen? — 5. ¿Pasan todos los niños de la calle la noche en sus casas? — 6. ¿Dónde y cómo pasan la noche los que no vuelven a sus domicilios? — 7. ¿Por qué se trasladan muchos ciudadanos del campo a las ciudades? — 8. ¿Dónde viven? — 9. ¿Qué tasa de natalidad tiene Paraguay? — 10. ¿Cuántos niños tiene de promedio la mujer de Paraguay? — 11. ¿Cuál es, según el autor, la causa principal de la situación de desamparo de muchos niños de Asunción? — 12. ¿Qué es lo que lleva a los niños callejeros a comportarse de una manera violenta? — 13. ¿Por qué tienen algunas personas miedo de los niños de la calle? — 14. ¿De qué se acusa en el texto al Gobierno? — 15. Aunque no lo dice expresamente, el autor del editorial presenta la situación de los niños de la calle como un callejón sin salida, como un círculo infernal. Explique por qué — 16. Resuma brevemente lo que el autor nos dice de Javier y Anita.

b) Léxico y gramática

I Ordene los sinónimos.

alcanzar — alimento — amparo — aproximarse — aumentar — automóvil — cercar — chófer — compasión — comprar — crío — pobre — dilapidar — discusión — engrosar — escapar — estudiar — exiguo /a — extenso /a — hablar — limitarse — llevarse a la boca — lugar — mantener — mendigar — mercancía — minúsculo /a — morada — pasar — periódico — problema — pueril — regresar — reunir — sencillo /a — urbe — vagabundear — valeroso /a — vía

volver	...	vivienda	...	vehículo	...
valiente	...	vagar	...	suceder	...
sitio	...	simple	...	rodear	...
reducirse	...	protección	...	platicar	...
pedir	...	niño	...	malgastar	...
lástima	...	largo /a	...	juntar	...
infantil	...	huir	...	escaso /a	...
diario	...	depauperado /a	...	debate	...
cuestión	...	crecer	...	conservar	...
conseguir	...	comida	...	comer	...
ciudad	...	chico /a	...	camino	...
automovilista	...	aumentar	...	artículo	...
analizar	...	adquirir	...	acercarse	...

II Reemplace las palabras subrayadas por los pronombres personales correspondientes.

1. La profesora va a distribuir las fotocopias entre los alumnos. — 2. Os hemos comprado el regalo. — 3. Ester no nos quiere prestar el diccionario. — 4. Les han puesto la multa por aparcar en dirección contraria. — 5. Lo ha estado contando a todas sus amigas. — 6. La abuela iba todos los días a llevar a su nieto a la escuela. — 7. No me vuelvas a repetir eso, por favor. — 8. ¿Te vas a coger el impermeable? — 9. ¿Puedes traernos tu diccionario de portugués? — 10. El profesor está explicándoles la lección. — 11. ¿Ya le has devuelto el vídeo? — 12. He colgado el abrigo en la entrada. — 13. Aníbal acaba de llamar por teléfono a Luis. — 14. ¿Te vas a poner los zapatos nuevos? — 15. ¿Les has copiado el programa? — 16. No me quisieron decir el motivo. — 17. ¿Ya le habéis enviado el fax? — 18. Nos escribió la postal desde Berlín. — 19. Su tío les quiere comprar un helado. — 20. Roberto ha estado anotándose los números de teléfono de los del grupo. — 21. Mi hermano quiere pedir a su jefe dos semanas de vacaciones. — 22. Rosaura les preparó una buena paella. — 23. ¿Dónde has puesto los disquetes? — 24. Mi hermano nos va prestar el portátil. — 25. ¿Puedes dejarme los apuntes hasta el lunes? — 26. Mi madre nos está haciendo un postre de vainilla. — 27. ¿Puede repetirme la pregunta? — 28. No sé si te darán el premio. — 29. ¿Os han mandado la factura? — 30. El tribunal ha sentenciado a los acusados. — 31. ¿Le has enseñado la revista? — 32. Julia está contando su vida al hermano de Pilarín. — 33. Es preferible que le digas la verdad. — 34. Acaban de decirle lo que ha sucedido. — 35. El profesor aún no ha comenzado a corregir los exámenes. — 36. Está sacando el coche del garaje. — 37. Explíqueme lo sucedido.

III Complete las frases.

1. *como — familiar — ingresos — mantienen — para — periódicos — pidiendo*
   Buena parte de los niños de la calle ... algún vínculo ... y sobreviven robando, ... limosna, vendiendo ... o lustrando zapatos ... ayudar, de esta manera, a completar los ... de sus familias. Son los que conocemos ... niños *en la calle*.
2. *todo — su modo — se trata — se sirven — pequeños — hacen — en grupo*
   Otros ... han roto con ... vínculo familiar y ... de la calle ... de vida: los conocemos como niños *de la calle*. En este caso ... de menores que viven ... con otros chicos, entorno a la figura de un líder, y ... de la prostitución y los hurtos para sobrevivir.
3. *adictos — algunas — deficiencias — destacar — han hecho — heroína — la causa — prematura*
   La mayoría de los niños de la calle son ... a las drogas, desde la ... al pegamento común. Son precisamente estos inhalantes ... de la pérdida ... de su niñez y el factor que origina muchas sus ... neuronales y, a la postre, su muerte. Cabe ... en este sentido que ... empresas norteamericanas ... de esta situación un negocio bochornoso.

   Oneworld-Spain

IV Complete la tabla.

Infinitivo	**Pretérito imperfecto**	**Presente de subjuntivo**	**Condicional**	**Indefinido**
	padecíamos			
			destruirían	
		nazcan		
	[él] comenzaba			
				caísteis
			engrosarían	
	hacías			
		intervengamos		
		sepa		
	mantenías			
			[yo] buscaría	
	me acercaba			
			conseguirías	
	pedíais			
		obren		
	[ella] callejeaba			
				obtuvo
		regresemos		

Lectura comentada

¿Por qué hay niños de la calle?

En cualquier gran ciudad latinoamericana vemos como algo ya común: ejércitos de niños deambulando por las calles. Desde muy tempranas edades, sucios, harapientos, a veces con su bolsita de inhalante en la mano, hacen parte del paisaje cotidiano menores que venden, lustran zapatos, lavan carros, mendigan o simplemente están en parques, mercados y terminales.

El fenómeno es relativamente nuevo, de las ultimas décadas; y lo peor: está en franca expansión. Se estima que en todo el mundo hay 150 millones de niños que trabajan o viven en las calles. ¿Por qué?, ¿qué se puede hacer al respecto?

El siglo XX termina de manera no muy promisoria (pandemia de SIDA entre otras cosas), aunque haya quien proclame triunfalmente que hemos alcanzado «el fin de la Historia». Los dos negocios mas expandidos en la actualidad, por delante del petróleo, son la industria de las armas (20.000 $ por segundo) y el trafico ilícito de drogas (medio billón de dólares al año). Algo sucede en la cultura de nuestros tiempos. Por un lado una acumulación de riquezas sin precedentes, mientras que por otro muere de hambre una persona cada 7 segundos a escala mundial. ¿Ése es el fin de la historia? La historia la escriben los que ganan, lo cual quiere decir que hay otra historia, no la oficial sino la verdadera. ¿Cuál es la verdadera historia de los niños de la calle?

Nuestro fin de siglo esta marcado por una deshumanización altamente preocupante. ¿Cómo entender sino que las dos actividades más dinámicas sean la fabricación de instrumentos para matar y la producción de evasivos? Algunos llegan a decir que «sobra gente» en el mundo. ¿Es posible? ¿Es la gente lo que sobra? La civilización dominante escribe la historia, y hoy se hace en términos de «triunfadores» sobre «inviables», de avance tecnológico no importa a que precio, de destrucción de humanos (muchos humanos) a manos de un pequeño grupo de semejantes. El ser humano, en esta concepción, es prescindible: lo dice el desarrollo imparable de la robótica; hay un sexo cibernético donde con uno basta, el otro de carne y hueso no es necesario. Incluso el medio ambiente se sacrifica en nombre del progreso sin importar que ahí vive la gente. El único pequeño detalle que rompe esta lógica es que la gente sigue existiendo, y aumentando (tres nacimientos por segundo a nivel global).

Desde hace algunas décadas (años 50 en adelante) en los países latinoamericanos se vive un proceso de acelerado despoblamiento del campo y crecimiento desmedido y desorganizado de las ciudades principales. La población escapa a la pobreza rural y a las guerras crónicas en esas áreas. El resultado de todo esto son megápolis desproporcionadas sin planificación urbanística plagadas de barrios marginales. Sumado a este proceso de industrialización tardío y éxodo interno tenemos las políticas neoliberales que desde los años 80 («la década perdida» según la Cepal) empobrecieron más aun las ya estructuralmente pobres economías latinoamericanas. Consecuencia de esto último fue un aumento de la miseria de los siempre pobres sectores agrarios y un aumento de la migración hacia las ya saturadas capitales. Los asentamientos precarios albergan casi tanta gente como los barrios formales.

Si la «gente sobra» esto se da en la lógica económico-social dominante, pero nunca en términos humanos. La gente esta ahí, y tiene derecho a vivir (junto a otros derechos que le aseguran una vida digna y con calidad). Mas del 50% de los nacimientos en el mundo es de un niño de un barrio marginal. ¿Qué le espera a cada uno de esos niños al nacer? niños que, desde el inicio, para algunos «sobran». Seguramente no un mundo de rosas. Con buena suerte, si no muere de alguna enfermedad previsible o por inanición, trabajara de muy pequeño. Quizá termine la escuela primaria, pero probablemente no. Casi con seguridad no asistirá a la escuela media; mucho menos a la Universidad. Se criará, como pueda (pocos juguetes, seguramente mucha violencia, poco cuidado paterno) junto a muchos hermanos: cinco, seis, ocho. Esto, en el campo, donde se necesitan muchos brazos para las faenas agrícolas, es parte de la cultura cotidiana; pero en un asentamiento precario en medio de una gran ciudad es ante todo un problema. Su trabajo será en las calles, no bajo la supervisión de sus padres. Trabajo, por otro lado, siempre descalificado, muy poco remunerado, siempre en situación de riesgo social: la violencia, la trasgresión, las drogas están muy cerca. Esto se potencia en el caso de las niñas. La pobreza de donde provienen estos menores no se concibe sólo en términos de ingreso monetario siempre escaso por cierto; también lo es en cuanto a recursos en general para afrontar la vida, en conocimientos, en experiencias. Las familias «productoras» de niños que van a vivir a las calles son, en general, numerosas, con dinámicas violentas, con antecedentes de alcoholismo, en algunos casos promiscuas, a veces con historias delincuenciales. Todo esto es más fácil que se dé en un grupo marginado económica y socialmente (los que «sobran») antes que en los sectores integrados. Lo dramático es que la población «sobrante» aumenta, y por ende sus niños, que son los que terminan poblando las calles.

Establecidos en las calles es muy fácil que algunos se perpetúen allí. Y cuando esto sucede, cuando se cortan los vínculos con las familias de origen, la inercia lleva a que sea muy difícil salir de ese ámbito. Callejización, consumo de drogas y trasgresión van de la mano. «Para una innumerable cantidad de niños y jóvenes latinoamericanos la invitación al consumo es una invitación al delito. La televisión te hace agua la boca y la policía te echa de la mesa». (E. G.) Un niño finalmente se queda a vivir en la calle porque escapa así a un infierno diario de violencia, desatención, escasez material. Recordemos que pobreza no es sólo falta de dinero efectivo; es también, e igualmente, falta de posibilidades para el desarrollo; lo que, casualmente, se encontrará ante todo en los grupos más sumergidos, en las «poblaciones excedentes».

Son varias las instituciones que se ocupan del problema de los niños de la calle. Las públicas («centros de reorientación de menores» oficialmente, en general reformatorios o cárceles) con una propuesta más unitiva y en dependencia de dictámenes legales; las no gubernamentales con proyectos de corte humanitario o caritativo. Más allá de buenas intenciones y diversidad de metodologías el impacto de sus acciones es relativo; por supuesto que una atención puntual en algún caso, o un apoyo para la sobrevivencia ya es algo, o mucho. Y ni hablar de algún niño rescatado de esa situación y reubicado en otra perspectiva. De todos modos el fenómeno en su conjunto no se termina, por el contrario crece. En la ciudad de Guatemala, 50 nuevos niños cada mes se integran a la vida en las calles. ¿Que hacer ante esto?

Partir por reconocer que la problemática concierne a todos. Cada niño durmiendo en una plaza o con su bolsa de pegamento es el síntoma de que algo anda mal en la base; taparse los ojos ante esto no soluciona nada. Los niños, el eslabón más débil de la cadena, son la esperanza de un futuro distinto; también los de la calle (convengamos en que la Historia aún no ha terminado). Estigmatizarlos no servirá para contribuir a algo nuevo. «La continuada marginación económica y social de los más pobres está privando a un número creciente de niños y niñas del tipo de infancia que les permitiría convertirse en parte de las soluciones de mañana en vez de pasar a engrosar los problemas. El mundo no resolverá sus principales problemas mientras no aprenda a mejorar la protección e inversión en el desarrollo físico, mental y emocional de sus niños y niñas» (UNICEF).

Marcelo Colussi, Casa Alianza de Guatemala, agosto de 1998

QUIÉNES SON

Para millones de niños latinoamericanos, una infancia normal es un lujo inalcanzable. En vez de ir a la escuela o jugar, los niños más pobres de la región viven en las calles, vendiendo, mendigando o robando para sobrevivir.

Muchos van a sus casas por las noches o los fines de semana, por lo que son llamados niños en situación de calle. Pero otros han sido abandonados por sus padres o han tenido que huir de hogares donde abusaban de ellos.

Al aumentar la pobreza en América Latina, ha crecido el número de niños callejeros. La calle ha significado desde siempre un lugar de atractivo para los niños. No es la calle en sí misma lo que constituye un riesgo; más aún, no todas las calles son riesgosas, ni las que lo son representan igual riesgo para todos los niños y para todas las edades. Pero cuando un niño no tiene otra posibilidad que estar en la calle y deambular por la ciudad durante gran parte del día, cuando la referencia familiar es prácticamente nula y debe, además de conseguir el sustento diario, dormir a veces en la vía pública, la calle no solamente se torna peligrosa para el niño, sino que pasa a constituir un atentado permanente contra todos sus derechos.

En Uruguay, a primera vista, el problema de los niños de la calle no aparece como cuantitativamente importante. Sin embargo, lo alarmante radica en que, dada la situación socio-económica cada vez más crítica de un gran porcentaje de familias, es cada vez mayor el número de niños que sin ser formalmente de la calle se quedan solos gran parte del día o deben salir en busca de recursos para contribuir a la economía familiar.

La evolución del problema está marcada en estas circunstancias por un alejamiento paulatino del niño, que si bien en un comienzo se mantiene en su barrio, a medida que avanza su edad tiende a salir de sus límites para «buscarse la vida» en otro sitio. El primer paso a dar es, generalmente, dirigirse hacia los centros comerciales de la ciudad con un objetivo laboral.

A nivel de la opinión pública existe, en general, mucha desinformación y escasa sensibilización frente a esta realidad, que se vuelve consciente sólo cuando los riesgos son, no para los niños, sino para la seguridad personal de quienes sí tienen una familia «bien constituida».

Ana Alberti, Capitanes de la arena, 11-11-99 (402 palabras)
(Texto ligeramente modificado)

Anotaciones

(1) inalcanzable: algo que no se puede tener, inaccesible, imposible — (3) mendigar: pedir limosna [betteln] — (6) abusar de hacer mal uso de, violar [missbrauchen] — (7) niños callejeros: niños de la calle, niños que viven en la calle — (12) deambular: ir de un lado para otro, vagar, callejear, vagabundear — referencia (f.) familiar: relación, el contacto con sus padres — (13) sustento (m.): comida, alimento, pan — (14) tornarse: volverse, hacerse — (17) radicar: estar, tener su origen — (20) contribuir: cooperar, colaborar [beitragen] — (23) paulatino: lento, pero constante — (26) con un objetivo laboral: para encontrar trabajo

Análisis y comentario

1. Estructure y resuma el contenido del texto.
2. Explique con sus propias palabras lo que es un «niño callejero».
3. ¿Por qué consideran algunos que los «niños de la calle» pueden convertirse en un riesgo personal del ciudadano «normal»?
4. Muchos habitantes de grandes metrópolis no ven o no quieren ver la realidad de la existencia de muchos *meninos da rua*.
   a) ¿Cómo se puede explicar su indiferencia frente a ellos?
   b) Existe, en su opinión, alguna posibilidad de sensibilizar a los indiferentes. Fundamente su respuesta.

NIÑOS ADICTOS A LOS INHALANTES

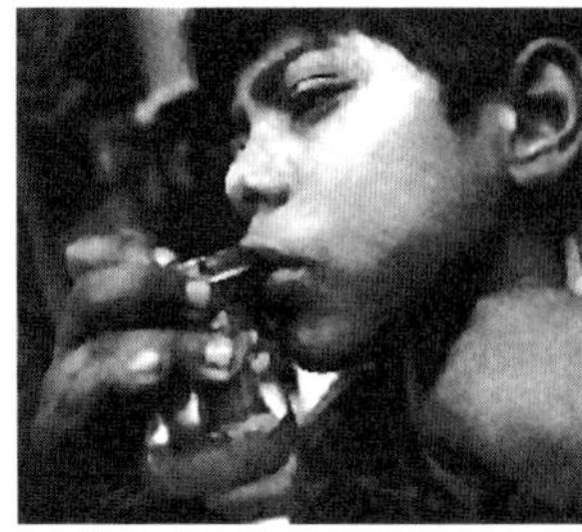

En la lucha antidroga en favor del mundo, Bolivia está a punto de dejar sin materia prima a la ilegal industria de la cocaína, pero, dentro de sus fronteras, miles de niños son adictos a los *inhalantes,* sustancias químicas de multinacionales europeas y norteamericanas, distribuidas por bandas sin escrúpulos que tienen a la justicia de su lado.

El Gobierno del presidente Hugo Banzer quiere retirar al país del segundo lugar como productor mundial de la hoja de coca (por detrás de Perú) a fines de este año. El protagonismo de la coca-cocaína boliviana ha relegado cualquier acción contra la creciente adicción a los *inhalantes,* pegamentos industriales en su mayor parte, que se registra en la población infantil y adolescente de las áreas urbanas de Cochabamba, La Paz, Santa Cruz y otras ciudades bolivianas. Un último estudio del Centro Latinoamericano de Investigación Científica señala que el consumo de *inhalantes* en Bolivia casi se ha duplicado en ocho años, de 28.386 en 1992 a 43.440 en el año 2000. Los productos más populares entre jóvenes de 12 a 17 años son los pegamentos, los éteres y la gasolina.

La primera operación policial contra las bandas distribuidoras de *inhalantes* en Cochabamba ha quedado frustrada por la acción judicial que decidió la libertad bajo fianza de los implicados, entre ellos un matrimonio detenido por suministrar regularmente pegamento a casi ochenta niños.

«Los hemos observado durante seis meses, hemos acumulado todos los elementos que pueden justificar un proceso judicial contra estas personas que están cometiendo delitos de *lesa humanidad* contra niños y jóvenes», informó el comandante de la Fuerza Especial de Lucha Contra el Narcotráfico, coronel Víctor Medrano. Sin embargo, de acuerdo a otras fuentes vinculadas a la parte acusadora, la justicia les está devolviendo la libertad bajo fianza de montos irrisorios que suscitan sospechas sobre el poder judicial. Medrano mostró el inventario de objetos sustraídos por los niños, desde joyas hasta teléfonos móviles, que el matrimonio aceptaba a cambio de droga, «que causa graves daños en el desarrollo físico pero mucho más preocupantes en el desarrollo emocional de los adictos», quienes pierden totalmente su autoestima. El tribunal del juzgado de Sustancias Controladas de Cochabamba, integrado por tres jueces, se negó a dar cualquier declaración sobre el caso, en tanto que en la secretaría del juzgado se informó de que mientras el expediente permaneciera en la Fiscalía no se podía considerar el asunto ni examinar las presuntas irregularidades en el proceso. Aunque los *inhalantes* están penetrando en otros niveles socioeconómicos, la mayoría de las víctimas son los niños expulsados de sus hogares a causa de la extrema pobreza, la disgregación de la familia, la violencia y el alcoholismo. Es un hecho corriente ver en la calle a niños con el rostro sucio y estragado con una mano tapando el *inhalante* sobre la nariz. Suelen andar en grupo, algunos sonrientes ante el pavor que despiertan entre los transeúntes, y les gusta ocupar algunas plazas o parques.

«Es grotesco ver a los niños pasar frente a efectivos policiales mientras inhalan», señala la representante de DNI, Elizabeth Patiño, y lamenta que las pocas acciones policiales desplegadas hasta ahora no hayan tenido resultado. «Es difícil conseguir testimonios de las víctimas ante el temor a la represalia. A pesar de ello, varios menores osaron declarar contra el matrimonio detenido que, según la FELCN, distribuye *inhalantes* desde hace varios años entre menores de edad.

Patiño cree que una decidida acción tanto del Estado como de la sociedad puede contribuir a hacer reversible la adicción, aunque persistan los daños tales como la atrofia cerebral y secuelas en el sistema renal, endocrino y nervioso.

La tarea parece titánica, pero Patiño cree que es posible «sacar a los niños de la calle y de los *inhalantes*» si existe una voluntad política para ello.

Mabel Azcui, El País, 20-11-02 (643 palabras)

Anotaciones

(4) ser adicto /a a: tener dependencia física o psíquica de una droga, estar enganchado a [süchtig sein] — (6) tener a la justicia de su lado: no ser perseguido como criminal, ser consentido por las autoridades competentes a pesar de encontrarse fuera de la ley — (10) protagonismo (m.): papel demasiado importante, importancia excesiva — (11) relegar: dejar de lado, no tener suficientemente en cuenta, poner en segundo plano — (12) pegamento (m.): cola, material adhesivo [Klebstoff] — (15) duplicarse: doblarse, multiplicarse por dos — (19) libertad (f.) bajo fianza: no detener a alguien que tiene que dejar cierta cantidad de dinero como garantía de que no huirá [Freiheit unter Bewährung] — (20) suministrar: vender, proporcionar, conseguir — (24) cometer: perpetrar, consumar [begehen] — lesa humanidad (f.): [gravierende Menschenrecht-verletzung] — (26) vinculado/a a; aquí: proveniente de, que tiene que ver con — (27) montos (m.p.): sumas, cantidades de dinero — (28) suscitar: causar, provocar, originar — (29) joya (f.): objeto de valor que sirve de adorno, realizado con metales y piedras preciosas [Schmuckstück] — (35) considerar: tener en cuenta — (36) presunto /a: supuesto, hipotético, conjetural [vermutlich] — (37) penetrar en: introducirse en, extenderse a — (40) tapar; aquí: poner y ajustar — (41) pavor (m.): miedo, recelo — (42) transeúnte (m.): persona que pasa por un lugar, peatón — (43) efectivos policiales (m. p.): agentes de policía — (46) testimonio (m.): declaración [Aussage] — (47) declarar contra; aquí: denunciar, acusar — (50) reversible [rückgängig] — (51) atrofia (f.) cerebral: disminución de la actividad del cerebro — secuela (f.): consecuencia

Cuestionario de estudio

Elaboración y comprensión

a) Preguntas sobre el texto

1. ¿Qué son inhalantes? — 2. ¿De dónde vienen los inhalantes que se consumen en Bolivia? — 3. ¿Quién trafica con ellos? — 4. ¿Qué país es el mayor productor de cocaína? — 5. ¿Por qué piensa el autor que el Gobierno boliviano no se preocupa del problema de la consumición de pegamentos? — 6. ¿Quiénes son los consumidores de pegamento? — 7. ¿Por qué no ha tenido éxito la primera operación policial contra traficantes de pegamento? — 8. ¿Quién es Víctor Medrano? — 9. ¿Qué declaró públicamente Víctor Medrano? — 10. ¿Por qué se sospecha soborno del poder judicial? — 11. ¿Cómo pagaban los niños el pegamento a los acusados? — 12. ¿Cuál es la situación social de la mayor parte de los inhalantes? — 13. ¿Por qué es difícil obtener declaraciones de las víctimas? — 14. ¿Se puede calificar a la representante de DNI Elizabeth Patiño de pesimista?

b) Léxico y gramática

I Ponga en pasiva las frases siguientes.
1. Algunos estudiantes han ocupado las casas vacías de un conocido barrio porteño.— 2. Los terroristas secuestraron a varios parlamentarios. — 3. El canto melodioso de las alondras ya no anunciaba la primavera. — 4. Las fuerzas del orden público han detenido a un matrimonio peruano que suministraba pegamento a menores. — 5. La policía acaba de decomisar varios kilos de cocaína. — 6. El profesor hubiera debido preparar mejor a sus alumnos. — 7. La droga está convirtiendo a numerosos jóvenes en desechos humanos. — 8. Los tres partidos nacionalistas firmaron un acuerdo sobre la enseñanza de la lengua de la comunidad en la escuela primaria. — 9. Los secuestradores ya habían asesinado a la víctima. — 10. Un conocido arquitecto hará realidad el proyecto. — 11. A los menores que se alistan al sicarismo los entrenan en campos de tiro clandestinos. — 12. La reina Sofía va a inaugurar un centro de acogida para niños desamparados esta misma semana. — 13. Un terremoto ha arrasado casi totalmente una aldea argelina. — 14. La señora de la casa sirvió la comida. — 15. Bandas criminales, que la justicia apenas persigue, distribuyen los inhalantes entre los jóvenes. — 16. El Canciller alemán ha recibido al Príncipe Felipe en su residencia de Hannover. — 17. El hambre, pero también la obesidad puede ocasionar graves problemas de salud. — 18. El líder de la Oposición inició el debate sobre el programa del Gobierno. — 19. La policía detiene a algunos niños de la calle por el simple hecho de no tener un hogar. — 20. El Gobierno tendrá que tomar las medidas necesarias. — 21. El sentenciado cumpliría la condena en una cárcel de Madrid. — 22. Empresas de sexo turístico utilizan a niñas de corta edad como cebo para atraer a adultos de los países ricos. — 23. La bomba hirió a cuatro personas que se encontraban en la plaza. — 24. Las fuerzas del orden público tuvieron que detener a varios manifestantes. — 25. A los niños de la calle les atormenta más el hambre que el sida. — 26. El agente policial Víctor Medrano declaró hace unos días

que la policía había observado durante seis meses al matrimonio que distribuía los inhalantes. — 27. La historia la escriben casi siempre los que ganan.

II Ponga un poco de orden.

1. una — solidaridad — modernas. — las sociedades — las — La falta — es — en fermedades — de —de — de
2. a — calle — cierre — de — dejó — El — empresa — en — la — la — muchos — trabajadores
3. vida — una persona — su — que — oprimidos. — los — los — la defensa — Fue — derechos — dedicó — de — de — casi toda — a
4. a — a — Algunos — dedican — desinformar — la — periódicos — población. — se
5. que — nuestros — las — generaciones — futuras — Esperemos — errores. — de — aprendan
6. Algunos — calle — de — de — el — hogar. — la — la — niños — no — policía — por — por — simple hecho — son detenidos — tener
7. término. — sociedades — segundo — relegado — las — humanismo — ha quedado — En — el — de — consumo, — a
8. a — a trabajar — ayudar — económicamente — ellos mismos — Muchos — niños — o — para — para — poder — se — subsistir — sus familias. — ven obligados
9. y — son suficientes — situación — se encuentra — resolver — población juvenil.— para — países — no — muchos — los esfuerzos — la — la — la — gran parte — en la que — En — dramática — del Estado — de — colaboración privada
10. de — de algunas — desprotegidos — es — infancia callejera — La latinoamericana. — los — más — naciones — sectores — uno

III Traducción para atrevidos

Andaba yo recorriendo la prensa de norte a sur, con un bastón imaginario que uso para hurgar en sus partes blandas, cuando di con una noticia pequeña que, sin embargo, brillaba como una perla negra. Era una perla negra: decía que los niños de Brasil, esos que viven en las alcantarillas y que salen por la noche para comer de los cubos de la basura, se drogaban con lodo. Como suena. Han descubierto que inyectándose lodo en las venas consiguen un viaje parecido al que se obtiene con el «crack», aunque mucho más económico. El lodo está por los suelos, no hay más que agacharse y cogerlo; los «meninos de la rua» brasileños ni siquiera se tienen que agachar: viven de rodillas, sus cuerpos conocen las posturas más humillantes, pero también más eficaces, para evitar los bastonazos de los cazadores de niños. Allí lo del hombre del saco no es mentira; allí no es mentira ningún cuento por brutal que parezca: todas las crueldades populares que leemos a nuestros niños en estas latitudes, para que recojan su carga simbólica y crezcan mentalmente sanos, allí forman parte de la realidad. En Brasil, y en tantas otras partes de aquel continente, los símbolos están fuera de quicio, de lugar, te los encuentras al doblar la esquina. Y te devoran. Los niños tiene que huir, pues, de esos símbolos que les persiguen y escapar a otras realidades como sea. Hasta ahora entraban en ellas a través del «crack» o inhalando pegamento en una bolsa de plástico. Pero el pegamento es muy caro, y la naturaleza, que a ratos se pone generosa, ha decidido introducir en el lodo propiedades alucinógenas para que los niños se olviden, aunque sea por un momento, del hombre del saco y del lobo y de los gigantes que se comen a los niños, que allí, ya digo, viven fuera de los cuentos. Y se olvidan metiéndose barro dentro de las venas; los niños de la calle, en Brasil, tienen el corazón de barro, como Adán antes del soplo divino. Han regresado a los orígenes; ahora sólo les falta que aparezca un verdadero Dios y que les sople de verdad para traerlos a una vida verdadera.

Juan José Millás, Volver al barro, Anticuentos 2003

V Ordene las frases.

1. abogado:	a) multiplicar por tres
2. bebedor:	b) vende ilegalmente productos
3. menor:	c) líquido rojo que circula por las venas
4. cárcel:	d) defiende nuestros derechos ante los tribunales
5. cuna:	e) órgano(s) que purifica(n) la sangre
6. débil:	f) abusa de las bebidas alcohólicas
7. delincuente:	g) discusión entre dos personas que defienden ideas opuestas
8. dosis:	h) también se dice desempleo
9. ambulancia:	i) lo emplean los niños de la calle para drogarse
10. fallecimiento:	j) edificio donde viven los presos
11. pobre:	k) primera fase de la vida humana
12. sangre:	l) todavía no ha cumplido los dieciocho años
13. negrero:	m) en ella duermen los niños pequeños
14. pegamento:	n) en ella se transporta a los enfermos
15. niñez:	o) tiene poca fuerza
16. paro:	p) no respeta las leyes
17. polémica:	q) cantidad de medicina que tiene que tomar un enfermo
18. riñón: (riñones)	r) pérdida de la vida
19 traficante:	s) no tiene lo necesario para vivir
20 triplicar:	t) comercia con seres humanos

Lectura comentada

Rutilio

Hola, mi nombre es Rutilio. Mis amigos me llaman Rudy. Nací en El Salvador; pero ahora vivo en Honduras, en un hogar grupal de Casa Alianza. Durante 10 años viví en las calles de Tegucigalpa. No tengo familia. Tampoco tenía un nombre antes de que yo mismo me pusiera Rutilio. Me gusta, no hay mucha gente con este nombre. Celebré mi primer cumpleaños la semana pasada. No, no es que tenga un año... pero fue la primera vez en mi vida que tuve una fiesta de cumpleaños. La hicimos aquí en Casa Santiago, nuestro hogar grupal, después de que el médico, un médico forense, me dijera cuántos años tengo. Verás, yo nunca supe cuándo nací ni cuántos años tenía. Así que después de que el médico me dijo que tenía 16 años, decidí que tenía que tener mi primer fiesta de cumpleaños... que desde ahora celebraré el 15 de abril. Así que ahora tengo un nombre y un día de cumpleaños, e incluso una familia con mis amigos en Casa Santiago. Pero todavía quiero descubrir quiénes son mis padres. Y por qué me abandonaron.

Durante 10 años viví en la calle. No tenía a nadie en el mundo. Por supuesto había un chico más mayor que yo que cuidaba de mí; pero en realidad estaba por mi cuenta. El pegamento era mi mejor amigo, lo inhalaba todo el tiempo. Me hacía sentir mejor. No estaba tan triste todo el día. Me quitaba el hambre y el frío. Pero me di cuenta de que me estaba matando. Ahora sí que sé que estaba realmente muerto por dentro. El pegamento mata el cerebro ¿puedes creerlo?

Al principio, para poder vivir, mendigaba. Después aprendí a tomar cosas de otra gente. Si tenía un buen día, robaba cinco relojes y conseguía 100 lempiras. Tenía que robar para conseguir pegamento, comer, tener algo de ropa. Al principio me sentía mal de quitarle a la gente sus cosas, pero después lo haces porque tienes que hacerlo. Yo no quería vender mi cuerpo.

¿Sabes? Los doctores dicen que tengo que arreglarme la nariz, porque el pegamento ha corroído mis huesos. Es difícil abandonar el pegamento, tuve fuertes dolores de estómago y de cabeza, y muchísimos malos pensamientos. Ahora no soy como era cuando inhalaba. Era como si el mundo estuviera totalmente aparte de mí. Ahora el mundo está conmigo, puedo tocar las vidas de la gente y ellos la mía. Solía pelear mucho, también. Pero ahora sé que los golpes no llevan a ningún lado. Y que estar siendo golpeado es aún mucho menos divertido. Ahora quiero ayudar a otros igual que me han ayudado a mí aquí. Verás, cuando estás en la calle y estás con el pegamento, simplemente no sabes lo que estás haciendo. Quiero ayudar a otros niños de la calle, guiarlos. Quiero decirles: No tomes drogas, tienes otras opciones.

Puede sonar un poquito trillado, pero ahora me quiero porque me gusta mi vida. Tengo un nombre, un cumpleaños, sé cuántos años tengo. Estoy yendo a la escuela nocturna, estoy en el segundo grado. Durante el día aprendo cómo arreglar autos. Quiero ser mecánico. Me siento muy bien con la gente que me ha ayudado. Ellos saben cómo valorar a los niños. Desafortunadamente aquí, y en otros lugares de América Central, los chicos como yo son tratados como porquería. Somos los que estamos más abajo en el montón, y desafortunadamente aquí el montón es muy grande.

¿Sabías que cerca del 80 % de la gente en el país se levanta hambrienta y se va a la cama hambrienta la mayoría de los días? Y las cosas se van poniendo peor. Cuando era un niño pequeño, la mayoría de la gente ganaba 500 $ al año. Ahora sólo 150 $ y los precios van aumentando. Me contaron que donde todos ustedes viven, la gente tira comida. Creí que estaban bromeando.

Te diré que no sé mucho de matemáticas, pero no soy un estúpido. Las cosas, simplemente, no tienen sentido. Algo está realmente mal y parece que todo se va poniendo aún peor. Habrá más niños como yo. Habrá más padres enfadados, más niños maltratados, más niños asesinados. Estoy contento de haber salido de la calle. La calle no es lugar para un niño, pero tampoco lo son muchos hogares. Algo tiene que cambiar. Tiene que hacerlo.

Mientras tanto, me tengo que ir. Hoy estamos aprendiendo a dividir en la escuela. Nos vemos.

INFANCIA DE TERCERA

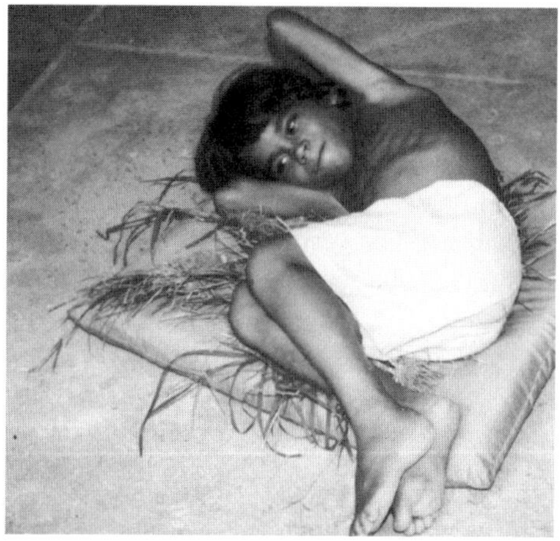

«Hoy una gran parte de la infancia del mundo sigue sin ver cubiertas sus necesidades básicas y se eleva a cien millones el número de menores que han sido privados de su derecho más elemental: el de ser, simplemente, niños». Así comienza una carta firmada por Rafael Rodríguez Contreras, Presidente de Medicus Mundi España.

Los niños de la calle, como se ha dado en llamarles, son la cara sin rostro de cien millones de críos que se educan en el entorno callejero. Los hay que vuelven cada noche a dormir a sus casas y quienes lo hacen al amparo de una parada de autobús, un portal o la marquesina de una tienda. La calle es su forma de vida, no conocen otra.

Los expertos de la Cruz Roja distinguen dos circuitos que siguen estos niños: el cultural, que se reduce a un par de calles o a un barrio donde el niño adquiere sus valores y el comercial, que suele identificarse con el centro de la ciudad, a donde van a comerciar con su cuerpo o con cosas de los demás. Aunque este último es el aspecto más sobresaliente, el que acapara la atención periodística, el trasfondo del problema está sin embargo en el circuito cultural, que es el que forja su carácter.

A los habitantes del Primer Mundo todavía nos extraña cómo pueden los niños llegar a vivir en situación semejante, al margen de sus familias y la educación. Precisamente la situación social y económica de estas familias les empujan a un abandono afectivo y físico del niño, que acaba entre cartones y cubos de basura. Si al fracaso familiar, se le suma el escolar tenemos que nada hay ya que merezca la atención del pequeño, que se lanza a descubrir el pequeño universo que es su barrio.

Pero, lejos de pensar en países sudamericanos o africanos, en España o EEUU existen niños que desembocan en esa vida precedidos por malos tratos, abandono, abuso sexual o consumo de alcohol o droga por parte de los padres.

Desde el informe de Infomundi «Niños de la calle» se apunta que «el fenómeno de los niños de la calle es fruto del imparable crecimiento urbano, la pobreza y la falta de alternativas. Algunos huyen de la violencia en su casa, otros se ven obligados a buscar trabajo porque sus padres no les pueden mantener». Los chavales que todavía tienen relación con su familia entregan su dinero en su casa para mantenerla, pero cuando su hogar es la calle esos ingresos los invierten en comida, tabaco, drogas, juguetes. Como no tienen un lugar seguro donde guardar su dinero y tienen miedo de ser robados por sus compañeros o la policía caen en un círculo vicioso de gastos que les impiden ahorrar para crearse un futuro.

Las zonas urbanas donde se ubican estos niños son aquellas donde la marginación está a la orden del día, que se identifican con el casco viejo de una ciudad o sus zonas suburbiales periféricas. Desde aquí van los niños al centro a realizar trabajos callejeros (limpiabotas, lavacristales,...), a practicar la venta ambulante, la mendicidad o la prostitución.

No van al colegio ni reciben educación. Las vidas de estos pequeños discurren entre la supervivencia en un mundo hostil, la violencia y las drogas. La OMS calcula que una proporción importante de los cien millones de niños de la calle que hay en todo el mundo «consume regularmente alcohol y otras drogas para contrarrestar su estrés, dolor y sufrimiento; en muchos casos no consideran la droga un problema, sino la solución». Esta misma organización asegura que nueve de cada diez niños de la calle en Latinoamérica están enganchados al disolvente de pintura, al pegamento barato y a otras drogas más fuertes.

Pero, llegados a este punto nos encontramos ante un callejón sin salida ya que las soluciones que se están poniendo en práctica son muy pequeñas, en comparación al gigante con el que nos enfrentamos: los profesionales no están coordinados ni profesionalizados, los ciudadanos no están sensibilizados con el tema ni asumen esa responsabilidad y desde los ámbitos políticos se dedican pocos esfuerzos al problema porque el niño no resulta rentable electoralmente. ¿Tienen ya estos pequeños su destino marcado?

Marta Iglesias, Fusión, octubre 1997 (708 palabras)

Anotaciones

(3) elevarse a: ascender a, llegar a, [betragen] —(5) privar de: quitar a una persona algo, despojarla de, desposeerla de [berauben] — (10) dar en llamar: tener a bien dar el nombre de, decidir demominar — (13) entorno (m.): mundo, ambiente, medio — (15) al amparo de: protegido por [unter dem Schutz von] — (16) marquesina (f.): cubierta colocada sobre una entrada para protegerla de la lluvia [Regendach] — (18) circuito (m.): camino, ruta, vía — (21) comerciar: negociar [Handel treiben] — (22) acaparar la atención: interesar, atraer, provocar [die Aufmerksamkeit auf sich lenken] — trasfondo (m.): lo que se encuentra detrás de la apariencia externa [Hintergrund] — (23) forjar: formar, fraguar — (26) empujar: incitar, impulsar, impeler [treiben] — (27) cubo (m.) de basura: recipiente donde se pone la basura [Mülleimer] — (32) desembocar: ir a parar, confluir, acabar [münden] — (35) imparable: inevitable, ineludible, que no se puede detener — (43) ubicarse: encontrarse, pasar la vida, estar — (44) casco (m.) viejo: parte antigua y normalmente deshabitada de las ciudades — zona (f.) suburbial: zona de una ciudad en la que vive una población de bajo nivel económico — (49) hostil: adverso, desfavorable — (54) estar enganchado: ser adicto — disolvente (m.): sustancia que se inhala como droga barata [Lösunungsmittel]

Análisis y comentario

1. Estructure y resuma el contenido del texto.
2. Enumere y comente las causas que llevan a los niños salir o abandonar sus familias y vivir en la calle.
3. En el texto leemos que frecuentemente las drogas no son para los niños de la calle un problema, sino una solución.
   a) Exponga con sus propias palabras el significado de la frase.
   b) ¿Cómo se puede explicar el desinterés e incluso la fobia de los ciudadanos normales frente a los niños de la calle?
4. Describa la imagen que ilustra el texto y formule brevemente el mensaje que el fotógrafo quiere comunicar a los que contemplen su fotografía.

GABRIELA

Mi nombre es Gabriela. Tengo 13 años. Hace ahora tres años que vivo por mi cuenta. Antes solía pedir dinero, pero ahora estoy trabajando. Soy una prostituta. No me gusta decirlo, porque no es así como me siento por dentro. Sueño con mi aldea, y con el aire fresco de la montaña allá y el olor de la tierra removida. Pero aquí, en El Hoyo huele como un baño sucio, y el humo del diesel de los autobuses retuerce mi estómago. Odio este lugar.

Odio a los hombres con los que me acuesto. Todo lo que puedo hacer cuando me están tocando es pensar en algo diferente –como en los paseos que daba con mi hermana Juliana los domingos en la mañana–. Pienso en las cosas buenas que amaba en mi hogar. Eso lo hace un poquito más fácil.

Se preguntarán por qué todavía lo hago, a pesar de que lo odio. No lo sé en realidad. De alguna manera funciona. Marta, la dueña del bar donde los hombres vienen a buscarme, me cuida. Cuando tengo una mala noche, me deja llorar y acaricia mi cabeza, me da leche caliente... y entonces ya estoy lista para trabajar de nuevo. Ella es lo más cercano a una madre que tengo en este momento. Mira, mi padre mató a mi madre el día en que yo me fui de casa. Estaba borracho y estaba golpeándola, como hacía siempre, pero esta vez ella cayó hacia atrás, se golpeó en la cabeza y nunca más se levantó. Todo lo que pude hacer fue gritar cuando la vi y huir. Temía que me matara a mí también. Yo lo odiaba cuando él bebía. Pero cuando estaba sobrio, yo era su niña pequeña. Recuerdo sus manos grandes, y el olor de vacas impregnado en sus ropas. Podía darme un gran abrazo con sus manos grandes y yo me sentía tan caliente y protegida dentro... Pero si lo veo ahora, desearía cortarle esas manos por lo que le hizo a mi mamá.

Hay un grupo de chicas que trabaja conmigo. Aída, Mercedes, y Silvia. Aída tiene 18 años. Ella me enseñó como maquillarme, y cómo mirar a los hombres para que me desearan. Ella es realmente buena en eso. Pero ha estado muy enferma últimamente. No quiere levantarse en la mañanas y siempre tiene algún tipo de problema. Se ha quedado muy delgada y tiene esas manchas que van creciendo en su cara. Estoy preocupada por ella. Algunos dicen que debe tener esa enfermedad llamada SIDA. Pero ella es tan dulce. Aída siempre les gustaba a los soldados fuera de servicio -le pagaban cerca de 10 quetzales (2 dólares) cada vez. Pero ella se enfermó. Me pregunto si alguno de esos soldados se enfermaría también.

Mercedes es como mi hermana. Nos reímos juntas de los hombres que vemos. Tenemos sobrenombres para cada uno de ellos. Creo que no querrás oírlos. Si mi mamá viviera todavía, lavaría mi boca con jabón si pronunciara cualquiera de ellos. Mercedes se quedó embarazada una vez, lo que es muy malo para nuestro trabajo. Cuando alguna de nosotras se queda embarazada, le golpeamos en el estómago varias veces. Duele mucho, pero es la manera de dejar de estar embarazada. Pero esto no funcionó con Mercedes, y ella abortó. Fue terrible. Fue donde una amiga de Marta que llaman la Carnicera, porque las chicas siempre sangran mucho después de verla. No es médico ni nada parecido. Simplemente lo hace, me imagino que con un gancho. Algunas chicas murieron, pero no hablamos nunca de ello. La Carnicera nos ayuda.

No es su culpa que algunas chicas no puedan soportar el dolor, supongo. Espero no tener que verla nunca.

A veces desearía conocer a un chico agradable. No me gustan esos hombres. Quiero un chico para jugar juntos. Pero es muy duro aquí. Todos esos chicos en El Hoyo son tan sucios y locos. Todos ellos se sientan sin hacer nada, inhalan ese estúpido pegamento todo el día, y pelean unos con otros. Eso los hace bien estúpidos. Algunas veces ellos también trabajan en la calle –como yo, vendiendo sus cuerpos– para poder comprar comida y pegamento. Algunas veces les ocurren cosas terribles. La Policía viene y derrama el pegamento sobre sus cabezas. Incluso golpearon a uno de los mejores amigos de Francisco hasta la muerte a Nahamán. Cuando la Policía iba a tirar el pegamento sobre su cabeza, se resistió. Dios mío, fue espantoso. Se podían oír los golpes a varias manzanas de distancia. Pobre Nahamán, era muy amable. Tenía mi edad. Nunca se lo dije a nadie, ni siquiera a Mercedes, pero me gustaba Nahamán. Nos besamos una noche, fue precioso, muy diferente de los besos feos de los hombres que vienen a buscarme. Nahamán. Cuando digo su nombre me entran ganas de llorar. ¿Por qué tuvieron que hacerle eso? ¿Por qué?

A veces sueño con otra vida –una de la que me habló mi abuela–. Era una mujer muy hermosa y sabia, y sabía cómo hacer un hermoso Huipil. Sí, ella era una anciana. Ser abrazada por ella era conocer el abrazo de Dios al mundo. Ella conocía los secretos de todas las cosas buenas. Murió antes que mamá. Me gustaría que estuviera aquí ahora para decirme algo bueno, para darme uno de sus abrazos. Yo sé que todo sería mejor.

Pero estoy aquí, en El Hoyo, y si no consigo trabajo pronto no tendré dinero suficiente para Marta. Necesito pagarle, de otra manera me veré en la calle. Ella me cuida. A veces me pregunto si le haría esto mismo a su propia hija, si la tuviera. Yo no querría esta vida para la mía.

Oh Dios, me encantaría tener un hijo algún día. Pero no aquí, no en El Hoyo. No es lugar para un niño. Ni siquiera es lugar para mí.

Marta me llama. Está bien, está bien, Marta. Ya voy.

Me tengo que ir.

Historias de la calle, Casa Alianza, junio 2001 (995 palabras)

Anotaciones

(1) vivir por su cuenta: no depender económicamente de nadie, ganar lo necesario para vivir — (3) por dentro: interiormente, en el interior de una persona — aldea (f.): pueblo muy pequeño y sin jurisdicción municipal propia — (4) removido /a; aquí: arado, labrado [gepflügt] — El Hoyo: nombre de un barrio— (5) retuerce mi estómago: me da dolor de estómago [da dreht sich mir der Magen um] — (6) odiar: detestar, abominar, sentir rechazo frente a [hassen] — (7) acostarse con: dormir con, ir a la cama con — (8) tocar: [berühren] — (13) cuidar: ayudar, preocuparse de [pflegen] — (13) acariciar: rozar suavemente con la mano [streicheln] — (16) borracho /a: se dice de una persona que ha bebido demasiado, ebrio, embriagado, alumbrado — golpear: maltratar físicamente, pegar, apalear [schlagen] — (19) sobrio /a: sereno, se dice de quien ya no está borracho — (25) maquillarse: aplicar productos cosméticos sobre el rostro para embellecerlo, arreglarse — (28) mancha (f.): señal [Fleck] — (29) SIDA (m.): (Síndrome de Inmuno-Deficiencia Adquirida) enfermedad grave transmitida por vía sexual que ataca al sistema de inmunidad del organismo — (34) sobrenombre (m.): apodo, mote [Spitzname] — (36) quedarse embarazada: esperar un niño, quedarse en estado de buena esperanza (las mujeres están embarazadas durante nueve meses antes de que el niño nazca) — (39) donde; aquí: a casa de — (40) sangrar: echar sangre — (41) gancho (m.): instrumento curvo y puntiagudo que sirve para agarrar o colgar objetos [Haken] — (44) soportar: aguantar, sobrellevar, resistir [ertragen] — (53) pelear unos con otros: luchar entre sí — (58) derramar: echar, verter — (72) huipil (m.): camisa ancha sin mangas y con bordados vistosos que usan las mujeres — (81) encantar: gustar muchísimo

Cuestionario de estudio

Elaboración y comprensión

a) Cuestiones sobre el texto

1. ¿Qué edad tiene Gabriela? — 2. ¿Vive Gabriela en casa de sus padres? — 3. ¿Cómo se gana la vida? — 4. ¿Por qué no le gusta confesar su profesión? — 5. ¿Por qué detesta «la calle»? — 6. ¿Le satisfacen a Gabriela las relaciones sexuales que tiene con sus clientes? — 7. ¿Quién es Marta? — 8. ¿Cuál es el comportamiento de Marta para con Gabriela? — 9. ¿Qué nos dice Gabriela de la muerte de su madre? — 10. ¿Era el padre de Gabriela cruel también con su hija? — 11. ¿Ha olvidado Gabriela el crimen de su padre? — 12. ¿Qué nos dice el texto de Aída? — 13. ¿Por qué está preocupada Gabriela con Aída? — 14. ¿Quién es Mercedes? — 15. ¿Qué problema tuvo Mercedes? — 16. ¿Abortó en una clínica? — 17. ¿Por qué le dan a la persona que les ayuda en los abortos el nombre de «la Carnicera»? — 18. ¿Por qué no le gustan a Gabriela los chicos de la calle? — 19. ¿Qué hizo la policía con Nahamán? — 20. ¿Qué nos dice Gabriela de sus relaciones con Nahamán? — 21. ¿Por qué siente añoranza Gabriela de su abuela? — 22. ¿Qué es lo que le encantaría a Gabriela? — 23. Haga una descripción de tres de los personajes que aparecen en el texto.

b) Léxico y gramática

I Escriba y traduzca los substantivos que pueden corresponder a los siguientes verbos.

aborrecer	...	abortar	...	abrazar	...
acariciar	...	agradar	...	apreciar	...
atender	...	ayudar	...	besar	...
combatir	...	contagiarse	...	crecer	...
cuidar	...	decaer	...	desarrollar	...
discutir	..	emplear	...	encantar	...
enfermar	...	exhortar	...	favorecer	...
funcionar	...	golpear	...	gustar	...
halagar	...	juzgar	...	llorar	...
maltratar	...	maquillarse	...	mimar	...
necesitar	...	odiar	...	opinar	...
ordenar	...	pelear	...	pensar	...
reírse	...	remediar	...	reñir	...
repugnar	...	requerir	...	sentir	...
soñar	...	subir	...	vender	...

II Empleo del subjuntivo

Complete las frases.

1. Mi tío siempre ha dicho que no (ser) bueno para la salud pública que los médicos (recetar) tantos comprimidos. — 2. Gabriela se fue de su casa porque (tener) miedo de que su padre (matarla). — 3. Lamentamos mucho que nuestro compañero (morir) tan joven. — 4. Me impacientaba muchísimo que mi madre (decirme) casi siempre lo que [yo] (tener) que hacer. — 5. Esperamos que el tiempo no (tardar) en mejorar. — 6. Lo hizo sin que [nosotros] (darse) cuenta. — 7. El acusado insistía en que él no (ser) el autor del robo. — 8. Este chico habla como si [él] (saber) la verdad. — 9. Cuando trabajaba, [él] siempre (tratar) de hacerlo lo mejor que (poder). — 10. Hazlo como ella (decirte) y ya verás cómo (salirte) muy bien. — 11. Necesito una gramática en la que (explicarse) bien en empleo del subjuntivo. — 12. Es probable que no (agradarte) lo que [yo] (irte) a decir. — 13. Ella ha venido para que los padres de su futuro esposo (conocerla). — 14. El médico le recomendó que [él] (hacer) gimnasia todos los días. — 15. Os ruego que [vosotros] (hablar) un poco más bajo. — 16. Ha pasado por mi lado como si [yo] no (existir). — 17. Si hubiéramos tenido tiempo, (ir) a ver la catedral. — 18. Se dice que los meninos da rua de Sao Paulo (realizar) unos seiscientos asaltos al mes. — 19. Es necesario que [tú] (hablar) con ellos. — 20. Es muy posible que muchos niños de la calle no (saber) ni dónde (nacer) ni cuántos años (tener). — 21. No te permito que [tú] (hablarme) en ese tono. — 22. Le indignaba que tantísimos niños (tener) que morir de hambre. — 23. Aunque [él] (esforzarse) muchísimo, no ha obtenido lo que (pretender).— 24. Yo desearía que las cosas (ser) de otra manera.

III Complete y traduzca el texto.

1. *se encargó — precisamente — necesitan — necesarias — mucho — los ancianos — hacia — entorpecen — en la que — cuidar de — árbol*

Hemos construido una sociedad ... los niños y ... molestan, incordian, ... el absurdo correr cotidiano ... ninguna parte. Los niños ... tiempo, dedicación, paciencia y ... amor. Es como plantar una semilla y ... ella hasta que se convierta en un ... y dé sus frutos. Pero las cualidades ... para cuidar y educar a los niños son ... las que esta sociedad, construida sobre las prisas y el egoísmo, ... de destruir.

2. *armas — capaz — cifra — define — generaciones — la aventura diaria — muchos* — mundo — persecución — podamos dormir — preparar — resulta — son

   Cien millones de niños viviendo ... de sobrevivir a la crudeza de la calle y, en ... casos, a la ... despiadada de los mayores, ... demasiados niños como para que ... tranquilos. Es una ... que casi, casi ... increíble, inimaginable. Pero, lamentablemente, es verdad. Y constituye, por otra parte, la nota que ... a esta humanidad absurda que es ... de gastarse millones de millones en ... para autodestruirse y que es incapaz de ... a las nuevas ... para que construyan un ... mejor.

3. *toda — se encargará — pierde — máquina — ilusión — factura — destruyendo — dentro de él — comprende — aquello — aporta — ahora*

   El hombre, desde su ignorancia, no ... que está hipotecando su futuro, porque está ... la pureza, la ... , la imaginación, la sencillez, todo ... que define al niño y que tanta riqueza ... al mundo de los mayores. Cuando un adulto ... al niño que hay ... y que le debe acompañar ... su vida, entonces sólo queda una ... fría, insensible, autómata. El tiempo ... de pasar la factura de lo que se está haciendo ... con los niños. Una ... dolorosa.

   Editorial, El tiempo se encargara de pasar factura, Fusión, octubre, 1997

IV Busque el intruso.

1. pobre — necesitado — menesteroso — mendigo — hambriento — despistado — desnutrido — carente
2. cereza — ciruela — higo — manzana — melocotón — melón — membrillo — nuez
3. volver — soler — resolver — morder — llover — doler — coger — cocer
4. argentino — cubano — chileno — filipino — mexicano — panameño — paraguayo — peruano
5. recapacitar — razonar — pensar — meditar — imaginar — creer — cavilar — actuar
6. entrada — fábrica — familia — galería — tema — página — academia — vida
7. placer — nostalgia — gusto — encanto — diversión — delicia — alegría — agrado
8. agricultor — deportista — taxista — jardinero — mecánico — panadero — periodista — zapatero

Lectura comentada (Interviú)

Los meninos da rua

Jatun Suqun tiene la suerte de entrevistar a Tess Alves, mujer brasileña perteneciente al Movimiento Nacional de Meninos e Meninas da Rua del Estado de Ceará (Brasil). Lleva 25 años dedicada a labores educativas con estos niños, especialmente en Fortaleza, capital de Ceará. Cuando tenía 15 años de edad, su padre la informó de que también él había sido un «menino da rua», situación de la que supo salir con tesón y coraje.

P. ¿Quienes son los «meninos da rua»?
R. Son millones de niños que viven situaciones difíciles de abandono y carencia social absoluta en las calles de las principales ciudades de Brasil, desarraigados de cualquier vínculo familiar. En definitiva son «ciudadanos sin derechos». En Fortaleza estimamos que hay unos mil niños y niñas en esas condiciones.

P. ¿En qué consiste el Movimiento Nacional de Meninos e Meninas da Rua?
R. Es una Organización No Gubernamental que nace en 1985 a través de un grupo de educadores que comenzaban a plantarse alternativas a la política asistencialista y represiva hacia los niños y niñas de la calle. Actualmente está integrado por unos 3.000 educadores que trabajan en distintas ciudades. Nuestro objetivo principal es defender los derechos de los niños y asesorar sobre programas de atención a todas las personas o instituciones que muestren su preocupación por los niños de la calle.

P. Llamáis a vuestro trabajo «enamorar». Explícanos esto.
R. En un primer momento, el acercamiento a los niños se realiza paseando por la calle y observándolos. Después de unas semanas, cuando se han acostumbrado a nuestra presencia, hablamos con ellos. Nos preguntan qué hacemos, si somos policías. Al principio mienten mucho, inventan cosas porque no tienen confianza. Luego llevamos papeles y pinturas y realizamos «graffitis». Invitamos a los niños a participar, ellos inmediatamente se sienten protagonistas. Así se inicia el contacto directo con los niños. Después, pasamos a formar grupos de base y a realizar actividades participativas.

P. ¿De dónde proceden los «meninos da rua»?
R. La mayoría ha nacido y vive en las calles sin ningún tipo de vínculo familiar. Todos llegan a nuestro Movimiento sin documento de identidad, muchos no saben la edad que tienen y algunos ni siquiera tienen nombre propio. Por ejemplo, hay un niño con el que trabajamos y que sigue viviendo en la calle que se llama «Cinco Cruceiros». No sabe qué nombre le pusieron al nacer y el apodo le viene de practicar la mendicidad. Otros niños de la calle todavía tienen algún vínculo familiar. Por lo general viven en favelas, en condiciones muy duras.

P. ¿Cómo pueden sobrevivir estos niños?
R. Deben buscar su sustento en las calles. El robo y la prostitución son las formas más fáciles de ganar dinero, pero les amenazan constantemente los escuadrones de la muerte. Mendigar también es muy peligroso porque les convierte en «blancos visibles» en las calles.

P. ¿Te han contado alguna vez qué quieren ser de mayores?

R. Sí, cuando toman confianza expresan sus sentimientos como cualquier otro niño: bombero, arquitecto, maestra... Intentamos escolarizar a muchos hace un año en centros municipales, pero no fueron admitidos bajo el pretexto de que eran «meninos da rua». Al explicárselo me decían: «¿Por qué, Tess? ¿Por qué no podemos estudiar aquí? ¿No somos niños? ¿No somos ciudadanos?». Yo no supe contestarles.

Jatun Suqun, Autogestión, *agosto 2001*

NO DEJÉIS QUE LOS NIÑOS DE LA CALLE SE ACERQUEN A MÍ

Barro, alquitrán y pegamento. Esas son las asignaturas del nuevo curso escolar de los llamados niños de la calle. Son 100 millones y viven en las calles de muchas de las grandes ciudades de los países más desfavorecidos.

Es un fenómeno que se extiende por todo el planeta. Las máscaras del baile de disfraces cambian dependiendo del país, Chamkar en Marruecos, Meninos da Rua en Brasil, Gamines en Colombia o Chaveas en áreas gitanas de Europa, pero el niño detrás de ellas es siempre el mismo. Y no está jugando. La fundación Codespa ha lanzado una campaña en los medios de comunicación para dar a conocer esta trágica situación. Codespa trata así de buscar fondos para financiar diversas iniciativas encaminadas a insertar a estos menores en la sociedad mediante su integración en el mercado laboral. El abandono del hogar en la mayoría de los casos no es un hecho repentino. En sus casas se encuentran con una extrema pobreza, abuso sexual o con maltrato físico o psicológico, lo que hace cada vez más duro volver a ellas cuando en la calle encuentran un mundo de incertidumbre, de aventura y de aparente libertad.

Pero sólo aparente. En la calle los niños son víctimas del mismo o peor maltrato: se les explota y son utilizados por las redes de prostitución y tráfico de drogas. Muchos de ellos son asesinados a manos de los llamados movimientos de «limpieza social».

La única golosina que permite endulzar esta pesadilla infinita suele ser un bote de pegamento. A esta droga se suelen agarrar unos 20 millones de menores. Su efecto es anestésico, produce modificaciones en la conciencia y permite al niño evadirse de su situación, del miedo, del hambre y del frío. No provoca caries, pero revierte en su bajo peso, el aspecto de su piel, en el cabello, en los dolores frecuentes de dientes y estómago, problemas respiratorios, psicológicos…

Exceptuando los que puedan salvar organizaciones del estilo de Codespa, en estas condiciones las posibilidades de que los niños de la calle aprueben la repesca en septiembre son nulas. Tendrán que repetir curso otra vez con las mismas asignaturas: barro, alquitrán y pegamento.

Miguel Ángel Alonso, El Mundo, 12-9-2002 (374 palabras)

Anotaciones

(1) barro (m.):tierra mezclada con agua como la que se forma en calles o caminos cuando llueve, fango, lodo [Schlamm] — alquitrán (m.): producto viscoso de color negro que se obtiene de la destilación del petróleo, asfalto,[Teer] — (2) asignatura (f.): materia que se tiene que aprender en los centros docentes, disciplina — (5) desfavorecido /a: pobre, menesteroso, necesitado — (12) fundación Codespa: organización no gubernamental cuyo fin es apoyar a las personas y comunidades en vías de desarrollo a mejorar sus condiciones de vida fortaleciendo a la sociedad civil — (14) fondos (m. p.): dinero, medios económicos, capital, patrimonio — (18) incertidumbre (f.): inseguridad, indecisión, perplejidad — (19) aparente: que parece y no es, supuesto, simulado, engañoso, incierto — (23) golosina (f.): alimento, generalmente dulce, que se suele comer sin necesidad — bote (m.): recipiente cilíndrico [Dose] — (24) agarrar: engancharse, aferrarse [sich fest halten] — (26) revertir: tener consecuencias — (30) repesca (f.) en septiembre: posibilidad de no tener que repetir el curso si se aprueban los exámenes después de las vacaciones de verano (en septiembre)

Análisis y comentario

1. Estructure y resuma el contenido del texto.
2. Muchos niños abandonan sus familias pensando que van a mejorar su situación.
   a) Exponga con sus propias palabras que es lo que les lleva frecuentemente a abandonar el hogar.
   b) ¿Encuentran en opinión de Miguel Ángel Alonso en la calle lo que buscan? Fundamente su respuesta.
3. Comente con sus propias palabras la frase: «Tendrán que repetir el curso otra vez con las mismas asignaturas».
4. Describa y comente la imagen.
   alternativa:
   Analice y comente el contenido y la función del título del texto.

VERGÜENZA Y POLÉMICA EN ARGENTINA POR LA MUERTE DE CUATRO NIÑOS DESNUTRIDOS

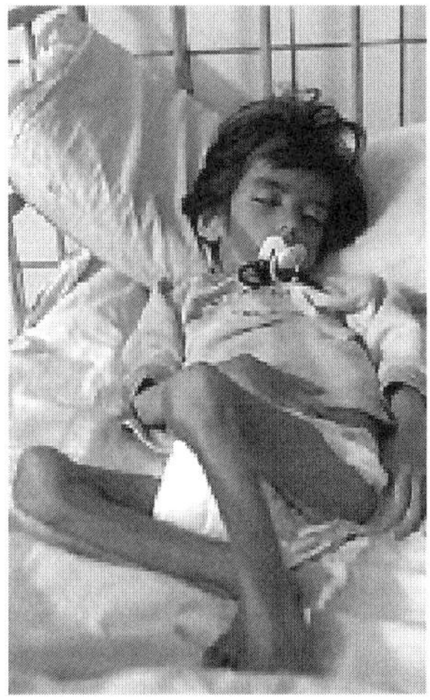

La muerte por desnutrición de cuatro niños ocurrida esta semana en la empobrecida provincia de Tucumán, en el norte argentino, ha avergonzado a las autoridades y ha generado polémica en un país que es el cuarto mayor exportador de carne de vacuno del mundo. Los fallecimientos se produjeron en una de las zonas más castigadas por una crisis sin precedentes en la historia de esta nación y en tres de los casos los niños no llegaron a recibir atención médica.

Tras las sobrecogedoras imágenes de hace ocho meses (la batalla por un jirón de carne), ahora llegan otras aún más terribles y más propias de Etiopía. La noticia de la muerte de estos niños, conocida ayer, ha abierto un debate sobre las consecuencias de la extrema pobreza, que no ha dejado de crecer en los últimos años, al tiempo que ha desatado un cruce de acusaciones sobre el destino de las partidas destinadas a la asistencia social.

Mientras que la primera dama, Hilda Duhalde, asegura que el Gobierno envía 1.700.000 dólares mensuales para planes alimentarios, el Ejecutivo provincial sostiene que recibe 1.383.780 dólares, según informa el diario Clarín. En este sentido, el jefe del gabinete de ministros, Alfredo Atanasof, ha asegurado que habrá «controles más estrictos» para constatar que el dinero «llegue efectivamente a las madres y los niños».

El ministro de Salud, Ginés González García, ha asegurado que se siente «dolorido y avergonzado» por las muertes de esos niños tucumanos y ha indicado que «es inmoral que en un país como Argentina existan problemas de acceso al alimento». Y el presidente, Eduardo Duhalde, ha achacado los casos extremos de hambre a la «falta de organización social» del país. Más contundente ha sido el ministro de la Producción, Aníbal Fernández, que ha tildado a todo el Ejecutivo, incluido él mismo, de «hijo de puta». «Argentina tiene una sociedad enferma y un grupo que gobierna que son unos hijos de puta», ha declarado al canal América.

Tres de los niños residían en el interior de Tucumán y murieron en sus casas, aunque de ellos no trascendió ningún dato sobre su identidad, edad o sexo, porque los casos están en manos de la Justicia. La otra víctima, María Rosa Gómez, de seis años, vivía en un barrio pobre de las afueras de la capital provincial, a unos 1.300 kilómetros al norte de Buenos Aires, padecía de parálisis cerebral y pesaba apenas nueve kilos cuando murió en un hospital.

La imagen de Pablo, uno de los hermanos de María Rosa, que tiene cuatro años, pesa siete kilos y está afectado por la misma enfermedad, apareció el jueves en la portada de casi todos los diarios del país. «Según cifras oficiales, en Argentina hay 260.000 casos de desnutrición infantil», ha explicado el presidente de la ONG Red Solidaria, Juan Carr. La causa de la muerte de los niños fue la poliparasitosis, pero «no se puede ignorar que lo que realmente los mató fue el hambre, ya que el 85% de los niños tucumanos padece poliparasitosis y no se muere de eso», ha indicado el presidente del Sistema Provincial de Salud, Juan Masaguer.

Editorial, El País, 15-11-2002 (534 palabras)

Anotaciones

(1) desnutrición (f.): debilitación del organismo por falta de alimentación [Unterernährung] — ocurrido /a: que ha tenido lugar, sucedido, acontedido — (3) avergonzar: afrentar, abochornar [beschämen] — (4) generar: originar, causar, provocar, motivar — (5) carne (f.) de vacuno: [Kalbsfleisch] — (6) fallecimiento (m.): muerte, defunción, expiración — (10) sobrecogedor /ra: que asusta, que causa muchísima impresión — (11) jirón (m.): pedazo, trozo — (16) cruce (m.): intercambio, serie — (17) partidas (f. p.); aquí: sumas de dinero, subvenciones — (27) achacar: acusar a alguien de ser el responsable de algo malo — (28) contundente: rotundo, categórico — (29) tildar de: dar el nombre de, llamar, calificar de — hijo de puta: es uno de los insultos más graves que se puede dirigir a una persona en lengua castellana [Hurensohn] — (32) trascender; aquí: propagar, difundir, dar — (42) poliparasítosis (f.): enfermedad causada por varios tipos de parásitos

Cuestionario de estudio

Elaboración y comprensión

a) Cuestiones sobre el texto

1. ¿Dónde se encuentra la provincia de Tucamán? — 2. ¿Por qué tuvieron lugar las defunciones de cuatro niños en esta provincia argentina? — 3. ¿Por qué es absurdo e inmoral que en Argentina mueran niños de hambre? — 4. ¿Con qué país compara el autor a Argentina? — 5. ¿Sobre qué se discute en Argentina con motivo de los fallecimientos? — 6. Las afirmaciones de Hilda Duhalde discrepan de las que hace el Gobernador de la provincia. Explique por qué. — 7. ¿Quién es Alfredo Atanasof? — 8. ¿Qué ha prometido este político? — 9. ¿A qué se deben los fallecimientos según el presidente de la Nación? — 10. ¿Quién es el responsable de las muertes según el ministro de Pruducción? — 11. ¿Quiénes son María Rosa y Pablo? — 12. ¿Por qué no se informa de los tres niños y de la causa de su muerte? — 13. ¿Cuántos casos de desnutrición infantil existen en Argentina según las informaciones del Gobierno? — 14. ¿Cree Juan Masaguer que la causa de la muerte de los cuatro niños es la poliparasitosis? ¿Cómo fundamenta su opinión?

b) Léxico y gramática

I Ejercicio de substantivación
Escriba los verbos que corresponden los substantivos que siguen y traduzca tanto los substantivos como los verbos.

vivienda	...	vergüenza	...	trascendencia	...
sondeo	...	revisión	...	residencia	...
punición	...	prueba	...	provocación	...
polémica	...	parálisis	...	negociante	...
muerte	...	morada	...	llegada	...
impedimento	...	gobierno	...	falta	...
fallecimiento	...	exportador	...	examen	...
enfermedad	...	discusión	...	declaración	...
cruce	...	crítica	...	control	...
contrariedad	...	censura	...	causa	...
castigo	...	carencia	...	atención	...
agonía	...	achaque	...	acceso	...

II Ponga las frases en pasiva refleja.
1. La semana pasada fue decomisado un camión lleno de tabaco. — 2. La creatividad de los niños debería ser potenciada. — 3. En la mayoría de los países la pena de muerte ha sido abolida. — 4. Habían sido arrestados por cometer varios delitos. — 5. La falacia de sus promesas no fue descubierta. — 6. El escritor será galardonado en el salón de actos de la Facultad de Románicas. — 7. La manipulación de la información no debería ser consentida. — 8. Debido a su minoría de edad van a ser enviados a un centro de menores y no a la cárcel. — 9. Después de una minuciosa investigación, acabó siendo descubierta la prueba que delataba al asesino. — 10. En este restaurante la comida es servida a partir de la una y media. — 11. El cabecilla de la banda acaba de ser detenido. — 12. La naturaleza debe ser defendida de las agresiones humanas. — 13. El periodista ha sido acusado de adulteración de los hechos reales. — 14. La minifalda fue popularizada en la década de los sesenta. — 15. La biografía de este escritor va a ser publicada antes de fin de año. — 16. En la operación policial fueron detenidos los jefes del narcotráfico de la región. — 17. Cuando fue nombrado presidente tenía sesenta años. — 18. Los que raptaron al niño a la salida del colegio han sido detenidos. — 19. Varios miembros de escuadrones de la muerte van a ser encarcelados. — 20. Fue anunciada una baja en la gasolina. — 21. La víctima fue amordazada para que no pidiera auxilio. — 22. La ley fue aceptada por aclamación. — 23. En la reunión serán tratados varios asuntos. — 24. Acaban de ser adoptadas nuevas medidas contra el paro. — 25. En el hotel pueden ser alojadas más de quinientas personas. — 26. La policía sabía que el autor del delito era encubierto.

III Complete el texto.

1. *por — frente a — exportador — dramática — departamento — conocer — celebración — asiste — a causa*

   El mayor ... de alimentos per cápita del mundo ... impotente a la muerte diaria de unos 50 niños ... del hambre o de enfermedades asociadas a la desnutrición.

Esta cifra tan ... la dio a ... ayer Carlos Custer, responsable del ... internacional de la Confederación de Trabajadores Argentino (CTA), el primer sindicato del país, en rueda de prensa en Madrid, con motivo de la ... del seminario internacional «Unión Europea-América Latina: desafíos comunes ... la globalización» organizado ... la Unión Sindical Obrera (USO).

2. *al borde de — cosecha — empleo — paradójica — personas — por — produce — tiene* — vecinos

   Custer mostró la ... situación de un país con una ... de 70 millones de toneladas de grano el año pasado y que ... dos toneladas de alimentos ... habitante al año, en el que dos millones y medio de chicos están ... la desnutrición. Un país que daba ... a 900.000 'hermanos' de los países ..., ahora ... 19 millones de ... por debajo de la línea de la pobreza (de una población de 37 millones de habitantes).

3. *por — otros — muertes — la prensa — ha reconocido — desnutridos — alimentación* — alarmas

   Las ... se han disparado. El Ministerio de Salud Pública de Salta ... que hay 1.900 niños menores de seis años ... y que ... 23 han fallecido ... causas asociadas a la falta de ... en Santa Fe. Además, en Misiones se han registrado 49 ... por desnutrición en lo que va de año, y en Tucumán, según ... local, ya hay 369 muertos — informa Europa Press.

   Niños mueren cada día por desnutrición, Canal Solidarios, 18-10-2002

IV Traducción

Es plaga del siglo XXI. En países ricos. Niños obscenamente alimentados, cebados por sus padres. Hasta convertirlos en espantajos de grasa. Bamboleantes, enfermos.
En EEUU la combaten con cirugía. Para reducir el estómago. Mitigar la ansiedad neurótica de comer. Practicada hasta en niños de 13 años. Informa la revista Pediatrics.
La obesidad infantil se multiplicó por siete en 30 años. En EEUU un 15% de niños padece sobrepeso. Aumentarán las diabetes tipo 2. El infarto de miocardio será dolencia pediátrica.
La cirugía contra la obesidad infantil afecta crecimiento y desarrollo. Afirman expertos de la Universidad de Michigan. Provoca desde malnutrición a cálculos renales. La obesidad hace horrible la vida. Dieta y ejercicio no bastan. El problema se agravará si no se cambian hábitos insanos. Dicen en la Universidad de Minnesota.
100.000 personas en EEUU se operan cada año. Un millar son adolescentes, niños. Por exceso de comidas grasientas, bebidas azucaradas, dulces. Falta de actividad física.
Pediatrics encontró relación directa entre obesidad y televisión. Los niños con tv propia ven cinco horas más. Son más obesos. La mitad de niños en EEUU tiene tv en su cuarto.
El capitalismo vive del consumo neurótico de productos. La ideología necesita la tv.
Para vivir el sistema mata. Los ricos mueren de riqueza. Los pobres de no tenerla.
Alegórico.

Augusto Zamora, Obesidad infantil, El Nuevo Diario, 11 de diciembre de 2002

Convención de los Derechos del Niño*

1. Todos los niños tienen derecho a la vida, a la alimentación, al desarrollo y a la supervivencia.
2. Todos los niños tienen derecho a la salud, a la atención médica y a la prevención.
3. Todos los niños tienen derecho a la libertad. Ningún niño será sometido a la tortura, pena capital, prisión perpetua o detención arbitraria.
4. Todos los niños deben estar protegidos contra la explotación laboral.
5. Ningún niño debe participar en conflictos armados.
6. Todos los niños deben estar protegidos contra los malos tratos.
7. Todos los niños tienen derecho a un nombre y una nacionalidad.
8. Todos los niños tienen derecho a la educación.
9. Todos los niños tienen derecho a la libertad de pensamiento y opinión.
10. Todos los niños discapacitados deben estar protegidos con educación y cuidados especiales para su integración social.
11. Todos los niños tienen derecho al juego, al esparcimiento y a la participación en actividades culturales.
12. Todos los niños tienen los mismos derechos.

Texto ligeramente adaptado

* El texto oficial y completo de la Oficina del Alto Comisariado de las Naciones Unidas para los Derechos Humanos se puede leer en: www.unhchr.ch/spanish/mtml/menu/3/b/k2crc_sp.htm

SE PUSO A LLORAR

Y Dios bajó a la tierra en forma de nube etérea y quiso conocer a los niños, el futuro de nuestro mundo. Y comenzó por Europa. Se sintió más o menos satisfecho, salvo unas cuantas excepciones encontró niños sanos, educados, mimados. Con un amplio abanico de posibilidades desplegado frente a su porvenir.

En la nube que era Dios se dibujó una sonrisa. Y siguió viajando.

Pasó por el África negra donde se mueren de hambre o de sida, donde la tierra está sembrada de minas antipersonales, donde las tribus rivales discuten sus diferencias a machetazos. Donde los niños son soldados.

Pasó por el mundo árabe donde sólo hay algo que valga menos de lo que vale la dignidad de un niño, la de una niña. Y vio curtidores de cuero, tejedores de alfombras, teñidores de telas.

Pasó por la India y vio niños y niñas acuclillados en cuevas de no más de un metro de alto, consumidos por el trabajo contaminante (a cambio de un cuenco de arroz) de unas pulseritas que luego compran los tontos de los turistas.

Pasó por muchas partes de Asia y si hubiese tenido tripas, se le habrían revuelto ante el uso y abuso de niñas y niños en un floreciente y asqueroso mercado sexual.

Pasó por Brasil y casi se muere de espanto ante la visión de «los niños de la calle» perseguidos y acosados por los escuadrones de la muerte.

Pasó por Colombia y se le heló la sangre que no tenía en las venas inexistentes cuando vio a los «niños sicarios» utilizados por la mafia.

En Bolivia encontró una pequeña diferencia y meditó sobre ella. Habían niños sometidos a un trabajo brutal en las minas pero sólo trabajaban una parte de la jornada, el resto lo dedicaban a estudiar, iban a la escuela y evidentemente por esto, eran niños concienciados, conscientes de su realidad social que reivindicaban su derecho a trabajar para ayudar a sus familias.

Pensó en los tópicos sobre la infancia.

«La infancia es tiempo de inocencia».

«La infancia, época luminosa y mágica».

«La niñez, paraíso perdido».

Pensó en todo lo que le había costado a la humanidad llegar a una declaración tan justa y evidente como la de los derechos del niño y su pensamiento añadió: «¿De qué ha servido?».

Y fue por ese tiempo cuando el segundo diluvio universal azotó la tierra, pero esta vez Dios no avisó a ningún Noé, no le dio tiempo de prever lo que ocurría y nadie pudo construir un arca salvadora.

Porque el diluvio lo provocó él sin querer cuando se puso a llorar de pura pena ante la visión de más de 250 millones de niños trabajadores en la tierra.

¿Qué raza de monstruos había creado?

Gaceta Independiente, 13-2-2002 (462 palabras)
(Texto ligeramente adaptado)

Anotaciones

(1) etéreo /a: celeste — (2) satisfecho /a: contento, feliz, alegre — salvo: con excepción de, exceptuando, excepto — (3) mimado /a; aquí: amado, querido, tratado con mucho cuidado — (4) abanico (m.); aquí: conjunto, serie de posibilidades entre las que se puede elegir [Fächer] — (4) desplegado /a: abierto, variado — (6) sida (m.): enfermedad infecciosa producida por un virus, que se transmite sexualmente o a través de la sangre y que destruye los mecanismos de defensa del cuerpo humano — (7) sembrado/a: cubierto, lleno [gesät] — (8) machetazo (m.): golpe de machete — (10) curtidor (m.) de cuero:persona que elabora el cuero [Gerber] — (10) tejedor (m.) de alfombras: [Teppichweber] — (11) teñidor (m.) de telas: [Färber] — (12) acuclillado /a: encogido, acurrucado, en cuclillas — (13) consumido /a: extenuado, totalmente agotado — (13) cuenco (m.): escudilla, vasija de barro sin asa [Napf] — (14) pulserita (f.): pulsera pequeña — (15) tripas (f.p.); aquí: estómago — (16) asqueroso /a: repugnante, impúdico [ekelhaft] — (22) jornada (f.): día — (24) concienciado /a: que reflexiona, que tiene conciencia — (33) azotar: castigar [peitschen]

Análisis y cometario

1. Resuma con sus propias palabras el contenido del texto.
2. El texto nos describe la situación de los niños en nuestro mundo.
   a) Haga un bosquejo de la descripción.
   b) Redacte la descripción con sus propias palabras.
3. ¿Está usted de acuerdo con lo que se dice de los niños europeos?
   Justifique su respuesta.
4. Enumere y comente algunos de los recursos literarios de los que se sirve el autor del texto.

Niño Silvestre

Hijo del cerro,
presagio de mala muerte,
niño silvestre
que acechando la acera viene y va.
Niño de nadie
que buscándose la vida
desluce la avenida
y le da mala fama a la ciudad.
Recién nacido
con la inocencia amputada
que en la manada
redime su pecado de existir.
Niño sin Niño,
indefenso y asustado
que aprende a fuerza de palos
como las bestias a sobrevivir.
Niño silvestre
lustrabotas y ratero
se vende a piezas o entero
como onza de chocolate.
Ronda la calle
mientras el día la ronde
que por la noche se esconde
para que no lo maten.
Y si la suerte,
por llamarlo de algún modo,
ahuyenta al lobo
y le alarga la vida un poco más...
Si el pegamento
no le pudre los pulmones,
si escapa de los matones,
si sobrevive al látigo, quizás...
llegue hasta viejo
entre cárceles y «fierros»
sembrando el cerro
de más niños silvestres, al azar.
Y cualquier noche
en un trabajo de limpieza
le vuele la cabeza
a alguno de ellos, sin pestañear.

Juan Manuel Serrat, 1994

II

El trabajo infantil

¿QUÉ SABES SOBRE EL TRABAJO INFANTIL?

Cada vez hay, afortunadamente, más personas que se preocupan por los niños que tienen que trabajar para vivir. Muchos tenemos una idea bastante equivocada sobre los lugares en los que trabajan, de lo que hacen y de cómo puede resolverse el problema. ¿Qué sabes tú del trabajo infantil? Participa en este juego de preguntas y respuestas. Tal vez te lleves una sorpresa.

Pregunta 1: ¿Dónde trabaja hoy la mayoría de los niños?

A) En fábricas, donde se elaboran productos baratos para exportarlos a los países ricos.
B) En su barrio repartiendo, por ejemplo, periódicos.
C) En las calles, vendiendo chucherías, en la agricultura y en sus casas

Pregunta 2: ¿Cómo puede evitarse el trabajo infantil?

A) La única forma de lograr progresos contra el trabajo infantil es que los consumidores y los gobiernos apliquen presiones a través de boicoteos y sanciones, es decir, se nieguen a comprar productos elaborados por niños o no importen artículos producidos con mano de obra infantil.
B) Lo que se necesita es que los miembros de las comunidades se reúnan y sugieran soluciones y alternativas.
C) Es muy poco lo que se puede hacer para eliminar al trabajo infantil.

Pregunta 3: ¿En qué países es un problema el trabajo infantil?

A) Es un problema solamente en los países pobres y en vías de desarrollo.
B) Es un problema que afecta tanto a los países ricos e industrializados como a los países pobres y en vías de desarrollo.
C) Es un problema solamente en los países ricos.

Pregunta 4: ¿Cuál es el vínculo entre el trabajo infantil y la pobreza?

A) Nunca se acabará el trabajo infantil si no deja de haber gente que no tiene lo necesario para vivir.
B) No existe ningún vínculo entre pobreza y trabajo infantil.
C) Es posible eliminar el trabajo infantil independientemente de la reducción de la pobreza.

Texto inspirado en: Pro Derechos de la Infancia, 2002

Lectura introductoria

Definición de «trabajo Infantil"

Es totalmente necesario distinguir entre niños trabajadores y trabajo infantil como explotación de seres humanos para entender y poder resolver el problema del trabajo infantil.

No todos los trabajos realizados por niños constituyen un perjuicio para ellos o una forma de abuso de su situación de seres indefensos. El término «trabajo infantil» se aplica generalmente a prácticas de trabajo peligrosas y / o explotadoras. El trabajo infantil en este sentido implica la violación de los derechos humanos básicos de un niño como son: el derecho a la educación, el derecho a no ser explotado y el derecho a ser excluido de trabajos que son dañinos para su desarrollo físico, mental, espiritual y moral.

La UNICEF se sirve de cinco criterios para definir prácticas explotadoras en el trabajo infantil:

- Trabajo a tiempo completo en muy temprana edad
- Jornadas laborales demasiado extensas
- Trabajos que implican excesivo estrés físico, social o psicológico
- Paga inadecuada
- Trabajos que limitan o imposibilitan el acceso a la educación

En relación con el tema, la UNICEF y la OIT han declarado con referencia al «trabajo infantil»

«No estamos hablando de niños que trabajan unas pocas horas para obtener dinero para sus propios gastos o que ayudan a sus familias ocasionalmente o que trabajan como aprendices. Hablamos, más bien, de niños que trabajan en forma regular en fábricas donde se les explota, en pequeños negocios, en la construcción, en las minas y en la agricultura. Hablamos de niños involucrados en actividades marginales que trabajan y viven en la calle, muchas veces bajo amenaza. También existen muchos millones de trabajadores infantiles que pasan inadvertidos, como los que se dedican a labores domésticas sin recibir remuneración por su trabajo.»

Casa Alianza, 1999
Texto elaborado y corregido

LILIA VIVE DE LA BASURA

Lilia tiene 15 años, pero parece de 12. Yolanda, la mamá de Lilia, tiene 41 años. Lleva casi media vida reciclando basura. También ha sido empleada doméstica y vendedora de frutas y verduras en la Central de Abastos de Bogotá. Los domingos ofrece hierbas aromáticas en las atestadas calles del barrio 20 de Julio. La mujer, de rasgos indígenas y carácter recio, le ha enseñado a Lilia, desde los 3 o 4 años, las mil y una maneras de ganarse unas monedas en la calle sin hacerle mal a nadie, y la previene de los peligros en la noche bogotana.

Álex, su padre, cumplió 45 años. Es drogadicto. Desde que lo venció el vicio, se va todos los días al mediodía y regresa a la madrugada. Nunca trae un peso, pero su esposa y sus hijos lo soportan porque no es violento ni intenta tocar a las niñas. Además, «padre es padre», les advierte Yolanda.

Por eso, parte del sostenimiento del hogar recae sobre los hombros de la joven. Sus aportes dependen de su suerte. La noche anterior, por ejemplo, apenas se había ganado tres mil pesos recogiendo cartón. Alcanzaron para que todos desayunaran el domingo con chocolate en agua y un pan de cien pesos. Los lunes, que eran los mejores días, reunía hasta 25 mil pesos gracias a las botellas de licor que aparecían entre la basura.

Algunos sábados y domingos, cuando Lilia tiene cuatro o cinco mil pesos de «plante», compra chocolate o confites en el barrio Venecia, un sector comercial del sur de la ciudad, y se trepa en los buses a venderlos.

Pero incluso este trabajo tiene sus riesgos. «Hace dos años una vieja me iba a quitar el plante. Yo andaba con una bolsa de galletas y la vieja me dio una puñalada. Yo cogí una botella que había en el suelo y la rompí contra el piso ... ¡Me rompe o la rompo, le dije y la vieja ahí cambió conmigo. Me dijo: Así es que tiene que ser, china, pararse. Puede ser el matón de matones pero tiene que pararse».

A los 8 años, Lilia se iba con sus hermanos más pequeños a pedir monedas a los barrios vecinos. Se hacía hasta cinco mil pesos. Hasta que un día, cuando ya había cumplido los 10, una comadre de su mamá, de nombre Flor, se la llevó para el norte de la ciudad. Se subieron a un bus que descendió de los cerros y cruzó la ciudad por una avenida. Ahora sabe que ese recorrido dura unas dos horas porque lo hace tres veces por semana.

Recuerda que cuando comenzaron a esculcar las bolsas de la basura, la comadre Flor le dijo: «Bueno ... ¡a trabajar! Cuídeme el carro, vaya ayudando a recoger cartón y pida la moneda». «Ese día me hice 35 mil pesos» explica Lilia.

Por esa época ya estudiaba en el colegio Champañat, en La Paz, un barrio vecino. Perdió tres veces el primer año porque, según dice, se «agarraba» con los profesores. Después la pasaron al colegio Fe y Alegría, pero desertó hace tres años. Cursaba el sexto grado y había hecho todo lo posible por retirarse: quemó la sudadera con una plancha y regaló algunos libros y cuadernos. Pero cuando su madre se enfermó y sus hermanos comenzaron a padecer hambre, encontró la excusa perfecta. Ahora quiere regresar a las aulas, sólo que su mamá le advirtió que ya no la puede ayudar.«Ya saqué el certificado de estudio y estoy inscrita en un colegio cerca al barrio, pero no tengo lo de la matrícula. Cuesta 18 mil pesos y si los consigo de aquí a febrero me meto a estudiar porque yo les digo que ganarse el dinero en la calle es muy duro».

La familia de Lilia nunca se ha confiado solo del reciclaje. Hace dos años ella y su mamá exploraron la venta de frutas y verduras en las afueras de la Central de Abastos. Compraban plátanos, los ponían en unas bolsitas y los vendían a las señoras, pero la Policía iba y les levantaba los puestos. Por la persecución de la Policía a los vendedores informales, Yolanda y sus hijos regresaron al oficio de recoger desechos.

Salen de su casa hacia las tres de la tarde y luego de dormitar por más de dos horas, recogen el carro en una bodega del barrio Prado Veraniego y lo tiran hasta un barrio de clase media alta, vecino de un sector comercial con suficientes restaurantes como para pedir comida todos los días.

Cuando anda en estos ajetreos, Lilia se viste de sudadera. Con esa ropa suelta Lilia intenta disimular el cuerpo de mujer que ya casi es imposible de ocultar. Lo hace por recomendación de su mamá. Los muchachos de la calle, algunos de ellos drogadictos y consumidores de pegante, saben que Lilia les da confianza, pero no permite abusos.

Lilia esculca la primera bolsa de basura. Sus manos pequeñas, pero fuertes y curtidas, la desatan y escogen: dos latas de cerveza, una botella de whisky y cartas hechas trizas. A los 10 años, cuando comenzó a meter sus manos en la basura, le daban asco los papeles del sanitario y las toallas higiénicas. Ya se acostumbró.

Hacia la medianoche, Lilia termina de recoger desperdicios. Por la calle 140 comienzan a bajar los carros tirados por niños y adolescentes sudorosos y jadeantes. Cruzan despacio el puente de la autopista norte y descargan el material en una acera ancha del barrio Prado Veraniego.

Allí seleccionan el vidrio, el papel y demás desperdicios, lo empacan en costales y lo dejan listo para vender a las seis de la mañana en la misma bodega donde les alquilaron el carro. Cuando terminan de escoger, hacia las tres o cuatro de la mañana, ponen unos cartones sobre el cemento y se cubren con un plástico. Con razón decía Lilia que a ella y a sus hermanos les tocaba dormir peor que animales.

En esas condiciones no suena extraño su escepticismo. No cree en ninguna autoridad, excepto en su mamá. «¿La Policía...? La Policía nos persigue cuando vamos a vender hierbas en el 20 de Julio... Nos quita el plante ¿El Presidente... ¿El Alcalde?... Son los que le dan la orden a la Policía».

Así es la vida de Lilia Wilches Tibasosa y de muchas otras Lilias.

José Navia, El Tiempo, 4-1-2003 (1060 palabras)

Anotaciones

(2) basura (f.): restos de cosas que ya no se emplean, escombros [Müll] — empleada (f.) doméstica: persona que por un salario realiza los trabajos de la casa, criada [Hausangestellte] — (4) hierba (f.) aromática: planta que huele bien [wohlriechende Kräuter] — atestado /a: lleno por completo, repleto, muy frecuentado — recio /a: sólido, fuerte, robusto — (7) prevenir de: avisar sobre, informar de [warnen vor] — bogotano /a: de Bogotá — (8) vencer; aquí: acabar con, dominar [besiegen] — (10) tocar; aquí: maltratar, abusar de, meterse con [berühren] — (11) advertir: hacer saber, indicar [hinweisen] — (12) sostenimiento (m.): mantenimiento, sustento, manutención [Unterhalt] — recae sobre los hombros de: lo tiene que conseguir — (13) aporte (m.): contribución, aportación [Beitrag] — (18) plante (m.): ganancia — confite (m.): dulce que tiene la forma de pequeñas bolitas [Konfet] — (19) treparse en: montarse en, subirse a [klettern] — (21) galleta (f.): especie de bizcocho, pasta [Keks] — puñalada (f.); aquí: golpe [Stoß], *(Quizá esté aquí puñalada golpe de puñal por puñada golpe de puño.)* — (22) piso (m.): suelo metálico del autobús — me rompe o la rompo: cesa o le parto la botella en la cabeza. — (23) cambiar; aquí mudar de actitud, rectificar su comportamiento — (23) china: muchacha — (24) pararse: cesar, no continuar — matón (m.): hombre que presume de valiente y busca pelea [Raufbold] — (27) comadre (f.): conocida, compañera, amiga — (28) cerro (m.): montaña de poca altura, montículo, colina, parte alta de la población — (31) esculcar: rebuscar, ver lo que hay dentro de — (35) perder; aquí: suspender, no aprobar — agarrarse; aquí: discutir, disputarse, pelearse — (36) desertar; aquí: dejar de ir a la escuela — (37) retirarse; aquí: no continuar, desistir, abandonar el colegio — sudadera (f.): prenda de vestir deportiva, bata amplia — (40) advertir: avisar, prevenir, informar — (42) meterse a: comenzar a, ponerse a — (45) confiarse de, mejor confiarse a: [sich verlassen auf] — (47) explorar; aquí: dedicarse a — (54) desechos (m. p.): basura, restos — (55) dormitar: cabecear, adormillarse [dösen] — (56) bodega (f.); aquí: sótano que sirve de almacén — tirar; aquí: llevar — (59) ajetreo (m.): actividad excesiva y complicada, trote, trajín, estrés — (60) disimular: retocar algo para que parezca distinto de lo que realmente es, aparentar, fingir — (65) hecho /a trizas: roto, destruido — (66) asco (m.): repugnancia, repulsión [Ekel] — papeles (m. p.) del sanitario: papel higiénico — (68) jadeante: cansado, fatigado, agotado — (69) acera (m.): parte de la calle destinada a los peatones [Gehsteig] — (71) costal (m.): saco, fardo — (76) sonar: parecer

Cuestionario de estudio

Elaboración y comprensión

a) Cuestiones sobre el texto

1. ¿Qué edad tiene Lilia? — 2. ¿Cómo se llama su madre? — 3. ¿Qué profesiones ha ejercido Yolanda a lo largo de su vida? — 4. ¿Qué hace los domingos? — 5. ¿En qué ha aleccionado Yolanda a su hija? — 6. ¿Qué edad tiene el padre de Lilia? — 7. ¿De qué trabaja? — 8. ¿Por qué lo soporta el resto de la familia? — 9. ¿Cuánto se había ganado Lilia la noche anterior? — 10. ¿Cómo se había ganado ese dinero? — 11. Explique por qué para Lilia el lunes es el mejor día de la semana. — 12. ¿Qué hace Lilia a veces los sábados y domingos? — 13. Cuente lo que le pasó a Lilia hace dos años con una señora. — 14. ¿Qué hacía Lilia cuando tenía ocho años para conseguir dinero? — 15. ¿Quién era (es) Flor? — 16. ¿Adónde llevó Flor a Lilia? — 17. ¿Para qué la llevó a aquel lugar? — 18. ¿Cuánto se ganó el primer día la joven? — 19. ¿Cómo se llama el colegio que frecuentó Lilia? — 20. ¿Cuántas veces tuvo que hacer el primer curso? — 21. ¿En qué colegio tuvo que continuar los estudios? — 22. ¿Hasta qué curso permaneció en la nueva escuela? — 23. ¿Estaba contenta en el colegio? — 24. ¿Por qué tuvo que salir de la escuela? — 25. ¿Por qué quiere volver ahora a un colegio? — 26. ¿Por qué aún no le es posible hacerlo? — 27. ¿Cómo intentaron la madre y la hija ganarse la vida fuera de los vertederos? — 28. ¿Por qué no lograron lo que pretendían? 29. ¿A qué hora salen de casa cuando van a recoger desechos? — 30. ¿Dónde van a buscar el carro? — 31. ¿Por qué no van directamente al basurero? — 32. ¿Para qué se pone Lilia vestidos amplios? — 33. ¿Tiene Lilia contacto con los niños de la calle? 34. ¿Qué encuentra normalmente Lilia en las bolsas de basura? — 35. ¿A qué hora dejan el basurero? — 36. ¿Van directamente a su casa? — 37. ¿Cuándo terminan definitivamente su trabajo? — 38. ¿Dónde dejan lo que han recogido? — 39. ¿Qué piensa Lilia de la policía, del presidente y del alcalde?

b) Léxico y gramática

II Ponga la frases en activa.

1. La artista fue rodeada por una legión de admiradores. — 2. Un niño peruano va a ser adoptado por unos vecinos nuestros. — 3. Parte de la basura es reciclada por los habitantes más pobres de las ciudades. — 4. La ley todavía no ha sido aprobada por el Parlamento. — 5. La discusión parlamentaria será retransmitida directamente por el segundo programa de la televisión. — 6. Lilia había sido instruida por su madre sobre la manera de ganarse algún dinero en la calle. — 7. Del accidente de nuestro hijo fuimos informados por unos conocidos. — 8. El malhechor ha sido capturado por la policía. — 9. En los medios de comunicación ha sido lanzada una campaña por una organización humanitaria para dar a conocer la trágica situación de numerosos niños latinoamericanos. — 10. La noticia ha sido difundida por los medios de comunicación. — 11. El nuevo programa del Gobierno fue analizado detenidamente por los sindicatos. — 12. La historia es escrita por la civilización dominante. — 13. Su obra literaria será traducida por un conocido autor. — 14. Esa tienda ha sido denunciada por varios consumidores

porque sus productos no estaban en buen estado. — 15. Un conocido político ha sido interviuvado por la periodista. — 16. Cuando iban a vender hierbas al mercado, eran perseguidas por la policía. — 17. La población sería diezmada por el hambre y la peste. — 18. Lilia es prevenida por Yolanda de los peligros de las noches de Bogotá. — 19. Los niños son condenados a morir tiroteados por la indiferencia de la sociedad. — 20. La inocencia del acusado no pudo ser demostrada por el abogado. — 21. Los programas del concierto son distribuidos por algunos alumnos del colegio. — 22. El alumno fue calificado por el tribunal de exámenes con un sobresaliente. — 23. El curso de español fue clausurado por el consejero de Enseñanza de la embajada. — 24. Los inhalantes son distribuidos entre los niños de la calle por bandas sin escrúpulos. — 25. El incendio ha sido provocado por un descuido de los excursionistas. — 26. El material es descargado en una cera ancha del barrio. — 27. Los conductores que rebasaban el límite de velocidad fueron detenidos por una patrulla. — 28. Su prudencia tuvo que ser admirada por todos.

I Escriba y traduzca los substantivos que pueden corresponder a los siguientes verbos.

volver	...	vender	...	vencer	...
tolerar	...	subir	...	saltar	...
retirar	...	resistir	...	regresar	...
recorrer	...	recordar	...	recomendar	...
recoger	...	reciclar	...	prevenir	...
prescribir	...	perder	...	parecer	...
parar	...	padecer	...	ordenar	...
ofrecer	...	obedecer	...	gastar	...
ganar	...	favorecer	...	entregar	...
enseñar	...	encontrar	...	dividir	...
disimular	...	detener	...	desertar	...
descender	...	derrotar	...	depender	...
decretar	...	cumplir	...	cruzar	...
cortar	...	corregir	...	confiar	...
cambiar	...	ayudar	...	asistir	...
aparecer	...	alquilar	...	aguantar	...

III Ordene las palabras.

1. *trabajan — sus — sobre todo — para — niños — Los — los — incrementar — familias. — de — bajos ingresos*

2. *bienestar — corta de miras — de — El — el — en peligro — es — futuras. — generaciones — las — pone — práctica — que — trabajo infantil — una*

3. *a — campo — ciudad — del — El — en — en los países — es — flujo migratorio — fuerte — la — los — más — pobres — que — ricos.*

4. *100 millones — constatar que — de niños — en — en — Es — escuela. — han estado — la — más de — muy triste — no — no — nuestro — nunca — recién estrenado — siglo — van — veintiuno — y*

VI Complete la tabla.

Pretérito Perfecto	Pretérito indefinido	Futuro simple	Presente de subjuntivo
hemos dado			
	reciclaron		
		escogerás	
			andemos
		cubriremos	
	predijo		
habéis comenzado			
	rompisteis		
		perseguirán	
			crucéis
		advertirá	
	hicimos		
han pedido			
	saliste		
		preveré	
han traído			
han sonreído			

Lectura comentada

Dos millones de niños trabajadores

Más de 1,9 millones de niños de América Central ven amenazadas sus posibilidades de estudiar y salir del círculo de la pobreza, porque a diario deben ganarse el sustento trabajando. Ese dato fue obtenido en una investigación que realiza el Programa Internacional para la Erradicación del Trabajo Infantil (IPEC, por sus siglas en inglés), cuyos resultados preliminares fueron brindados a IPS en forma exclusiva.

La existencia de la infancia trabajadora contribuye a perpetuar el subdesarrollo y es un caldo de cultivo para dramáticos conflictos sociales que podrían estallar en pocos años, según especialistas consultados. ”Lo que les estamos haciendo a los niños de América Central lesiona su presente y afectará muchísimo su futuro», dijo a IPS la investigadora María Luisa Rodríguez, del IPEC, un programa de la Organización Internacional del Trabajo.

El estudio reveló que hay 1.939.389 niños de cinco a 17 años que trabajan en Belice, Costa Rica, El Salvador, Guatemala, Honduras, Nicaragua y Panamá. Esos trabajadores infantiles, que afrontan graves dificultades para estudiar, son 16,2 por ciento de los casi 12 millones de niñas y niños del istmo en ese tramo de edades. Además, la gran mayoría de las niñas y niños que trabajan son ayudantes de sus padres o madres, y no reciben remuneración, apuntó Rodríguez.

La investigación forma parte del Programa de Información Estadística y Seguimiento en Materia de Trabajo Infantil, y los resultados definitivos para América Central se publicarán en 2004.

Cerca de la mitad de la infancia trabajadora del istmo fue registrada en Guatemala (937.530), y el país con menor incidencia cuantitativa del fenómeno fue Belice (8.582). El principal sector en que trabajan las niñas y niños de la región es la agricultura, seguida por el comercio, los servicios y la manufactura. «Esto es peligrosísimo para la región, pues se están violando los derechos al desarrollo digno y a la salud de los niños», comentó a IPS, al conocer los datos, María Conde, asesora del Fondo de las Naciones Unidas para la Infancia (Unicef).

Gran parte de la infancia trabajadora divide su tiempo entre el trabajo y el estudio, pero con el correr de los años, la escuela suele perder la partida. En Belice, 18 por ciento de los trabajadores de cinco a 14 años no asisten a centros educativos. Esa proporción es 21 por ciento en Costa Rica, 32 por ciento en El Salvador, 34 por ciento en Honduras, 37 por ciento en Panamá, 40 por ciento en Nicaragua y 41 por ciento en Guatemala. El trabajo precoz y la deserción del sistema educativo conducen a tocar el techo de posibilidades profesionales a edad muy temprana, observó Conde. Eso puede asociarse con un cúmulo de descontento social y tentaciones de ingresar en los círculos de la delincuencia, opinó.

«En la década pasada apreciamos que la pobreza tenía rostro de mujer. Y en esta nueva década estamos claramente observando que ahora la pobreza tiene cara de niño», indicó la especialista, quien trabaja en Panamá en la sede de Unicef para América Latina y el Caribe. Esa preocupación determinó que 15 personalidades públicas costarricenses de la ciencia, el deporte, la música, la religión y la política firmaran este viernes en Costa Rica un manifiesto contra el trabajo infantil.

Entre los firmantes están el Premio Nobel de la Paz Oscar Arias, el astronauta de origen costarricense Franklin Chang y el compositor de música clásica Benjamín Gutiérrez.

«Trabajar no es muy cansado, pero a veces sí es un poquito aburrido», comentó a IPS el adolescente Jorge Luis Cerdas, de 16 años, cuya contextura física y facciones le hacen aparentar mucho menos.

Cerdas comenzó a trabajar cuando tenía 11 años, y sólo completó estudios de escuela primaria antes de dedicarse por completo a ayudar a su padre en la venta ambulante de frutas y verduras, con un carrito. «¿Mi mayor sueño? Tener un puesto fijo de frutas y verduras en el mercado. No me gusta eso de andar de un lado para otro», explicó Cerdas, quien trabaja bajo el sol tropical, de siete de la mañana a seis de la tarde. Este adolescente con cara de niño aparca su carrito de lunes a viernes en el centro de Cartago, una ciudad ubicada 22 kilómetros al este de San José.

Enfundado en ropa ligeramente raída, Cerdas contó, mientras su padre lo miraba, que su hermana de 15 años también dejó de estudiar, y que su hermano menor, de 11 años, es el único que va a la escuela.

Algunas organizaciones no gubernamentales (ONG) afirman que los gobiernos de América Central y programas como el IPEC no hacen lo suficiente para atacar las causas del trabajo infantil. «Me parece que se apagan pequeñas partes del incendio pero que no se atacan las causas reales que ocasionan el fuego», dijo a IPS Virginia Murillo, presidenta ejecutiva en Costa Rica de la ONG Defensa de los Niños Internacional, en cuya opinión sólo una pequeña parte de la infancia trabajadora de la región recibe apoyo. La activista sostuvo que los gobiernos deberían mostrar más voluntad de disminuir la pobreza de la población y aumentar la calidad integral de la educación. Según datos recopilados por Defensa de los Niños Internacional, la infancia trabajadora corre grandes riesgos laborales.

En la agricultura, las niñas y niños están expuestos a tóxicos plaguicidas, cumplen largas jornadas laborales y cargan pesos excesivos para su edad. En los servicios de venta ambulante, predominan los riesgos de accidentes de tránsito y de maltrato o abuso por parte de adultos.

Otra institución que ha expresado preocupación por el tema es la ONG Comisión para la Defensa de los Derechos Humanos en Centroamérica (Codehuca). Según ese grupo, la situación de los niños trabajadores refleja las precarias condiciones sociales del istmo, que paradójicamente se han agravado tras el fin de guerras civiles y otros conflictos armados.

El trabajo infantil en la región es una muestra más de la constante violación de los derechos económicos, sociales y culturales, alegó el coordinador general de Codehuca, Daniel Camacho.

Néfer Muñoz, La Insignia, 30-4-2003

Creatividad

Describa en unas quince líneas (para cada una) a Lilia y a su madre

VOCES DE NIÑOS TRABAJADORES

De día, Praveen Kumar contribuye a la economía familiar trabajando en un taller de reparación de bicicletas en Thallur, India. De noche, y en sus escasos días libres, ha estado llevando hasta hace poco una segunda vida como responsable de un sindicato, reclutando nuevos miembros, celebrando reuniones y representando al grupo en conferencias internacionales. Kumar acaba de cumplir 18 años y ahora debe dejar su puesto porque se ha hecho demasiado viejo: ninguno de los 14 mil miembros de su sindicato tiene más de 17 años y algunos no pasan de los 7.

En India y en todo el mundo, un número creciente de niños trabajadores se está organizando para reivindicar salarios y condiciones de trabajo dignas. Son una ínfima minoría de los 250 millones de niños que trabajan en el mundo, según estimaciones de la Organización Internacional del Trabajo (OIT), pero su influencia crece a medida que exigen que se escuche su opinión en la lucha en torno al trabajo infantil y sobre si éste debe ser abolido o, más bien reformado.

«Las decisiones que afectan a los niños las toman adultos, pero somos nosotros quienes sufrimos las consecuencias», afirma Kumar. «Una cosa que los niños saben con toda certeza es que son ellos mismos quienes mejor conocen su situación. Y quienes saben qué medidas hay que adoptar.»

Pero los sindicatos de trabajadores infantiles han estado sistemáticamente excluidos del debate internacional sobre el trabajo infantil. La OIT única repartición del sistema de las Naciones Unidas que recoge las opiniones de los trabajadores organizados ha excluido específicamente todo sindicato infantil de su actual campaña de erradicación de las peores formas de trabajo infantil. Además, el primer documento producido por las Naciones Unidas en la materia, la Convención de los Derechos del Niño, de 1989, fue elaborado por adultos.

Los sindicatos de trabajadores infantiles cuentan con un pasado valioso: hace más de cien años los niños vendedores de periódicos sindicalizados de Nueva York llevaron a cabo una huelga exitosa contra los barones de la prensa, Joseph Pulitzer y William Randolph Hearst; los niños de la calle brasileños fundaron el primer sindicato moderno de niños en 1985, cuya fuerza creciente consiguió persuadir al Congreso de ese país para que incluyese un apartado sobre los derechos del niño en la Constitución de 1988.

Grupos similares han surgido en África, Asia del sudeste y La India, donde aproximadamente 40 millones de niños forman parte de la fuerza de trabajo. Y en 1996, representantes de 33 países se reunieron en Kundapur (la India), en el primer Encuentro Internacional de Niños Trabajadores.

«Un trabajo digno, con horarios adecuados para que tengamos tiempo para la educación y el ocio.» Los delegados también pidieron que se les «consulte en todas las decisiones que nos afecten, a escala local, nacional o internacional», una demanda que los ha enfrentado a la OIT y otros organismos internacionales. «Estamos firmemente convencidos de que el mensaje debe ser claro. (...) Tenemos que seguir luchando y seguir trabajando para que nos escuchen.»

Sarah Bachma, Brecha, enero 2001 (507 palabras)

Anotaciones

(1) contribuir a: colaborar en, ayudar a, cooperar en — (4) escaso /a: poco, exiguo, contado — (7) reclutar: llamar para cooperar en una actividad, alistar, inscribir — (18) reivindicar: pedir, exigir, reclamar, requerir — (22) estimación (f.): cálculo aproximado, apreciación, evaluación — (23) en torno a; aquí: referente a — abolir: hacer desparecer, proscribir, prohibir — (26) afectar a: tener que ver, atañer [betreffen] — (28) adoptar: tomar — (33) erradicación (f.): eliminación total, desaparición — (36) valioso /a: de gran valor, de gran significado — (37) llevar a cabo: realizar, efectuar — (38) exitoso /a: que tuvo éxito — barón (m): magnate, gran empresario — (42) similar: análogo, comparable, parecido — (48) escala (f.): nivel

Cuestionario de estudio

Elaboración y comprensión

a) Cuestiones sobre el texto

1. ¿Dónde trabaja Praveen Kumar? — 2. ¿Es ésta su única actividad? — 3. ¿Qué edad tiene Praveen? — 4. ¿Por qué no puede continuar siendo miembro del sindicato? — 5. ¿Con qué fin se organizan los niños trabajadores? — 6. ¿Cuál es el punto decisivo en la discusión actual sobre el trabajo infantil? — 7. ¿De qué se lamenta Praveen? — 8. ¿Cómo justifica su desacuerdo? — 9. ¿Qué es la OIT? — 10. ¿Existe una cooperación de la OIT con los sindicatos infantiles? — 11. ¿Son los sindicatos infantiles un fenómeno nuevo? — 12. ¿Qué consiguió el sindicato brasileño de los niños de la calle? — 13. ¿Dónde existen sindicatos de niños trabajadores? — 14. ¿Cuándo y dónde tuvo lugar el primer Encuentro Internacional de Niños Trabajadores? — 15. ¿Qué pidieron a la sociedad los participantes del encuentro?

b) Léxico y gramática

I Ordene los antónimos.

veracidad — vendedor — último /a — trabajo — surgir — sufrir — similar — seguir — riqueza — progreso — previsto /a — preguntar — persuadir — peor — particular — pacífico /a — moderno /a — minoría — ganar — fuerza — facilitar — excluir — esporádico /a — escaso /a — eludir — digno /a — demasiado — demanda — defender — creciente — conocer — aumento — aumentar — altruismo — adecuado /a — actual

abundante	...	afrontar	...	antiguo /a	...
atacar	...	cesar	...	comprador	...
debilidad	...	decreciente	...	desaparecer	...
descender	...	diferente	...	dificultar	...
disfrutar	...	disminución	...	disuadir	...
egoísmo	...	falsedad	...	fortuito /a	...
frecuente	...	general	...	ignorar	...
inadecuado /a	...	incluir	...	indigno /a	...
mayoría	...	mejor	...	ocio	...
oferta	...	pasado	...	perder	...
pobreza	...	poco	...	primero	...
responder	...	retroceso	...	violento	...

II Ponga los verbos en el pretérito indefinido.

1. El presidente (hacer) una llamamiento a la calma y a la pacificación laboral. — 2. Cuando (ser) detenido era prácticamente un analfabeto, pero mientras [él] (estar) en la cárcel (dedicarse) a estudiar y (salir) con el título de abogado. — 3. Hace veinte años, mi hermano (querer) crear su propio negocio, pero no (funcionar). — 4. La policía (ponerle) una multa por sobrepasar el límite de velocidad. — 5. (Ser) en una revista mexicana en la que (publicarse) este artículo por primera vez. — 6. Ellos (prevenirme) contra él, pero al tratarlo [yo] (ver) que era una buena persona. — 7. Su padre (abandonarlos) cuando eran muy pequeños. — 8. Los propietarios de la empresa (amenazar) a los huelguistas con el cierre de la fábrica. — 9. Carmen (batallar) todo lo que (poder) para conseguir el empleo. — 10. El Gobierno (aprobar) una serie de medidas para reactivar la economía. — 11. Mis dos abuelos (morir) cuando yo era muy pequeño. — 12. El tribunal (estar) deliberando mucho tiempo antes de dictar la sentencia. — 13. El letrado (pedir) la absolución del acusado. — 14. El descubrimiento de la penicilina (servir) para salvar muchas vidas. — 15. Reconozco que no [yo] (saber) reaccionar adecuadamente. — 16. El parlamento (disponerse) a abolir la pena de muerte. — 17. Los grupos ecologistas (abogar) por la conservación del parque natural. — 18. [Yo] (tener) que volver a hacer todo el trabajo porque el profesor no me lo (aceptar). — 19. [Él] no (querer) decirme lo que había pasado. — 20. [Él] cuando (ir) a facturar el equipaje (ver) que se había dejado el billete en casa. — 21. El acusado (declararse) culpable de lo ocurrido. — 22. La semana pasada la profesora no (poder) venir a dar clase. — 23. [Ella] (advertirle) que estaba acabando con su paciencia. — 24. Los trabadores (reivindicar) mejores condiciones de trabajo.

III Traduzca el texto.

Los 175 Estados Miembros de la OIT han adaptado dos importantes convenios relativos al trabajo infantil. El convenio sobre la edad mínima en el que se establece un vínculo entre la edad mínima para el empleo y la finalización de la escolaridad obligatoria, y el convenio sobre las peores formas de trabajo infantil en el que se exigen medidas inmediatas para poner fin a la esclavitud, el tráfico, la servidumbre por deudas, el reclutamiento forzoso de niños en conflictos armados, la prostitución, la pornografía, las actividades ilícitas y el trabajo que ponga en peligro es bienestar físico, mental y moral de los niños. Hasta el presente más de dos tercios de los Estados Miembros han ratificado estos dos convenios.

IV Ordene las definiciones.

1. pequeñez	a) lo empleamos cuando nos lavamos
2. millonario	b) habla muy poco con los demás
3. jabón	c) vende productos ilegalmente
4. pedante	d) en él se lleva a los niños pequeñitos
5. policía	e) tiene muy poco valor
6. similar	f) se cree muy importante
7. piloto	g) tiene muchos años
8. traficar	h) mantiene el orden público
9. introvertido	i) tiene muchísimo dinero
10. moisés	j) conduce los aviones
11. viejo	k) parecido
12. desempleo	l) no parece ser verdadero
13. carro	m) se cree el centro del mundo
14 inventa	n) sirve para transportar cargas
15. inverosímil	o) también recibe el nombre de *paro*
16. egocéntrico	p) crea algo nuevo
17. adicción	q) cristal que lleva el automóvil en su parte delantera
18. parabrisas	r) dependencia de una droga

Lectura comentada

CONNATs y su postura frente al convenio 138 de la OIT

A la Comisión de Relaciones Exteriores
Cámara de Diputado

Señores:

La Coordinación Nacional de Niños /as y Adolescentes Trabajadores (CONNATs) del Paraguay, tenemos el agrado de dirigirnos a ustedes para hacerles llegar nuestro RECHAZO AL CONVENIO 138 DE LA ORGANIZACIÓN INTERNACIONAL DEL TRABAJO Y EL PEDIDO DE NO RATIFICACIÓN DEL MISMO.

En relación al Convenio 138

1. La Convención de las Naciones Unidas sobre los DDNN (Art. 12 y 13) reconoce el Derecho de los niños /as y adolescentes a opinar en los temas o situaciones que le afectan, sin embargo, la Cámara de Senadores aprobó la media sanción al Convenio 138, en fecha jueves 25/09/03, sin consultarnos, ni escuchar los reclamos que desde hace varios años venimos realizando.

2. Al igual que otros países Latinoamericanos, nuestro país, tiene una economía insuficientemente desarrollada, y el convenio 138, al establecer 14 años como edad mínima para trabajar, niega que podamos recurrir a un valor cultural e históricamente aceptado: «el trabajo», como medio de aprendizaje, desarrollo de habilidades y valores que nos beneficien como NATs.

Este convenio afecta directamente a los niños pobres, que somos los que trabajamos en las calles, en la chacra, en los mercados, plazas, vendiendo nuestras mercaderías para poder alimentarnos, estudiar y ayudar en nuestras familias.

3. El convenio 138 al prohibir el Trabajo Infantil, convierte nuestro trabajo en delito, y además legitima las represiones, las torturas, los robos y persecuciones de que ya somos víctimas los NATs en las calles y en manos de la policía, como hace tiempo venimos denunciando, a nivel nacional e internacional.

4. El convenio 138 no va a terminar con la pobreza, lo que va a hacer es profundizarla, dejarnos en la ilegalidad y en la clandestinidad. Actualmente somos más de 30.000 NATs trabajando en el sector informal de la economía, lo que significa que las sanciones y castigos, que establezca esta ley serán aplicadas a los niños/as y sus familias.

Nuestras exigencias

Amparados en el artículo 32 de la Convención Internacional por los derechos del niño y de la niña exigimos políticas públicas que erradiquen la explotación económica, apuntando al mejoramiento de nuestras condiciones de trabajo y de vida.

El reconocimiento de nuestra organización como un sector social, con derecho y con capacidad de participar e influir en el desarrollo de la sociedad en general.

Finalmente, responsabilizamos a todas las autoridades e instituciones que promueven la ratificación de este convenio y les hacemos responsables de las graves consecuencias que nos ocasionaran posterior a su ratificación y aplicación.

Esperando contar con su apoyo y que se haga lugar a nuestro pedido, nos despedimos de ustedes atentamente.

Joel Aquino Pura Zayas

EMPLEOS DIGNOS

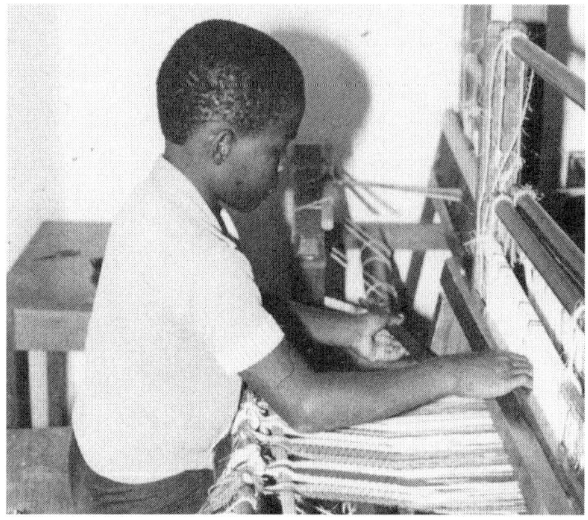

Javier tiene 16 años y viste pantalones caídos, camiseta ancha y una gorra de béisbol roja. Adolescentes como él los hay en España a montones. Pero su historia es bastante particular. Para empezar, porque nació en Perú, y allí ha trabajado desde que tenía siete años para ayudar a sacar adelante a su familia y poder comprarse el material escolar para terminar unos estudios que en breve le conducirán a la Universidad.

Javier es delegado nacional del MANTHOC, un movimiento de niños y adolescentes trabajadores que reclaman su derecho a un empleo digno y que no lesione sus derechos, para no caer en las redes de la explotación, la prostitución o el robo.

«El trabajo me ha formado en valores como el respeto y la puntualidad, y me ha hecho sentirme más tomado en cuenta en mi familia», dice. La suya es una valoración crítica del trabajo infantil. Lo aprecia, pero ataca las condiciones en las que millones de niños se ven obligados a realizarlo: en minas, fábricas de ladrillos, contrabando de armas, prostitución, con horarios prolongados y sueldos de miseria. «Es imposible erradicar el trabajo infantil de un día para otro», afirma. «A mí me gustaba trabajar solo: lavar coches, adecentar nichos en el cementerio... los patrones te ven como un mendigo, un niño de la calle, un ratero».

Javier pide dignidad para su labor. «Somos más de dos millones de niños que hacemos una aportación a la economía nacional, pero el Gobierno a eso no le da importancia».

Los mayores problemas a los que se enfrentan los niños trabajadores vienen de la incomprensión internacional. Sobrecogidos por las formas más crueles de explotación, la OIT y los gobiernos han decidido abolir el trabajo infantil. «Es algo con una carga muy negativa», afirma Javier Herrán, economista salesiano. «Desde aquí no se daría una subvención a un proyecto para dar préstamos a niños trabajadores e impedir así que caigan en otras cosas, aunque para niños de la calle, que son mucho más difíciles de sacar adelante, sí».

Desde hace poco, en Perú se ha elevado la edad mínima para trabajar de los 12 a los 15 años. «Eso está bien para Europa», dice el joven Javier, «pero ahora en Perú hay más niños prostituyéndose en las esquinas. Habría que ver si ese convenio sirve para los países más pobres». Una de las ONG españolas que sí apoyan a estos niños trabajadores es Proyecto Solidario. Su secretario general, Adolfo Lacuesta, cree que «la postura fundamentalmente abolicionista y radical» que sostiene la cooperación oficial española «hace invisible esta realidad».

Belén Reyes Guitián, El Mundo, 8-6-01 (434 palabras)

Anotaciones

(1) pantalones caídos: [baggy pents] — a montones: muchísimos, en grandes cantidades — (8) sacar adelante: avanzar, progresar, prosperar — (14) lesionar: vulnerar, atropellar [verletzen] — (17) tomado /a en cuenta: tenido en cuenta, considerado, respetado, valorado, estimado — (18) apreciar: valorar, estimar [schätzen] — (19) ladrillo (m.): pieza de forma rectangular que se usa en la construcción [Ziegel] — (21) erradicar: suprimir, eliminar, hacer desaparecer — (22) adecentar nichos: [Grabnischen pflegen] — (23) mendigo (m.): pobre, persona que tiene que pedir (limosna) para vivir — (28) sobrecogido /a: sorprendido, asombrado, asustado — (29) abolir: eliminar, extinguir, hacer desaparecer — (36) convenio (m.): acuerdo, avenencia

Análisis y comentario

1 Estructure y resuma el contenido del texto.

2. Haga con sus propias palabras una descripción de Javier.

3. La abolición del trabajo infantil es el objetivo de muchas organizaciones no estatales.
   a) Explique por qué Javier Herrán no es partidario de esta medida.
   b) ¿Está usted de acuerdo con la opinión de Javier?
   Justifique su respuesta.

4. Explique el contenido y la función del título de este texto

Poesía de un niño de la calle

Anne vive actualmente en el Centro Pendekezo Letu de Nairobi, Kenia. Su familia vive en Mathare, el mayor suburbio de Kenya. Anne tiene seis hermanos que viven con sus padres. La familia dispone de una sola habitación. Su padre trabaja de guarda y su madre vende alimentos que prepara ella misma. Su familia se trasladó del campo a la ciudad. Su padre es alcohólico. Anne trabaja desde su más tierna infancia, es muy inteligente y es capaz de componer poemas de la calidad del que sigue.

Lea el poema detenidamente y haga una traducción libre en alemán y en español.

Just because Im a street girl
I have something to say,
But Im a street girl and nobody cares.
I have a point to make,
But nobody listens.
If a child lives with hostility,
She learns to fight.
If a child lives with encouragement,
She learns confidence.
If a child lives with praise and friendship,
She learns to find love in the world.
But I look around and ask myself
«Where is my helper?»
Just because Im a street girl nobody cares.
I beseech you be merciful to street children
And come to their aid.
They need food, clothing and education,
But most of all they need love. Children are the pride of Africa.

Hidden Lives – Voices of Children in Latin America and the Carribbean, 1998

CRECER LIMPIANDO PARABRISAS

El problema de la explotación infantil en Centroamérica es uno de los puntos negros de las jóvenes democracias de la zona. En su mayoría, los niños explotados comienzan su jornada al empezar el día y permanecen toda la jornada en los semáforos, incluso a veces con un bebé en brazos para despertar la compasión de los conductores. Piden algunas monedas para llevar a casa o, peor aún, para entregarlas a los adultos que los alquilaron a sus madres. Incipientes organizaciones de adultos dedicadas a alquilar niños y bebés han comenzado a proliferar en la capital nicaragüense.

En total son unos 7.000 niños los que viven en esta situación de riesgo, deambulando por los mercados, semáforos, estaciones de autobuses, de los 162.000 menores explotados en toda Nicaragua.

Para intentar paliar esta triste situación ayer comenzó el diseño de una estrategia oficial para erradicar el trabajo infantil en Nicaragua, que será encabezada por María Dolores Cardenal, hija de presidente Arnoldo Alemán. En este proyecto, la cooperación española aportará 12,5 millones de dólares para combatir esta lacra en Centroamérica y Suramérica.

Jamileth Bonilla, ministra de Acción Social de Nicaragua, admitió la existencia de organizaciones de adultos que explotan a grupos de 10 a 15 niños. Se dedican a alquilar a los menores a sus padres, aprovechándose de la situación de miseria de sus familias. Se tienen indicios, agregó, de que drogan a los bebés con «algún tipo de sustancias» para que soporten las inclemencias del tiempo durante las 10 ó 12 horas que permanecen en brazos de otro menor que pide limosna. La ministra advirtió que emprenderá una investigación a fondo para rescatar a unos 7.000 menores que viven en esta situación.

A estos niños se les puede observar en pequeños grupos desde muy temprano hasta bien entrada la madrugada. Corriendo desde la ventanilla de un vehículo a otro, sorteando automóviles y atentos a los semáforos, discurre su vida. En cada movimiento se exponen a ser embestidos por algún conductor. A veces, a poca distancia y durante el día bajo la sombra, un adulto los vigila.

Marina, de 11 años, llega muy temprano al semáforo ubicado en la avenida Simón Bolívar de Managua, a escasa distancia de la oficina del presidente conservador Arnoldo Alemán. Marina tiene a su cargo una hermana de un año. Puede conseguir 10 córdobas diarios (casi un dólar). Le ayuda su abuela, con quien vive, en un edificio semiderruido en el antiguo centro de Managua.

En una decisión salomónica meses atrás, el Gobierno conservador quiso despejar de los semáforos a los niños mendigos. Eran una prueba viviente de la miseria y se les trataba de esconder, dijeron entonces las ONG. Algunos de estos menores fueron llevados a centros de atención donde permanecerían un tiempo pero la estrategia dio escasos resultados. Se llegó, incluso, a ubicar a agentes policiales en los semáforos más concurridos para evitar que los menores regresaran. Pero, inevitablemente, otros pequeños coparon los sitios libres.

Las raíces del problema vienen de la generalización de la pobreza, que afecta al 70% de los 4,2 millones de habitantes. La explotación infantil, según el Gobierno, está ligada a un concepto «abusivo» de la patria potestad hasta el punto de que muchos padres consideran a los hijos «un objeto de su propiedad» y los convierten en una «especie de esclavos».

Sonia González, El País, 26-8-97
(554 palabras)

Anotaciones

(3) jornada (f.): día, día de trabajo — (4) despertar la compasión: [Mitleid erregen] — (6) incipiente: nuevo, que se ha creado hace poco tiempo, que comienza a existir — (7) proliferar: aumentar rápidamente en número, difundirse, incrementarse, extenderse — (9) deambular: ir de un lado para otro, caminar sin rumbo fijo, vagabundear — (12) paliar: disminuir la importancia de, atenuar, mitigar, suavizar — diseño (m.); aquí: esbozo, busquejo, proyecto, elaboración — (13) erradicar: hacer desaparecer, eliminar totalmente, extirpar — encabezar: presidir — (15) lacra (f.): huella que deja en el cuerpo una enfermedad, cosa perjudicial, mal, estigma [Wunde] — (21) soportar: aguantar, sufrir, sobrellevar [ertragen] — inclemencia (f.): dureza, crudeza [Rauheit] — (23) rescatar: sacar, liberar — (27) sortear: evitar con habilidad un peligro, esquivar, soslayar — (28) embestir: lanzarse con vehemencia contra alguien, arremeter, agredir — (29) vigilar: controlar, observar [bewachen] — (30) ubicado /a: que se encuentra, situado — (34) semiderruido /a: casi destruido — (35) despejar: apartar, alejar, limpiar — (41) copar: hacerse con, ocupar — (42) raíz (f.); aquí: causa, origen — (46) estar ligado /a a: tener que ver con, tiene su origen en — (47) patria potestad (f.): [elterliche Gewalt]

Cuestionario de estudio

Elaboración y comprensión

a) Cuestiones sobre el texto

1. ¿Cuál es uno de los más graves problemas de los Países Latinoamericanos? — 2. ¿Cuándo comienzan los niños trabajadores su labor? — 3. ¿Qué hacen algunos niños para despertar la compasión de los automovilistas? — 4. ¿Pueden quedarse con el dinero que obtienen? — 5. ¿Con cuántos niños de la calle cuenta Managua? — 6. Consulte en una buena enciclopedia o en Internet y haga una breve presentación de

Managua. — 7. ¿Quién es María Dolores Cardenal? — 8. ¿Qué fines se ha propuesto la comisión presidida por la hija del presidente? — 9. ¿Con cuánto dinero colaborará España en este proyecto? — 10. ¿Qué admitió la ministra de Acción Social? — 11. ¿Qué se hace con los bebés para que aguanten las inclemencias del tiempo? — 12. ¿A cuántos niños quiere sacar la ministra de la calle? — 13. ¿Dónde trabajan todo el día los niños? — 14. ¿Por qué ponen en peligro sus vidas? — 15. ¿Están los niños solos? — 16. ¿Qué nos dice el texto de Marina? — 17. ¿De qué acusaron algunas organizaciones no estatales al Gobierno? — 18. ¿Obtuvo el Gobierno sus fines de sacar a los niños de las zonas de los semáforos? — 19. ¿Dónde ve Sonia González la causa principal del problema? — 20. ¿Qué ha declarado el Gobierno con referencia a muchos padres nicaragüenses?

b) Léxico y gramática

I Complete la tabla.

Hecho	Persona	Verbo
vivencia		
		explotar
	violador	
		vender
	organizador	
ocupación		
		viajar
	luchador	
		instalar
	diseñador	
	entrenador	
castigo		
	conquistador	
		calumniar
	ayudante	
atraco		
	asesino	
vigilancia		
		amenazar
acoso		

II ¿Ser o estar?

1. Su esposo ... abatido desde que ha perdido el trabajo. — 2. El eco de sus palabras aún ... impreso en mi memoria. — 3. Todos ... de acuerdo en que había que poner coto a la violencia. — 4. La obesidad ... uno de los problemas de las sociedades desarrolladas. — 5. Los drogadictos ... los auténticos parias de nuestra sociedad. — 6. Le insinuaron que [ellos] no ... muy satisfechos con lo que acababa de decir. — 7. La experimentación con seres humanos no ... permitida. — 8. El estudio de las lenguas extranjeras ... beneficioso para conocer otras culturas. — 9. La carne que nos sirvieron ... buena, pero

... muy mal guisada. — 10. El tema de la decadencia de España ... un leitmotiv en la obra de Quevedo. — 11. El hábitat de estos animales ... siendo destruido por la deforestación. — 12. La tortilla que nos sirvieron ayer ... demasiado salada. — 13. La caída del muro de Berlín ... el final de la guerra fría. — 14. Ya casi hace media hora que [nosotros] te ... esperando. — 15. El latifundismo ... característico de algunas partes de la mitad sur de España. — 16. La ecología debe ... una preocupación de todos los ciudadanos. — 17. Su abuela ya tiene más de ochenta años, pero ... muy joven y ... muy dinámica. — 18. La casa en la que vivían ... bastante antigua, pero ... bastante bien conservada. — 19. La tasa de paro ... un fermento de inestabilidad social. — 20. Los alemanes tienen fama de ... muy trabajadores. — 21. Sergio y yo ... de un pueblo de Cuenca, pero ya hace muchos años que ... en Pamplona. — 22. Los que ... abajo siempre tendrán que aguantar los caprichos de los de arriba. — 23. Pedrito siempre ... olfateando en la vida de sus colegas. — 24. No quise tomarme el café porque ... muy frío y la taza no ... muy limpia. — 25. Mi hermano ... de vacaciones en Aínsa, que ... un pueblo de los Pirineos. — 26. Mi abuela sigue ... la matriarca de la familia y nadie ... capaz de llevarle la contraria. — 27. La búsqueda de una situación mejor ... lo que provoca las migraciones humanas. — 28. Hay gente que ... a favor y gente que ... en contra de la legalización de las drogas. — 29. El hambre en los países subdesarrollados ... un mal endémico. — 30. A mí, me gusta que mis alumnos ... contentos. — 31. Su hermana ... una persona tan compasiva que se preocupa más de los problemas ajenos que de los propios. — 32. La mejor inversión para el futuro que puede hacer un país ... proteger a sus niños.

III Complete las frases.

1. *ayudar — conocida como — el distrito — las seis — pequeños — picando piedra*

   En Guatemala, en ... de Sololá, provincia de Nahualá, se encuentra una pedrera ... «*Cantón del Siglo Primero*". Allí, niños muy ... ya saben lo que es trabajar duro para ... a sus familias. A partir de ... de la madrugada se les puede ver ... en unas condiciones infrahumanas.

2. *desde — maltratada — para — sus padres — tiene — trabaja*

   Miguel Conrado ... en la cantera ... los siete años, actualmente ... doce. Vivía en el poblado de Xejuyup con ... y decidió comenzar a picar piedra ... mantener a su madre, una mujer ... por su marido.

3. *mató — la cuneta — era — dos meses — de mi padre — con — cinco años*

   Miguel comenta que a los ... se enfrentó con su padre, que ... alcohólico, y le amenazó con una escopeta en las manos. Pegaba a su madre. «Hace ... mi mamacita murió pariendo y al borracho ... lo encontraron muerto en ... de la carretera durante la guerrilla. Pero no lo mataron, lo ... la bebida», dice Miguel ... tristeza.

4. *emigrar — lejano — pica — por — su hermana — unos*

   Ahora Miguel vive con ... mayor y sueña con ... algún día no muy ... a Estados Unidos. Hasta que llegue ese momento ... piedra y consigue ... cinco quetzales aproximadamente ... jornada.

   El Mundo, 19-4-99 (Texto ligeramente adaptado)

NIÑOS POBRES, NIÑOS RICOS

Fast food, fast cars, fast life: desde que nacen, los niños ricos son entrenados para el consumo y para la fugacidad, y transcurren la infancia comprobando que las máquinas son más dignas de confianza que las personas. Cuando llegue la hora del ritual de iniciación, les será ofrendada su primera carroza todo terreno, con tracción a cuatro ruedas. Los ciberniños navegan por el ciberespacio con la misma soltura con que los niños abandonados deambulan por las calles de las ciudades.
Mucho antes de que los niños ricos dejen de ser niños y descubran las drogas caras que aturden la soledad y enmascaran el miedo, ya los niños pobres están aspirando gasolina o pegamento. Mientras los niños ricos juegan a la guerra con balas de rayos láser, ya las balas de plomo amenazan a los niños de la calle.
En América Latina, los niños y los adolescentes suman casi la mitad de la población total. La mitad de esa mitad vive en la miseria. Sobrevivientes: en América latina mueren cien niños, cada hora, por hambre o enfermedad curable, pero hay cada vez más niños pobres en las calles y en los campos de esta región que fabrica pobres y prohíbe la pobreza.

Eduardo Galeano, Patas arriba, 1998

Interviú

«La pobreza lleva al trabajo infantil, y éste perpetúa la pobreza»

Kari Tapiola, periodista, nacido en Helsinki en 1946, vuelca sus esfuerzos en erradicar el trabajo de los niños en países en vías de desarrollo, como director general adjunto de la OIT (Organización Internacional del Trabajo), desde 1996. Tapiola firmó ayer un convenio con el Real Madrid para colaborar en la campaña Tarjeta roja a las peores formas del trabajo infantil.

Pregunta. Parece usted entregado a una misión imposible.

Respuesta. Es difícil, pero estamos alcanzando resultados esperanzadores. Cerca de 180 millones de estos niños están exponiendo sus vidas en las peores formas de trabajo infantil.Y más de ocho millones están atrapados en la esclavitud, las drogas, la servidumbre por deudas, la prostitución y hasta la pornografía. Hay que sacarles de esto.

P. Se les quita de trabajar, pero ¿dónde acaban cuando viven en la pobreza?

R. Buscamos siempre alternativas. No podemos decir que los niños tienen que parar de trabajar y luego sentarlos en la calle, eso sería peor. Desde 1992, y a través del programa IPEC (siglas en inglés, Programa Internacional para la Erradicación del Trabajo Infantil) y del convenio sobre las peores formas de trabajo infantil de 1999, hemos conseguido llegar a 83 países y a cientos de miles de niños. En unos casos, según las edades y las posibilidades, llegan a combinar trabajo y escuela; en otros, cambian definitivamente a la escuela. Siempre buscamos primero un trabajo para sus padres.

P. ¿Se puede hablar ya de éxitos concretos de sus programas?

R. En 10 años hemos pasado de 6 países donantes a 27, y a trabajar en 83 países en colaboración con los programas de sus gobiernos con empresarios, ONG y sindicatos.

Antes, se pensaba en cambiar las leyes, pero después de la caída del muro de Berlín vimos la necesidad de añadir programas de cooperación técnica con plazos concretos. Uno de los éxitos a destacar es el conseguido en el norte de Tailandia. No sólo en la faceta laboral, sino sacando a las niñas de los burdeles y devolviéndolas a sus hogares y a la escuela. La educación es la clave.

P. ¿Cómo colabora España?

R. España es un país donante desde 1995. Recientemente ha participado en dos programas. Uno, para retirar a las niñas de la prostitución en Cartagena de Indias. El otro, para sacar a los niños de un basurero municipal en un pequeño pueblo de Bolivia.

P. ¿Qué trabajos son los más comunes?

R. La mayoría trabaja en explotaciones agrícolas y en plantaciones, y un 30% en las manufacturas, la venta, el turismo y las labores domésticas. Pero por muchos programas que existan, no habrá solución definitiva si sigue habiendo pobreza. La pobreza lleva al trabajo infantil, y el trabajo infantil perpetúa la pobreza. Hasta 1990 no podíamos pensar en acabar con la explotación infantil. Ahora, con la metodología que aplicamos, estamos demostrando que es posible. Hay demasiados pesimistas que sólo ven lo horrible, pero podemos decir que se puede conseguir mucho.

Cruz Blanco, EL PAÍS, 8-12-2002

Lectura comentada

El estigma del trabajo infantil

Desde los 5 años, en jornadas agotadoras, y por menos de un dólar al día, más de 17 millones de niños trabajan en América Latina. Son la mano de obra más barata, la más sumisa –pues desconocen sus derechos y no pueden reivindicarlos– y la más fácil de explotar.

Trabajan en minas de carbón, en plantaciones de café, en las calles de las grandes ciudades como limpiabotas o en labores de servicio doméstico. Niños y jóvenes son el segmento de población más castigado por las disfunciones del modelo económico imperante con la connivencia de muchos padres, empleadores y gobiernos. En situaciones de semiesclavitud o esclavitud declarada –como pago de las deudas familiares– la dureza del trabajo enseña que el único juego válido consiste en sobrevivir un día más.

Según la OIT (Organización Internacional del Trabajo) los niños trabajadores pierden una media de dos años de vida escolar, lo que representa un 20 % de salario menos cuando son adultos. A causa del trabajo, su desarrollo físico y corporal también se ve mermado lo que los hace más vulnerables a enfermedades e infecciones.

El trabajo infantil es la causa de la explotación y de los abusos que conducen a la marginación y frustran de raíz sueños, ilusiones y expectativas en un círculo vicioso que muchas veces desemboca en violencia. La educación es la clave del desarrollo; sin ella no es posible crear mecanismos de control que integren de manera progresiva al 80% más pobre de los habitantes del planeta.

La deuda externa no ayuda a paliar esta situación. Los programas de ajuste estructural dictados por el FMI y el BM inciden en el recorte del gasto social cuyos pilares básicos son sanidad y educación. Da la sensación de que la lucha contra la pobreza se ha transformado en lucha contra los pobres y la violencia estatal perpetrada por las fuerzas de seguridad su instrumento.

Un acto de injusticia se perpetra cada vez que un niño es explotado. La infancia y la adolescencia son las etapas más receptivas a la violencia, y los abusos dejan una huella imborrable que condicionan el carácter de por vida. El 42% de los menores que trabajan reconocen no tener tiempo para jugar. ¿Cómo volver a ganarse la confianza de un niño que ya no cree en los adultos, su mundo y manera de hacer las cosas?

Aunque tener un trabajo en Latinoamérica sea siempre mejor que estar abandonado a su suerte como los miles de niños de la calle, y conscientes de la necesidad de trabajar que muchos niños tienen para asegurar la supervivencia de sus familias, no podemos dejar de reivindicar trabajo en condiciones dignas que asegure una mínima calidad de vida frente al abuso, la violencia y la explotación.

Cuando los niños son un agente más del entramado económico de los países en desarrollo, los gobiernos latinoamericanos deben materializar en políticas concretas los convenios firmados con la OIT sobre edad mínima de trabajo y peores formas de trabajo infantil que deben ser prohibidas. Cuando, además, los niños de hoy son los adultos de mañana, la mejor inversión que los gobiernos pueden hacer por el futuro de sus países es proteger a los menores y erradicar el trabajo infantil. Demasiadas infancias se han perdido ya por el camino.

Adolfo Miranda Brogueras, La Insignia , 30 de noviembre de 2001

TRABAJO INFANTIL

Durante las semanas previas a los últimos Mundiales de fútbol celebrados en Francia ya tuvimos la posibilidad de contemplar las impactantes imágenes que nos brindaban los telediarios y que mostraban cómo cientos de niños cosían con sus pequeñas manos los balones que iban a patear las más famosas estrellas del balompié. En estos últimos días se vuelve a oír con insistencia que se intenta presionar a las federaciones de deportes a nivel nacional para que boicoteen a las grandes firmas que emplean a niños para fabricar sus productos: balones, camisetas, zapatillas de deporte, etcétera.

Sólo me produce repugnancia y tristeza el saber que niños, que deberían dedicar su tiempo únicamente a disfrutar de su infancia como tales niños, son sobreexplotados por empresas sin escrúpulos. Sin embargo, me preocupa que estas medidas de presión, que intentan provocar que las grandes firmas del deporte que utilizan a los pequeños como obreros abandonen estas prácticas de abuso, puedan ser, como remedio, más dañinas para aquellos a quienes se intenta proteger que la propia enfermedad. Puede ocurrir que estos niños, efectivamente, se queden sin trabajo. Pero si ellos ahora están trabajando es porque claramente lo necesitan para su propia supervivencia y la de sus familias. El que estas empresas dejen de contar con ellos no significa acabar con el problema en sí, sino, a buen seguro, agravarlo.

Busquemos entre todos una solución para que estos niños no tengan que trabajar y puedan aprender en la escuela y jugar. Sólo eso. Cuando tengamos esta solución, y, lo que es más importante, la hayamos puesto en práctica y funcione, seguramente ya no hará falta forzar a estas firmas a que cesen este tipo de explotación.

Por otro lado, tampoco hace falta ir a otro continente o a otro país para ver cómo una empresa explota a un trabajador. Podemos preguntar a cualquier joven español que disfrute de un contrato basura qué prefiere: trabajar en condiciones de explotación o no trabajar. A veces, ayudar a acallar nuestras conciencias de habitantes del Primer Mundo, del Norte rico o del Occidente opulento puede hacer mucho daño a nuestros semejantes de zonas desfavorecidas.

Alfonso Maquedano, EL PAÍS, 07-10-1998 (360 palabras)

Anotaciones

(1) previo /a: anterior, queprece de — (3) brindar: ofrecer, proporcionar, presentar — coser: unir con hilo trozos de tela u otros materiales [nähen] — (4) patear: aquí: mover con los pies — balompié (m.): fútbol — (5) presionar: obligar, ejercer influencia en — (9) repugnancia (f.): fastidio, asco, repulsión [Ekel] — (12) provocar; aquí: alcanzar, obtener, conseguir — (14) dañino /a: perjudicial, pernicioso, dañoso — (25) contrato (m.) basura: contrato de trabajo muy malo, contrato a tiempo limitado — (26) acallar: no dejar hablar, oprimir — (28) semejante (m.): prójimo [Mitmensch]

Análisis y comentario

1. Estructure y resuma el contenido del texto.
2. El trabajo infantil es una realidad de nuestros días.
   a) ¿Qué proponen algunos para combatir la explotación laboral infantil?
   b) Explique las consecuencias negativas que podrían tener la consecución de estas propuestas.
3. Es, según el autor, la explotación laboral un fenómeno exclusivo de los países en vías de desarrollo.
   ¿Comparte usted su opinión? Justifique su respuesta.

Traducción

Mi nombre es Ricardo, trabajo como limpiaparabrisas en la Ciudad de México desde las 9 de la mañana hasta las 12 del dia. Llego a la zona y me pongo mi uniforme de trabajo, que consiste en una camiseta, un pantalón y una gorra para el sol. Mis herramientas para trabajar son una cuña, una botella de litro que contiene shampoo y una fibra o estopa para limpiar. Trato de ser cuidadoso con los semáforos, no es un trabajo peligroso si eres cuidadoso y respetas las señales de transito. Siempre les pregunto a los chóferes si quieren que les limpie el parabrisas de su coche. Después de trabajar, me voy a mi casa, me baño y arreglo mis cosas para irme a la escuela, estudio la secundaria y no soy un muy aplicado pero me va bien. Yo trabajo para costearme mis estudios, comprarme mi ropa y ayudar en la casa.

Por los derechos de la infancia, septiembre 2003

TRABAJO VERSUS EXPLOTACIÓN INFANTIL

La explotación económica de los más pequeños es un insulto para la humanidad que nos debiera avergonzar a todos. Aún y siendo el trabajo infantil poco tolerable, existen algunas formas que resultan totalmente intolerables.

Solamente en los países del Sur, hay unos 250 millones de niños entre 5 y 14 años de edad que realizan algún tipo de actividad económica. En prácticamente todo el mundo sigue habiendo niños y niñas que trabajan poniendo en peligro su desarrollo normal. Millones de ellos lo hacen en condiciones peligrosas con riesgo para su salud, su bienestar y su seguridad. Trabajan en minas y en canteras, entran en contacto con sustancias químicas nocivas y desarrollan su trabajo en posturas perjudiciales para sus cuerpos.

También conviene no olvidar que, de toda la población laboral infantil, cuatro de cada cinco niños /as trabajan sin remuneración, y los que la tienen reciben cantidades muy inferiores a las que predominan en la zona. Cuanto más pequeño es el niño trabajador, más pequeño es el salario que percibe.

Además, muchos de ellos y ellas se encuentran reducidos a la esclavitud y en condiciones de servidumbre, por deudas económicas de sus padres. Otros, se encuentran aislados en terribles condiciones en el trabajo doméstico o son víctimas de abusos en el comercio sexual.

Y es que una cosa es trabajar y otra ser explotado. Por todo ello, la Organización Internacional del Trabajo (OIT) ha decidido priorizar sus acciones sobre una de las características de algunas formas de trabajo infantil: la explotación infantil.

A todos y todas nos gustaría que los menores no estuvieran obligados a tener que trabajar y pudiesen tener acceso a una educación adecuada. Como, lamentablemente, éste es un sueño irrealizable a corto plazo, apoyamos el actual enfoque –más realista– de la OIT encaminado a los esfuerzos en erradicar, antes que todo, las formas más intolerables de trabajo infantil: el problema primero no es que un niño/a trabaje con menos de 14-16 años sino que lo intolerable es que lo haga como esclavo, como prostituta o como soldado.

Desde la Campaña Ropa Limpia también queremos hacer un llamado a la comunidad internacional para que no olvide que lo realmente urgente es erradicar la principal causa de la explotación infantil: la pobreza. Y que, en este sentido, la escolarización universal de la infancia es una de las condiciones sin las que la pobreza y la marginación no desaparecerán. Las niñas y los niños se merecen una acción enérgica y sin más dilaciones por parte de las autoridades nacionales e internacionales para que la explotación a la que se ven sometidos sea eliminada de inmediato.

Declaración, Ropa Limpia, septiembre 1999 (443 palabras)

Anotaciones

(2) insulto (m.): expresión o acción ofensiva que hiere la dignidad de una persona, ofensa, injuria, agravio [Beleidugung] — avergonzar: ruborizar, sonrojar, abochornar [schämen] — (10) riesgo (m.): posibilidad de que haya algún daño para alguien, peligro, amenaza — bienestar (m.): estado acomodado en el que las necesidades materiales están cubiertas [Wohlstand] — (11) cantera (f.); aquí: lugar del que se extrae piedra o materiales semejantes para obras y construcciones [Steinbruch] — (12) nocivo /a: que produce daño, perjudicial, dañino — postura (f.): posición [Haltung] — (15) sin remuneración: sin recibir sueldo, sin recibir dinero — (18) percibir: recibir, ganar — (19) reducido a la esclavitud: convertido en esclavo, condenado a la esclavitud — (20) servidumbre (f.): sumisión, dependencia excesiva — (24) priorizar: dar prioridad, dar preferencia [vorrangig behandeln] — (27) tener acceso: [Zugang haben] — (28) enfoque (m.): planteamiento, punto de vista — (29) erradicar: eliminar completamente, suprimir, hacer desaparecer — (30) intolerable: que no se puede permitir — (36) escolarización (f.): dar la oportunidad de frecuentar una escuela — (38) dilación (f.): demora, tardanza

Cuestionario de estudio

Elaboración y comprensión

a) Cuestiones sobre el texto

1. ¿De qué tendría que avergonzarse nuestro mundo? — 2. ¿Cuántos niños trabajan en los países en vías de desarrollo? — 3. ¿Qué ponen en peligro los niños que trabajan? — 4. ¿Qué dice el texto de los sueldos que reciben los niños? — 5. ¿Por qué tienen que trabajar algunos niños? — 6. ¿Qué nos dice el texto de los niños que trabajan en el servicio doméstico? — 7. ¿Qué es la OIT? — 8. En el texto se califica a la OIT de realista. ¿Explique por qué? — 9. ¿Qué es lo que pretende evitar «Ropa Limpia» con la declaración que analizamos? — 10. ¿Cuál es, según el texto, la verdadera causa del trabajo infantil? — 11. ¿Cuál sería uno de los mejores caminos para evitar la pobreza? —12. ¿Está usted de acuerdo con la última afirmación del texto? Justifique su respuesta. — 13. Describa y comente la imagen que ilustra el texto.

b) Léxico y gramática

II Traduzca el texto que sigue.
La sociedad, que prefiere el orden a la justicia, trata a los niños como si fueran dinero, a los niños pobres como si fueran basura, y a los del medio los tiene atados a la pata del televisor. Mucho antes de que los niños ricos dejen de ser niños y descubran las drogas caras que aturden la soledad y enmascaran el miedo, ya los niños pobres están aspirando pegamento. Mientras los niños ricos juegan a la guerra con balas de rayos láser, ya las balas de plomo acribillan a los niños de la calle, porque, desde el punto de

vista del sistema, la vejez es un fracaso, pero la infancia es un peligro. Algunos expertos llaman «niños con escasos recursos» a los que disputan la basura con los buitres en los suburbios de las ciudades.

Eduardo Galeano

I Ordene los sinónimos.

universal — suma — solución — recibir — planteamiento — perentorio — operario — nocivo — niño — menesteroso — lamentar — lamentable — jornal — irrealizable — intolerable — injuria — gratificar — gradual — fin — esclavitud — equitativo — eliminar — educación — dignidad —dificultad — desenvolver — desagradable — demora — decisivo — brutal — breve — atroz — arduo — alimento — agradar — acostumbrar

cantidad	...	corto /a	...	deplorar	...
desarrollar	...	difícil	...	dilación	...
enérgico /a	...	enfoque	...	enseñanza	...
erradicar	...	gustar	...	habituar	...
honor	...	imposible	...	inadmisible	...
ingrato /a	...	inhumano /a	...	insulto	...
justo /a	...	menor	...	mundial	...
objetivo	...	obrero	...	pagar	...
penoso/a	...	percibir	...	perjudicial	...
pobre	...	problema	...	progresivo /a	...
salida	...	sumisión	...	sueldo	...
sustento	...	terrible	...	urgente	...

III Ponga un poco de orden.

1. la veterinaria	p) ayuda en el nacimiento de los niños
2. la secretaria	a) arregla instalaciones eléctricas
3. el policía	o) apaga incendios
4. la peluquera	m) distribuye la correspondencia todos los días
5. el médico	k) trabaja en la cocina de un restaurante
6. la locutora	c) transporta mercancías
7. el fontanero	l) lo llaman cuando no sale agua del grifo
8. el electricista	d) trabaja en una oficina
9. la comadrona	b) cura las enfermedades de los animales
10. el cocinero	j) lo llamamos cuando una persona no se encuentra bien
11. el cartero	f) tiñe el cabello a señoras y caballeros
12. el camionero	i) defiende los derechos de los ciudadanos
13. el camarero	e) trabaja en la construcción
14. el bombero	h) persigue a los delincuentes
15. la abogada	n) trabaja en una emisora de radio
16. el albañil	g) sirve a los clientes de un bar

IV Empleo del subjuntivo

1.No me parece bien que [tú] (juzgar) a una persona sin apenas (conocerla). — 2. Yo creo que es muy difícil que alguien (aceptar) esta versión tan inverosímil de los hechos. — 3. Algunos no creen que la estandarización de la cultura (producir) la pérdida de la identidad de los pueblos. — 4. Hasta que no (computarizar) todos los datos no podemos sacar conclusiones estadísticas fiables. — 5. Es evidente que la falta de higiene (ser) el caldo de cultivo de muchas enfermedades. — 6. Nunca le gustó que los demás (reírse) de él. — 7. Varios agentes controlarán el campo de fútbol para que no (haber) disturbios al acabar el encuentro. — 8. Hubiera sido a mejor que [vosotros] (dedicar) más tiempo al estudio. — 9. Espero que nuestros requerimientos (ser) atendidos. — 10. En las discotecas no se puede conversar porque la música (estar) muy alta. — 11. Su elocuencia hace que [ella] (ser) una senadora excelente. — 12. El hombre del siglo XXI sigue viviendo como si los recursos de la naturaleza (ser) inagotables. — 13. Eduardo Galeano escribió hace mucho tiempo que los ricos (morir) de riqueza y los pobres de no (tenerla). — 14. Nos gustaría pasar la Semana Santa en un hotel de Sevilla que no (costar) mucho. — 15. Es una persona que no admite que (ponerse) en duda sus afirmaciones. — 16. En cuanto [él] (casarse), lo domesticará su mujer. — 17. Han consentido tanto a su hijo que ahora [él] no (admitir) el mínimo reproche. — 18. Les dijimos que [ellos] no (volver) a aparecer por aquí. — 19. Es inmoral que en un país como Argentina, que (ser) uno de los mayores productores de carne del planeta, existan hoy problemas en la alimentación de la infancia. — 20. Es incuestionable el que desencanto de la juventud (deberse) sobre todo a la falta de oportunidades que les (ofrecer) la sociedad. — 21. Es muy lamentable que el desnivel entre los países pobres y ricos (crecer) de año en año. — 22. Contrataron a un detective para que (seguir) al sospechoso. — 23. Los fabulistas personifican a los animales para (criticar) el comportamiento humano. — 24. Detesta que (molestarle) por tonterías cuando (estar) trabajando. — 25. Cuando se cortan totalmente las relaciones con la familia se hace muy difícil que los niños en situación de abandono (decidirse) algún día a dejar la calle. — 26. El pronóstico del tiempo dice que (subir) las temperaturas. — 27. Es conveniente que [tú] (hablar) primero con él. — 28. No cabe duda que algunos niños (preferir) la calle a dos palizas diarias. — 29. Se sentía muy feliz en la escuela porque nadie (discriminarlo) por el color de su piel. — 30. El profesor le dijo que (dispensarlo) de hacer el examen si [él] (entregarle) un buen trabajo. — 31. Tengo el convencimiento de que [tú] (ser) un buen profesor. — 32. Es muy difícil que [nosotros] (poder) ganarnos la confianza de un niño que (perder) su fe en los adultos.

Lectura comentada

Niños y adolescentes trabajadores son contra el Día Mundial contra el Trabajo Infantil

El Movimiento Nacional de Niños y Adolescentes Trabajadores Organizados del Perú (MNNATSOP), divulgó un pronunciamiento en contra de la declaración del «12 de junio como Día Mundial contra el Trabajo Infantil».

«Nosotros: niñas, niños y adolescentes trabajadores (NATs) desde nuestra experiencia organizada y reflexión colectiva, pensamos que el trabajo en sí no es malo, sino las condiciones en las que se da, porque el trabajo no es de hoy, el trabajo tiene sus raíces en la historia de la humanidad, en nuestra cultura, y en las distintas realidades y procesos socioeconómicos en las que nosotros vivimos y en las que viven nuestros pueblos», dice un párrafo de la declaración.

Los niños y niñas reconocen que la explotación, maltrato y abuso infantil existen y hasta admiten algunos de ellos tener pasado por esa experiencia. «Por ello cuando reclamamos nuestro derecho al trabajo digno, hacemos la diferencia entre lo que es la explotación y el trabajo digno y repudiamos la mezcla incoherente que hacen al involucrar dentro del «trabajo infantil» a la prostitución infantil, tráfico de niños, alquiler de menores, etc. Porque éstos son delitos a los que se tendría que sancionar y luchar contra las causas de tratos inhumanos que no conducen a nada bueno y lógicamente no dignifican al hombre», señalan.

«No queremos un día contra el trabajo infantil. Queremos un trabajo digno todos los días de nuestra vida», agregan.

Adital, 12-6-2003

CONTRA LOS NIÑOS

Otra vez se celebra una conferencia mundial sobre trabajo infantil: dicen que está mal. Hacen sus estadísticas, que es lo que mejor saben hacer grandes y pequeñas instancias y – casi siempre están amañadas– y encuentran que 250 millones de niños del mundo son explotados. Yo estudiaba, leía y aprobaba en mi infancia republicana (era un niño a salvo: hasta la guerra) que había que abolir el trabajo de niños y de mujeres: lo decían los grandes pensadores de la izquierda.

Eran un recurso de los propietarios que les hacían trabajar 12 o 14 horas al día por la mitad del sueldo de los hombres: los hombres querían acabar con esa concurrencia. Luego se empezó a pensar de una manera distinta acerca de las mujeres: resultaba que, al contrario, iban a encontrar su liberación por el trabajo (nunca en el mundo nadie ha encontrado la libertad por el trabajo a sueldo: es una trampa). Con lo cual se casi duplicó la «masa laboral», lo que se añadió a otras causas del paro y la degradación de los salarios: y a las mujeres les siguen pagando menos. Y los niños siguen trabajando: y ya pienso de otra manera: es mejor un niño trabajador que un niño muerto (¿o no?). En España, país del que no sabremos nunca si es pobre o rico, dicen que hay 500.000 niños trabajando: ni se sabe cuántos, porque son clandestinos. Pero si los niños pobres no trabajan, «explotados» por sus padres, que no les pueden dar de comer, mueren de hambre. En el Tercer Mundo trabajan, o se prostituyen, o mueren o les matan: una gradación. Los niños asiáticos trabajan como demonios y lo que producen es más barato que lo que se hace en Europa: las tiendas de todo a 100 pesetas que llenan España son fruto del trabajo de los niños asiáticos. Y los americanos, los negros de todo el mundo, los europeos que han caído mal en los repartos de tierra, llenan otros mercados. No creo que convenga mucho al mundo laboral que aún es caro que los niños hagan concurrencia a los adultos: la presencia de la Organización Mundial del Trabajo en Oslo lo explica.

Es una buena discusión. Mientras tanto, cientos de miles de niños mueren de hambre porque no tienen trabajo, ni siquiera prostitución. Y mueren también cientos de miles de mujeres, de hombres: adultos. Hay niños apaleados, torturados por sus padres: no hay distinción de clase social en esa hecatombe. Pero está bien que sigan celebrándose reuniones occidentales para no dejarles ni siquiera trabajar: es políticamente correcto.

Eduardo Haro Tecglen, El País, 24-11-2003

Anotaciones

(3) instancia (f.): organismo, organización, institución — amañado /a: falseado, falsificado, manipulado — (4) aprobar; aquí: aprobar los cursos en la escuela, pasar de clase — mi infancia (f.) republicana: la niñez del autor trascurrió en la época de la República (1931-1939) — (5) a salvo; aquí: sin problemas, sin grandes didicultades — abolir: suprimir mediante ley, anular, hacer desaparece — (7) recurso (m.): medio que se

emplea para obtener lo que se pretende — (8) concurrencia (f.): rivalidad, competencia [Wettbewerb] — (9) resultar: descubrirse, constatarse — (11) trabajo (m.) a sueldo: labor por la que se recibe un jornal — trampa (f.): engaño, fraude, estratagema [Falle] — (12) duplicar: doblar, multiplicar por dos — (13) degradación (f.): empeoramiento, disminución — (19) gradación (f.): [Abstufung] — como demonios: muchísimo, excesivamente — (21) fruto (m.); aquí: resultado — (23) convenir a: ser bueno para, ser conveniente para — (28) apaleado /a: maltratado, golpeado [geschlagen]

Análisis y comentario

1. Estructure y resuma el contenido del texto.
2. Explique con sus propias palabras lo que escribe el autor sobre la actividad laboral de la mujer.
3. El autor del texto aduce argumentos a favor de la actividad laboral de los niños.
   A) Formule brevemente uno de sus argumentos.
   B) ¿Se trata, en su opinión, de un argumento convincente?
   Justifique su respuesta.
4. Analice el lenguaje empleado en el artículo.

LOS «MENINOS» DEL FÚTBOL

Las organizaciones belgas dedicadas a la lucha contra el racismo han obtenido un primer triunfo. El pasado 1 de julio entró en vigor la reforma del reglamento relativo a la ocupación de trabajadores extranjeros en el que se especifica claramente que para que un jugador de un tercer país pueda afiliarse a un equipo belga y obtener un permiso temporal de trabajo debe ser mayor de edad (18 años) y obtener una remuneración mínima de 92.000 francos mensuales (368.000 pesetas).

En la Federación belga de fútbol se reconoce que en el pasado existieron casos de menores suramericanos y africanos que llegaron a clubes de primera y de segunda división en condiciones de dudosa legalidad. «La ley ahora no lo permite», afirma Jean van Onsen, supervisor de los contratos de jugadores extranjeros en la federación. «Gracias a esta medida debería ser más difícil para los representantes y los clubes hacer venir a Bélgica menores de forma ilegal porque la legislación impone obligaciones más severas», valora Cecil Leclercq, del Centro para la Igualdad de Oportunidades y la Lucha Contra el Racismo, con sede en Bruselas.

Pero las organizaciones pro-derechos humanos belgas dudan de que esta ley vaya a resolver por completo un problema de tan gran dimensión. «Hay que conseguir que los equipos se muestren más selectivos en el reclutamiento de los jugadores extranjeros con talento» y piden a la unión belga de clubes que modifique su reglamento «para mejorar los medios de prevención de abusos». El último informe anual del Centro denuncia el comportamiento «abusivo» y «sin escrúpulos» de representantes y de los clubes de fútbol. «Estas personas hacen venir a jóvenes promesas desde África, América del Sur y Europa del Este para presentarlos en los diferentes equipos. Les hacen pruebas y si no consiguen un contrato, los jóvenes permanecen en la clandestinidad en el momento en el que expira su visado de turista con el que entraron en Bélgica».

En total se contabilizan 145 los jóvenes que se encuentran abandonados a su suerte por toda Bélgica, según dos organizaciones que no han querido revelar su nombre por miedo a presiones y amenazas de los clubes belgas. La comisión de Deportes y Cultura del Parlamento flamenco ha dedicado numerosas sesiones a esta problemática para contribuir a la prevención y el control de la situación. Además, numerosas organizaciones dedicadas a la lucha contra el racismo están ayudando a estos jóvenes a defenderse en este ambiente donde «clubes y representantes trabajan conjuntamente en un círculo vicioso movido por el dinero».

Para Betty de Clerck, voluntaria en una organización anónima que atiende en Bruselas, Amberes y Lieja a menores sin papeles, en su mayoría de origen africano, las leyes aprobadas por el Parlamento belga no son suficientes. «Todos los días tenemos casos nuevos –sólo en esta semana hemos recibido cinco– y si los gobiernos, las federaciones de fútbol y la FIFA no trabajan conjuntamente no se conseguirá solucionar el problema», denuncia.

La situación ha mejorado bastante durante este último año en Bélgica, especialmente en los grandes clubes «porque saben que se arriesgan contratando ilegalmente a menores», reconoce. En divisiones inferiores la cosa es más grave, añade el presidente de la Asociación para la Asistencia y Defensa de los Derechos del Deportista, Paul Calier, «porque los jugadores se enfrentan a problemas y no pueden acudir ante los tribunales porque no se encuentran legalmente en el país». Calier espera que con la nueva legislación en Bélgica «las federaciones entiendan el mensaje y sean conscientes con el problema».

Piden también un mayor control de los intermediarios ilegales que, escudados en licencias de la FIFA, se ganan la confianza de jóvenes promesas para traérselos a Europa y hacer negocio. Betty de Clerk explica que «es fácil ver llegar» a partidos amistosos en ligas regionales «coches llenos de jóvenes que son ofrecidos a los técnicos por 30.000 francos», unas 120.000 pesetas.

Todo empezó en 1993, con la fiebre de los clubes belgas por tener un africano en sus equipos. «Los jóvenes llegan a Bélgica invitados por los clubes y los representantes con visado de turista. Les hacen pruebas y cuando no los quieren, los dejan en la calle porque no tienen medios para regresar a sus países de origen. La mayoría van a la liga provincial para jugar ilegalmente», explica Betty. «También se da el caso de menores que entran en grandes equipos con contrato y legalizados, pero como no conocen la ley firman cualquier cosa en una lengua que no es la suya para conseguir papeles. Cuando tiene que pagar los impuestos se puede uno imaginar los problemas».

Sandro Pozzi, El País, 31-01-2000 (770 palabras)

Anotaciones

(4) entrar en vigor: comenzar la validez de [in Kraft treten] — (6) especificar: dar datos precisos, precisar, detallar, explicitar — (8) tercer país; aquí: país que no pertenece a la Unión Europea — afiliarse: hacerse miembro de una organización, incorporarse, aliniarse, formar parte — (11) remuneración (f.): dinero que se recibe por un trabajo realizado, paga, sueldo — (14) dudoso /a: inseguro, problemático — (16) gracias a: mediante, con la ayuda de [dank] — (18) severo /a: riguroso, rígido, duro — (19) sede (f.): lugar donde tiene la dirección una organización, domicilio — (22) reclutamiento (m.): búsqueda e incorporación [Rekrutierung] — (23) modificar: cambiar, mudar, enmendar — (24) prevención (f.): [Vorbeugung] — (26) promesa (f.); aquí: persona de la que se espera que llegue a triunfar en una actividad — (29) expirar: acabar, perder la validez, caducar — (31) contabilizar; aquí: ser, alcanzar el número de — (32) revelar: declarar, decir, confesar — (35) contribuir: apoyar, colaborar en, cooperar en — (38) circulo (m.) vicioso: situación sin salida — voluntaria (f.) / voluntario (m.): persona que trabaja en una organización sin recibir remuneración — (47) división (f.); aquí: grupo, club — (50) acudir ante: ir a, buscar ayuda en — (51) mensaje (m.): comunicación, misiva [Botschaft] — (53) escudado /a: protegido, aparado, resguardado — (58) fiebre (f.): deseo ardiente, interés exagerado

Cuestionario de estudio

Elaboración y comprensión

a) Cuestiones sobre el texto

1. ¿Cuándo comenzó la vigencia de la reforma legislativa referente a los trabajadores extranjeros? — 2. ¿Qué se le exige a un jugador de fútbol extranjero para que pueda formar parte de un equipo? — 3. ¿Qué confiesa abiertamente la Federación belga de fútbol? — 4. ¿Quién es Jean van Onsen? — 5. ¿Qué dice van Onsen de la reforma legislativa? — 6. ¿Dónde se encuentra la central de la Organización donde trabaja Cecil Leclercq? — 7. ¿Qué espera Leclercq de la nueva normativa? — 8. ¿Qué piensan algunas organizaciones humanitarias de la nueva ley? — 9. ¿Qué recomiendan estas organizaciones a los equipos? — 10. ¿Con qué documento entran los jóvenes futbolistas en Europa? — 11. ¿Qué hacen cuando finaliza la validez del visado? — 12. ¿De qué países son los jugadores? — 13. ¿Cuántos jóvenes futbolistas se encuentran en Bélgica en la clandestinidad? — 14. ¿Por qué no han querido declarar sus nombres las organizaciones que han fornecido los datos? — 15. ¿Qué organismo se ha propuesto mejorar la situación? — 16. ¿Quién es Betty de Clerk? — 17. ¿Qué piensa esta voluntaria de la nueva legislación? — 18. ¿Cómo se podría, según ella, resolver el problema? — 19. ¿Se puede decir que en los últimos tiempos la situación se ha empeorado? — 20. ¿En qué ámbito se puede decir que la situación es grave? — 21. ¿Qué espera Paul Calier de las federaciones y del gobierno? — 22. En el texto se habla de intermediarios ilegales. ¿Quiénes son estas personas? — 23. ¿Qué ha constatado Betty de Clerck?

B) Léxico y gramática

I Escriba los artículos y los verbos que pueden corresponder a los siguientes substantivos.

... afiliación	...	... amparo	...	... ataque	...
... aumento	...	... ayuda	...	... búsqueda	...
... combate	...	... conclusión	...	... conocimiento	...
... consecución	...	... control	...	... convite	...
... creencia	...	... defensa	...	... desconfianza	...
... duda	...	... encuentro	...	... estímulo	...
... expiración	...	... ganancia	...	... imaginación	...
... imposición	...	... instigación	...	... intervención	...
... invitación	...	... localización	...	... lucha	...
... mejora	...	... modificación	...	... observación	...
... obtención	...	... oferta	...	... oscilación	...
... petición	...	... pelea	...	... pérdida	...
... prevención	...	... promesa	...	... provocación	...
... reconocimiento	...	... remedio	...	... resolución	...
... sentimiento	...	... solución	...	... trato	...

II Pronombres relativos

1. Comimos unas croquetas de bacalao ... estaban buenísimas. — 2. Su muerte causó consternación a todos ... lo conocíamos. — 3. Su padre era una persona ... conseguía todo ... se proponía. — 4. La propuesta ... nos hizo no fue aceptada. — 5. Hay ... nace cansado y no se recupera en el resto la vida. — 6. El autor de ... obra os voy a hablar es Antonio Machado. — 7. Buscaban una playa en ... no hubiese muchos turistas. — 8. Éste es el motivo ... me lleva a dirigirme a usted con esta carta. — 9. Éste es el individuo ... coche está siempre aparcado frente a nuestro piso. — 10. Hay muchas cosas de ese señor ... no comprendo. — 11. Me adhiero plenamente a ... acabas de decir. — 12. En cuanto se casó, legitimó al hijo ... su esposa tuvo de soltera. — 13. Las chicas a ... acompañamos estudian filosofía. — 14. El profesor habla con una cadencia ... obliga a todos a estar muy atentos a ... dice. — 15. Fue él ... llegó tarde y no tú. — 16. Los testigos declararon ante el juez todo ... habían visto. — 17. Los escuadrones de la muerte son bandas paramilitares ... pretenden resolver el problema de los niños de la calle asesinándolos. — 18. El ser humano tiene una serie de limitaciones ... tiene que vencer. — 19. En el pueblo en ... me crié sólo tenían coche el médico y un par de ricos. — 20. Fue maravillosa la clarividencia con ... nos explicaste el asunto. — 21. He oído una crónica radiofónica en ... el cronista hacía comentarios espeluznantes de ... había sucedido en una región africana. — 22. Los niños de la calle son explotados y maltratados por personas sin escrúpulos ... se aprovechan de su situación de desamparo. — 23. El taxi ... cogimos no debía tener aire acondicionado. — 24. Los alumnos ... apellidos comienzan por «m», «n» y «p» tendrán la prueba mañana por la tarde. — 25. La situación, en ... nos encontrábamos, tomaba unos derroteros ... no me gustaban.

III Modismos

Remplace las expresiones idiomáticas que están en itálica por las expresiones normales que encabezan el ejercicio y traduzca las frases.

he sido poco prudente — explotan a — muy grande — afrontar las consecuencias, aunque él no es el único culpable — desenvolverse bien en la vida — es muy aburrido — directamente — dice la cosas claras — calculan — algo que no se puede creer

1. Eso es una mentira *como una catedral.*
2. Eso de que pasó seis meses en Málaga sin dinero y sin trabajar es *un cuento chino.*
3. Este libro *se me cae de las manos.*
4. A su hermano es difícil engañarlo porque sabe *mucha gramática parda.*
5. El ha dicho siempre que los patronos *se chupan la sangre de* los trabajadores.
6. *Hacen números* para ver si pueden comprar un piso o continúan pagando alquiler.
7. No es justo que, si todos participasteis en la gamberrada, sea únicamente Juanito quien tiene que *pagar los platos rotos.*
8. Nos dijo que nuestra proposición era un disparate, porque él *no tiene pelos en la lengua.*
9. Tienes que afrontar los problemas *cara a cara.*
10. Creo que *he metido la pata* al decirle a tu amiga lo que le vas a regalar

III Traducción

Cazatalentos sin escrúpulos hacen venir cada año a Italia a cientos de niños y adolescentes de países empobrecidos con destino a clubes de fútbol juveniles. Si los muchachos no demuestran madera de campeones los abandonan a su suerte, según la revista »Vita», acabando muchos de ellos en más absoluto desamparo. Dicha revista cifra en más de 5.282 el número de extracomunitarios menores de 16 años que juegan en equipos italianos. La operación reporta grandes beneficios a los agentes intermediarios que contratan por un puñado de liras a chicos menores de 15 años y que luego venden esos contratos por cantidades mucho más sustanciosas a los equipos italianos. Esta nueva versión de la «trata de esclavos» no es exclusiva del fútbol italiano y ya cuenta con numerosas denuncias en otros países europeos como Francia o Bélgica. Estamos ante un nuevo capítulo de la ya documentada relación entre esclavitud infantil y el fútbol.

IV Estilo indirecto

1. «Los jóvenes llegan a Bélgica invitados por los clubes y los representantes con visado de turista. Les hacen pruebas y cuando no los quieren, los dejan en la calle porque no tienen medios para regresar a sus países de origen. La mayoría van a la liga provincial para jugar ilegalmente. También se da el caso de menores que entran en grandes equipos con contrato y legalizados, pero como no conocen la ley firman cualquier cosa en una lengua que no es la suya para conseguir papeles. Cuando tiene que pagar los impuestos se puede uno imaginar los problemas».

   Betty de Clerck dijo claramente en un interviú que ...

2. «La situación presenta, cada vez más, aspectos de extrema gravedad cuya proliferación hace suponer la existencia de una red muy difundida de traficantes de niños futbolistas que debe ser desmantelada con eficacia y decisión».

   La ministra italiana de Cultura y deporte declaró que ...

3. «Es la historia de siempre. Compran a los muchachos por cuatro euros, los prueban en algún que otro club y, si no sirven, los abandonan, los dejan tirados. Y si sirven, tienen sus derechos adquiridos para el resto de sus vidas».

   Chelsea, estrella futbolística liberiana, declaró que ...

4. «Muchos adolescentes brasileños son llevados a Europa por intermediarios que les prometen contratos con equipos poco conocidos, son abandonados a su suerte o sometidos a cantidades de entrenamientos denigrantes y, a veces, empleados en trabajos que nada tienen que ver con un deporte.

   Maria Osava escribía en un periódico latinoamericano no hace mucho tiempo que ...

Lectura comentada

Alarma política por tráfico de jugadores a Europa

El fútbol desarrolló reglas propias no sólo en el campo de juego sino también en sus negocios y relaciones laborales, violando leyes que las autoridades europeas y brasileñas tratan ahora de aplicar.

Los pasaportes falsificados se convirtieron en una plaga en países de la Unión Europea como Alemania, España, Francia e Italia, que atraen a los mejores jugadores del mundo por constituir el principal mercado futbolístico.

Pero menos conocido, y probablemente de efectos sociales más graves, es el tráfico de jugadores adolescentes, impulsado por el sueño de gloria y de contratos millonarios ofrecidos por el fútbol europeo.

La combinación de un mercado tan rico con talentos precoces en los países pobres de América Latina y África fomenta ilusiones que, en la mayoría de los casos, tienen un final traumático, si bien en ocasiones se cumplen.

Muchos adolescentes, llevados a Europa por intermediarios que les prometen contratos con equipos poco conocidos, son abandonados a su suerte o sometidos a condiciones de entrenamiento degradantes, y a veces empleados en trabajos que nada tienen que ver con el deporte.

Los brasileños Gustavo, de 17 años, y Wilton, de 18, fueron víctimas de la trampa.

Invitados a jugar en un equipo de Alemania, Gustavo y Wilton terminaron detenidos en el aeropuerto de Bruselas. Lograron permanecer en Bélgica gracias a la intervención de un funcionario de la Embajada de Brasil, Otavio Monteiro de Barros, pero sin la perspectiva de obtener empleo como futbolistas profesionales.

La historia llegó al conocimiento de una comisión investigadora del parlamento brasileño que cree haber descubierto una red de tráfico de jugadores jóvenes. El diplomático de Bruselas es sospechoso de integrar la banda.

El diputado Pedro Celso, miembro de la comisión investigadora parlamentaria, calculó que 3.000 jugadores brasileños están en Europa. Celso aseguró que muchos de ellos ingresaron de forma irregular y sobreviven con dificultades, en trabajos clandestinos e incluso explotados por redes de proxenetas.

En 1999 la Confederación Brasileña de Fútbol identificó 312 jugadores enviados al exterior de forma clandestina, sin registro en esa institución, que controla la actividad futbolística en Brasil.

Las cifras van en aumento desde que se lleva esa estadística. Alemania fue el país que recibió la mayor cantidad de esos inmigrantes ilegales, con 88.

El tráfico de jóvenes futbolistas es fomentado también por acuerdos cada día más numerosos entre grandes equipos europeos y pequeños clubes de Brasil y de otros países latinoamericanos, con el fin de identificar y entrenar a pequeños talentos.

Así, en Río de Janeiro se puede ver en los campos deportivos niños de 10 años o poco más jugando con el uniforme del Feyenoord, de Holanda.

En el nordeste, la región más pobre de Brasil, o en Sao Paulo, la ciudad que concentra la mayor actividad industrial, se entrenan niños prometidos a equipos de Italia si confirman o incrementan más tarde el talento que parecen tener con la pelota.

Es un negocio en expansión. Descubrir y negociar la contratación de jugadores excelentes, en especial si son fuera de serie como Ronaldinho, le deparó grandes fortunas a los intermediarios.

Mientras, el público se sorprende cada día con nuevas revelaciones sobre futbolistas latinoamericanos famosos que obtuvieron, por vías ilegales, pasaportes europeos para eludir el máximo de tres o cuatro jugadores no comunitarios (de países ajenos a la Unión Europea) que puede tener cada equipo.

Mientras la policía y la justicia europeas reprimen el delito con expulsiones, multas y prisiones, dos comisiones investigadoras del parlamento brasileño tratan de desnudar el mar de irregularidades que domina un mercado que creció de forma explosiva en los últimos años.

La policía italiana requisó, por sospecha de falsificación, el pasaporte portugués de Marcos Assunçao, que jugó en la selección brasileña y hoy lo hace en el club Roma. El deportista deberá rendir cuentas ante la justicia.

Unos 50 extranjeros, la mayoría brasileños y argentinos, son investigados por las autoridades en Italia, donde juegan como si tuvieran nacionalidad portuguesa, italiana o de otro país de la Unión Europea para escapar a las restricciones.

Entre ellos figuran conocidos jugadores de la selección de su país de origen, como el brasileño Cafú, el argentino Sebastián Verón y el uruguayo Alvaro Recoba, estrellas de grandes equipos italianos como Roma, Lazio e Internazionale.

Cafú argumenta que su esposa desciende de italianos, lo que le asegura a él mismo derecho a la doble nacionalidad.

La comisión investigadora parlamentaria de Brasil logró identificar, a través de varios interrogatorios, personas vinculadas con una red de falsificación de pasaportes portugueses, documento que abre las puertas del mercado europeo a los jugadores de este país.

El intermediario Afonso Martins Costa, interrogado el jueves, admitió haber comprado por 15.000 dólares dos pasaportes portugueses, exigidos por equipos europeos para «comprar el pase» (contratar) de los brasileños Jeda y Dedé.

En el negocio participó Antonio Oliveira, más conocido como Careca, atacante de la selección brasileña en la década del 80.

Pero ni el ex jugador, ahora negociador de nuevos talentos, ni Martins Costa sabían que se trataba de pasaportes falsificados, según el intermediario, que admitió también jamás haber pagado tributos sobre sus ingresos.

Maria Osava, Inter Press Service, 16-2-2001

TRÁFICO DE NIÑOS FUTBOLISTAS

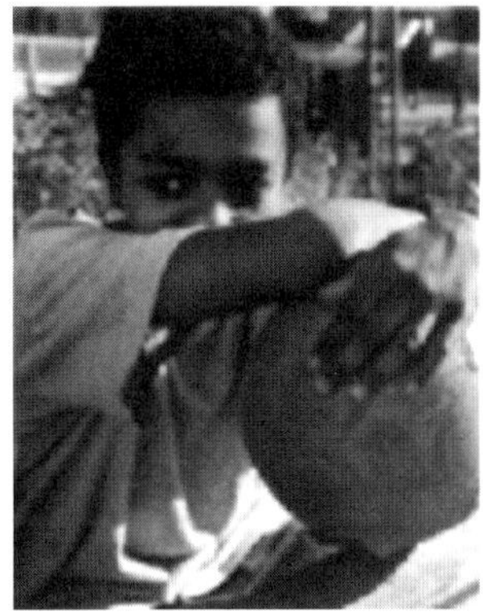

A principios de noviembre los medios de comunicación italianos sacaron a la luz la historia de Duggani Fusini, un joven africano de 14 años que llegó a un pueblo cercano a la ciudad de Arezzo en el mes de abril.

Parecía habilidoso con el balón, pero pronto se vio que sus piernas eran débiles. Había sufrido desnutrición durante demasiado tiempo para recuperar la potencia muscular necesaria. Nunca sería un buen futbolista.

Durante unos meses siguió soñando con la esperanza mientras dormía en el cuarto trasero de un restaurante. Cuando comprendió que todo lo que le habían prometido era falso, se marchó del pueblo y nada más se supo de él. Si aún vive, quizás desesperado haya podido volver a su país. O tal vez permanezca en Italia clandestinamente, vagando de un lado para otro, con sus 14 años, en un mundo desconocido.

Aunque la trata de niños aspirantes a futbolistas era ya conocida, el caso del joven Duggani disparó la alarma social y la preocupación de las instituciones responsables, incluyendo el propio Gobierno. En seguida se supo que había más de 5.000 jóvenes extranjeros, sobre todo africanos, albaneses y yugoslavos, contratados en clubes de fútbol italianos, la mayoría de aficionados y juveniles, donde trataban de demostrar su valía y su posible rendimiento futuro. Más de la mitad de estos niños y jóvenes habían llegado a Italia con menos de 12 años y unos 1.500 con menos de 10.

El escándalo se centra, sobre todo, en sus condiciones de vida. Hay fundadas sospechas y denuncias de que muchos de ellos son contratados ilegalmente en campos de recogida de tomates o mal viven limpiando cristales de coches por las calles o simplemente desaparecen, como Duggani. Todo ello ante la permisividad y el abandono de quienes, egoísta e irresponsablemente, les sacaron de su país y de sus familias prometiéndoles una vida digna y un futuro esplendoroso.

A mediados de noviembre la trata de menores futbolistas aparece también en la prensa holandesa. Ahora son 18 jóvenes procedentes de países extracomunitarios que en su mayoría, entraron en Holanda con visado turístico (para tres meses de estancia) y fueron contratados por grandes clubes para sus equipos juveniles, a pesar de la total prohibición de estas prácticas por las leyes holandesas. El caso, sin embargo, no parece alcanzar la magnitud ni la gravedad para los jóvenes que en Italia.

También nuestro país está salpicado por este tipo de contratos. En diciembre apareció en la prensa la noticia de que cinco jóvenes de Camerún han sido fichados por el Valencia. De momento, todos parecen estar contentos con su suerte, pero nadie sabe cómo acabará su aventura.

¿Hasta dónde se extenderá el escándalo de la trata indecente de niños futbolistas? ¿Dónde se escribirán las próximas páginas? ¿Cómo se relatarán los sufrimientos de los que no alcancen la gloria? Probablemente no tardaremos en saberlo.

Manuel Jesús Queirós García, JATUN SANQU, marzo 2001 (468 palabras)

Anotaciones

(2) sacar a la luz: publicar, hacer público, propagar — (5) habilidoso /a: que puede hacer una cosa fácilmente y bien — (6) pierna (f.): miembro inferior del cuerpo [Bein] — desnutrición (f.): debilitación por falta de la alimentación necesaria [Unterernährung — (10) cuarto (m.) trasero: despensa, habitación sin luz solar — (14) vagar: andar sin un fin determinado, deambular — (16) trata (f.): tráfico y comercio de personas — aspirante a: que quiere ser, candidato — (20) aficionado /a: que no es profesional, amateur — (21) valía (f.): cualidad de una persona, valor — rendimiento (m.): producción, renta [Leistungsfähigkeit] — (25) recogida (f.): cosecha, recolección — (26) ante: frente — permisividad (f.): excesiva tolerancia — (28) esplendoroso /a: brillante, glorioso — (30) procedente: que ha venido, proveniente — (34) magnitud (f.): dimensiones, importancia — (36) fichar: contratar a un jugador de fútbol Análisis y comentario

Análisis y comentario

1. Estructure y resuma el contenido del texto.
2. Haga una breve descripción de Duggani Fusini.
3. Enumere y comente algunos de los motivos que pueden llevar a niños como Duggani a trasladarse a Europa.
4. Describa y comenta la imagen que ilustra el texto.
5. ¿Cree usted que es posible solucionar el problema del tráfico de niños futbolistas? Justifique su respuesta.

III
Limpieza social

HIJOS DE LA MUERTE

Son una herida abierta y sangrante en el Brasil de la samba y las playas de Copacabana. A los «meninos da rua» (niños de la calle) de São Paulo el Cristo redentor del Corvado no les cobija bajo sus enormes brazos.

Nacieron en las «favelas», esas ciudades de lata, barro y cartón que rodean las grandes urbes brasileñas como un anillo de miseria. Son más de mil los «meninos» que vagan por las avenidas de Río de Janeiro. Un número acaso proporcionalmente pequeño si se piensa en los dos millones de menores, entre los 10 y los 13 años, que son explotados sólo en el eje, Rio São Paulo.

Probablemente, los niños de la calle se convertirán en argumento electoral en los comicios del próximo 3 de octubre. Pero lo cierto es que el Gobierno ha sido hasta ahora incapaz de solucionar el problema de los «meninos da rua».

Sólo las Organizaciones No Gubernamentales parecen ocuparse de ellos. La pasada semana, una de estas organizaciones, Movimiento pro meninos da rua, fue premiada con el Príncipe de Asturias. Un galardón que quizá sirva para denunciar el drama de ser pobre y niño en un país donde cada seis horas muere un menor en las calles, un mundo sin puertas ni ventanas.

De día, deambulan por las calles a la vista de todo el mundo; de noche, se esconden en los viaductos y pasos elevados, o duermen a la intemperie abrigados por plástico y trozos de cartón.

Maquillan su tragedia diaria tras los vapores de la cola que inhalan. Algunos llegan a inyectarse lodo en las venas al no poder comprar otro tipo de drogas. Las escenas cotidianas se agolpan en la retina: están corriendo entre los coches o reunidos en grupo en una plaza, jugando o pidiendo algún «trocado» (dinero suelto), mendigando comida en los bares. El filo que separa la mendicidad de la delincuencia es tan delgado como el del «canivete» (navaja pequeña) que utilizan en sus atracos.

Y es que la mala vida es para muchos de estos niños-hombres mejor que aguardar a que les sorprenda la muerte en plena noche. Esperándoles o seduciéndoles con un trabajo y dinero está la mafia carioca. Así, en las favelas de Juramento o Mangueira se cuentan por decenas los jefes de bandas que con 17 y 18 años van armados hasta los dientes. Algunos incluso no tienen más de quince años y ya controlan con mano dura de adulto el tráfico de drogas. Se calcula que sólo en São Paulo hay más de mil quinientas bandas de jóvenes, que disponen de unas diez mil armas de fuego. Un auténtico ejército de la miseria.

Son ángeles caídos, víctimas y verdugos de la violencia que les hará morir jóvenes. Verdugos porque realizan una media de setecientos asaltos al mes. Víctimas porque son presa fácil de los escuadrones de la muerte, dispuestos a limpiar de «lixo humano» (basura humana) las calles.

El trágico suceso de la Candelaria, en la madrugada del 23 de julio de 1993, en el que fueron asesinados ocho «meninos» fue el grito de alarma que hizo pensar más a Brasil y al mundo entero sobre este problema. Sin embargo, días después del suceso algún notable aún decía que «matar a un «pivetinho no hace ningún mal a la sociedad».

En este círculo de terror a nadie se le esconde ya la existencia de grupos parapoliciales que, financiados por comerciantes y empresarios, pretenden resolver con sangre un problema que es social. Una política de exterminio que ya ha dado su macabro fruto: 474 menores asesinados el pasado año a manos de los «justicieros» –«ninja» para los «meninos», por ir encapuchados.

Incluso muchos de estos escuadrones están formados por policías que en sus horas libres ganan un sobresueldo como cazadores de «meninos». Así, en el anonimato de la noche «limpian» las calles y playas para que los turistas y los hombres de bien puedan vivir tranquilos, sin la molesta presencia de estos guerrilleros de la pobreza.

Niños condenados a morir tiroteados y niñas convertidas en muñequitas para hombres sin escrúpulos. Más de medio millón de «meninas» entre diez y diecisiete años se dedican a la prostitución en Brasil. Son las «garotas da avenida São João». Solas en un mundo hostil, pagan con su cuerpo el derecho a sobrevivir en el infierno carioca.Un infierno terrenal en el que miles de niños trabajan 48 horas por menos de mil pesetas. Otros, menos afortunados, serán abatidos para utilizar sus órganos en los transplantes: la muerte del pobre sirve para dar la vida al rico.

Y es que la riqueza es un bien escaso en un país en el que gran parte de su población vive en el umbral de la pobreza. La realidad divulgada por la UNICEF sobre Brasil no deja lugar al optimismo. En materia de educación, la peor de América Latina. Una tasa de mortalidad infantil del 67 por mil, y uno de los países con uno de los índices más altos de aborto juvenil.

El Gobierno brasileño trata de lavar su imagen ante la opinión pública con campañas como «Ven para casa, infancia». Lanzada el pasado día nueve de septiembre por el Ayuntamiento de Río, en colaboración con el movimiento ciudadano Viva Río, trata de conseguir antes de final de año alojar a todos los menores niños y adolescentes de las calles de la ciudad.

Mientras ese día llega, los «meninos da rua» seguirán durmiendo con los ojos bien abiertos.

Adolfo Montejo, El Mundo, 25-9-1994 (919 palabras)

Anotaciones

(1) sangrante (adj.); aquí: que sangra, de la que aún sale sangre [blutend] — (3) el Cristo redentor del Corvado: monumental estatua de Jesucristo que se ha convertido en símbolo de la ciudad de Río de Janeiro — (4) cobijar: dar albergue, amparar, proteger — (5) favela [port.] (f.): vivienda muy pobre, chabola en los suburbios de las grandes ciudades brasileñas — (6) urbe (f.): ciudad grande e importante, metrópoli — (7) anillo (m.): aro [Ring] — (8) vagar: andar de un lado para otro, caminar sin rumbo fijo, vagabundear, callejear — (11) eje (m.): [Achse] — (14) comicios (m.p.): elecciones,

votaciones — (19) Príncipe Asturias: Nombre de un premio que se otorga en España. — galardón (m.): premio, distinción — (22) deambular: ir de un lado para otro sin rumbo, vagar, andar sir rumbo — (23) viaducto (m.): construcción parecida a un puente para el paso de una carretera o una vía férrea — a la intemperie: al raso, al aire libre, fuera de casa, sin techo — (25) maquillar: disfrazar, desfigurar, reprimir, ocultar — vapor (m.): gas en el que se transforman algunas sustancias [Dampf] — (26) lodo (m.): cieno, limbo [Schlamm] — (27) agolpase: acumularse, acopiarse, amontonarse — (29) filo (m.): borde cortante de ciertos utensilios, sobre todo de armas [Schneide] — (30) atraco (m.): asalto, agresión armada para robar — (33) carioca: de Río de Janeiro — (39) verdugo (m.): ejecutor de la pena de muerte — (41) presa (f.): víctima [Beute] — (46) pivetinho [port.] (m.): niño — (51) encapuchado /a: persona que cubre toda su cabeza con una capucha — (53) sobresueldo (m.): segundo sueldo, salario extra, paga extraordinaria — (56) tiroteado /a: muerto a tiros — muñequita (f.): muñeca pequeña — (58) garota [port] (f.): chica, niña — (61) abatir; aquí: asesinar, liquidar — (64) umbral (m.): entrada, comienzo — (72) alojar: dar vivienda, dar albergue, cobijar

Cuestionario de estudio

Elaboración y comprensión

a) Cuestiones sobre el texto

1. ¿Qué es una «favela»? — 2. ¿En dónde se encuentran normalmente las «favelas»? — 3. ¿Cuántos «meninos da rua» vagan por las calles de Río de Janeiro? — 4. ¿Por qué dice el autor que el número de niños de la calle de Río es relativamente pequeño? — 5. ¿Cuándo van a tener lugar las elecciones en Brasil? — 6. ¿Qué le reprocha el autor del texto al actual Gobierno brasileño? — 7. ¿Quién se ocupa sobre todo de los «meninos da rua»? — 8. Consulte en una enciclopedia o en Internet y explique lo que es el (premio) Príncipe de Asturias. — 9. ¿Cuántos «meninos *da rua*» mueren diariamente en Brasil? — 10. ¿Cómo pasan los «meninos» la noche? — 11. ¿Cómo pretenden reprimir la gravedad de la situación en la que viven? — 12. ¿Qué hacen en la calle? — 13. ¿Quiénes son los llamados «jefes de bandas» en las favelas de Juramento y Mangueira? — 14. ¿Cuántas bandas de jóvenes hay aproximadamente en São Paulo? — 15. ¿Por qué se puede decir que los «meninos da rua» son víctimas y verdugos? — 16. ¿Qué sucedió en la Candelaria en julio de 1993? — 17. ¿Cómo reaccionó la nación brasileña? 18. ¿Duró mucho la preocupación de los brasileños por los «meninos da rua»? — 19. ¿Qué leemos en el texto de los escuadrones de la muerte? — 20. ¿A cuántos niños asesinaron en el año 1993 los escuadrones de la muerte? — 21. ¿Cuántas «meninas» se tienen que vender su cuerpo en Brasil? — 22. Explique la frase: «la muerte del pobre sirve para dar la vida al rico». — 23. Explique por qué las informaciones de INICEF sobre Brasil no se pueden calificar de optimistas. — 24. ¿Cómo intenta Brasil salvar su imagen?

b) Léxico y gramática

I Ordene las palabras.

1. *viven — una de las — sobre — razones — que — que — por las — objetivos — número de — niños — las — es — es — en la calle. — El — el — desinterés — de — dar datos — casi imposible — brasileños — autoridades brasileñas*

2. *un grupo — Río de Janeiro. — que — portal — medio centenar — la — Iglesia — En julio en — en — el — dormían — de policías — de niños — de la Candelaria — de 1993 — de contra — abrió fuego*

3. *a confiar — aprenden a autovalorarse — así — coordinadora del Movimento Nacional — de — de — de cambiar — de opinar — ellos mismos — en — en Fortaleza — es vital — ha declarado — hacer sugerencias — La — la oportunidad — los — Meninos e Meninas de Rua — niños de la calle — porque — que — que — su capacidad — su futuro. — tengan — y — y empiezan*

4. *Un periodista — un árbol — un — se conmueven — que — que — por — por — personas muerte — menino da rua. — más — las — la — en — el asesinato — denuncia — de — de — brasileño — Brasil*

II Ponga la preposiciones necesarias.

1. Eduardo Galeano ha constatado que algunos niños se disputan la basura ... los buitres ... los vertederos de basuras de las grandes ciudades. — 2. Los países occidentales quieren culturizar ... los países pobres sin tener ... cuenta la cultura autóctona. — 3. El accidente fue un montaje ... cobrar el dinero del seguro. — 4. El guardia urbano le dijo que le iba ... poner una multa ... aparcar ... la acera. — 5. Los niños de la calle tienen muy poco ... niños ya que crecen lidiando ... el hambre, el abandono, el maltrato y la indiferencia. — 6. Se lanzaron ... la calle porque no estaban ... acuerdo ... la política gubernamental. — 7. Es muy triste ... constatar que la muerte del pobre sirve ... dar vida al rico. — 8. Algunas instituciones benéficas trabajan ... la integración social de los marginados. — 9. Le requisaron el carné ... conducir ... los efectos del alcohol. — 10. Durante la reunión Luis Alberto no ha dejado ... poner pegas ... todo el mundo. — 11. La mecanización de la agricultura ha dejado ... empleo ... muchos jornaleros rurales — 12. Se calcula que en Brasil más de medio millón de niñas ... menos ... diecisiete años se dedican ... la prostitución. — 13. He encontrado una buena habitación ... la que sólo tengo que pagar 150 euros. — 14. Los niños de la calle son el componente más trágico ... la pobreza ... las sociedades latinoamericanas. — 15. Está muy comprometido ... la lucha ... la segregación racial. — 16. Me siento impotente ... el sufrimiento humano. — 17. En América Latina hay 40 millones ... niños que se pasan la vida ... las calles mendigando, delinquiendo y exponiéndose ... los riesgos que lleva consigo esa situación de desamparo. — 18. Hemos construido una sociedad ... la que los niños entorpecen el absurdo correr ... ninguna parte. — 19. Dicen

que el desconocimiento ... las leyes no exime ... su cumplimiento. — 20. El abuso y maltrato infantil es un problema que compete ... todos los países del mundo. — 21. El problema ... los escuadrones de la muerte ha sido denunciado ... varias asociaciones humanitarias. — 22. Ha tenido la desgracia ... perder ... su hijo ... un accidente de coche. — 23. Es necesario ... elaborar normas claras ... prevenir el abuso y maltrato ... los niños así como una adecuada rehabilitación ... los casos en los que ocurra. — 24. El dictador tiranizó al pueblo ... todos los años ... su gobierno. — 25. El Gobierno brasileño no ha sido capaz ... hoy ... resolver el problema ... los niños de la calle. — 26. El desencanto ... la juventud se debe ... la falta de oportunidades que le ofrece la sociedad. — 27. Hay niños que empiezan ... usar el fusil ... la edad ... 10 años. — 28. El esclavismo se ha basado siempre ... la supuesta superioridad ... una raza sobre otra. — 29. El pegamento les ayuda ... olvidar sus problemas ... una horas. — 30. Algunos niños que se encuentran ... situación de abandono empiezan ... delinquir ... muy pequeños. — 31. Los escuadrones de la muerte son financiados ... comerciantes y empresarios ... las zonas ... las que abundan los niños de la calle.

III Complete los textos.

1. *tenía — sencillo — no identificado — jóvenes — entre — durante — cuerpo — con — asesinados*

   El mesaje fue ... y claro. Fue grabado ... un utensilio corto y punzante en la espalda de un ... sin vida: *limpiando la ciudad*. La víctima un joven ... con tatuaje, que ... entre 17 y 20 años. Fue uno de los 67 niños y ... menores de 23 años asesinados en Honduras ... el mes de febrero de 2003. De los 67..., 25 eran menores de 18 años y 42 jóvenes ... 18 y 23 años de edad.

2. *Pertenecían — otra — no — murieron — masacres — las niñas — eran — encontradas — en — de — características*

   En una de las ... registradas en el mes de febrero ... tres niñas. Tatiana Díaz de 15 años, Saida Rodríguez ... 16 años y ... niña no identificada. Fueron ... el trece de febrero en Puerto Escondido, un barrio de San Pedro de Sula, capital industrial de Honduras. Dos de ... fueron violadas y las tres fueron baleadas ... la cabeza. Las dos jóvenes identificadas ... de Tegucigalpa. La prensa informó que las jóvenes ... a una pandilla, sin embargo, los cuerpos ... tenían tatuajes, que es una de las ... que identifica a los integrantes y a las integrantes de pandillas o maras.

3. *de — documentar — durante — el asesinato — el reciente acuerdo — estaba — había sido golpeado — más de — un tiro — violentas*

   La ONG Casa Alianza de Guatemala denunció ... de un niño ... once años. El cadáver, que ... oculto en un saco, presentaba ... a quemarropa en la cabeza y señales de que ... brutalmente en el pecho. Casa Alianza informó sobre ... con el Procurador de los Derechos Humanos para ... el número de muertes ... de niños y jóvenes en este país. En Ciudad de Guatemala se han registrado ... 50 niños y jóvenes asesinados ... el mes de enero de 2003.

IV Ejercicio de traducción

Prenden fuego a niños de la calle mientras dormían

Por lo menos cinco niños de la calle resultaron con severas quemaduras cuando un grupo de jóvenes los roció esta madrugada con combustible inflamable mientras dormían en la vía pública, en las afueras de la ciudad brasileña de Goiania, en el estado de Goiás. Las víctimas, tras recibir los primeros auxilios, fueron hospitalizados y dos de ellos se encuentran graves, ya que tienen quemaduras en el 90 por ciento del cuerpo, informaron las autoridades. Los menores fueron atacados esta madrugada por los jóvenes que lanzaron diesel y kerosene sobre los colchones en los que dormían, y posteriormente les prendieron fuego, refirió la policía. Joselino Vieira dos Santos, presidente de la organización municipal Ciudadanos 2000, que acoge a los menores de Goiania y les proporciona alimentos, dijo que los afectados son menores de entre 12 y 15 años, y agregó que ya en días pasados habían denunciado haber sido víctimas de amenazas de una pandilla de adolescentes de la zona. En julio de 1993 ocho niños de la calle fueron asesinados por policías en la plaza de la Candelaria, en Río de Janeiro.

La Jornada, 16 de mayo 2001

Lectura comentada

Exterminio de los «meninos da rua»

Siete millones de niños abandonados o fugitivos malviven en las calles de Brasil. Son limpiabotas, mendigos, prostitutas o ladrones. No todos son huérfanos o abandonados por sus padres, como a menudo se supone. Muchos huyen de la pobreza o de la violencia familiar –los llamados «huérfanos de padres vivos–.

Una vez en la calle, sobreviven como pueden. Suelen juntarse en bandas, para protegerse y para trabajar mejor –estas bandas se convierten en sus nuevas familias–. Pero a pesar de esto, afrontan muchos peligros. Padecen cada día la miseria, el hambre, las enfermedades, los malos tratos, la prisión ilegal, la tortura y la permanente amenaza de muerte.

El mayor de los peligros es la actitud de la sociedad. Una parte significativa de los brasileños defiende la exterminación de niños, atemorizados ante la ola de violencia que se abate sobre el país. Así, los niños de la calle se han convertido en las víctimas más fáciles de los temidos escuadrones de la muerte, las bandas de asesinos a sueldo, formadas por policías, ex policías, matones y delincuentes al servicio de comerciantes que desean ver sus barrios libres de robos y atracos. El director del club de los Directores de Tiendas conmovió a la opinión pública al declarar que «cuando se mata a uno de estos menores delincuentes se está beneficiando a la sociedad e incluso a él mismo". El exterminio de niños y adolescentes se produce con una lógica perversa, según la cual hay que matarlos mientras son pequeños para que no se conviertan en bandidos cuando crezcan. Además, hay que tener también en cuenta el componente racista, porque la mayoría de los muchachos de la calle son negros.

Muchos niños de la calle están involucrados en el tráfico de drogas. La perspectiva de hacer carrera en el comercio de la droga suscita una irresistible fascinación entre los adolescentes de las favelas, puesto que representa un modo fácil de ganarse la vida y una actividad que les permite hacerse respetar dentro de los guetos. Empiezan su carrera pronto. Los niños menores trabajan como aviones, llevando pequeños paquetes de cocaína a los consumidores, o como olheiros, centinelas cuya misión consiste en hacer volar cometas en los caminos que llevan a las colinas para prevenir a los grandes traficantes de la llegada de la policía. Los adolescentes se convierten en soldados, directores de venta, jefes de seguridad. Así siempre son ellos los grandes traficantes y la policía.

Dominados por el miedo y privados de recursos por la pobreza, los habitantes de la favela no tienen más opción que someterse a la ley de las bandas de la droga, que llega hasta la pena de muerte para los infractores y los delatores. Hace algunos años, el señor de la droga de la favela de Borel, Río de Janeiro, castigó a 11 niños acusados de atacar autobuses en su zona: les hizo ponerse en fila y disparó a cada uno una bala en la mano con su revólver.

Otro peligro, menos conocido, y que representa todavía un gran tabú en Brasil, es el tráfico de niños para la venta de sus órganos. En las últimas dos décadas se ha visto un aumento de casos en los que niños comprados o secuestrados serían enviados a países ricos para vender sus órganos a familias o clínicas interesadas en trasplantes. Pero no solo para trasplantes – algunos son utilizados en extracciones de médula espinal para sueros de rejuvenecimiento aplicados en cirugía estética. La tarifa empieza a partir de 75.000 dólares. Este tráfico está a menudo vinculado con una red internacional de adopciones ilegales.

El exterminio de menores en las grandes ciudades no es el único de los métodos de aniquilamiento de la infancia en Brasil, donde cada dos minutos muere un niño de menos de un año como consecuencia de la miseria y el hambre. En un relato sobre la miseria en las favelas, el Jornal do Brasil incluía la última pregunta que le hizo a su madre un niño de cuatro años llamado Anselmo antes de morirse de hambre : «Mamá, ¿en el cielo tienen pan? »

Anmesty International, 28-1-2002

PISTOLEROS DE LOS «ESCUADRONES DE LA MUERTE» ASESINAN EN RÍO A OCHO NIÑOS DE LA CALLE

La policía carioca investiga una nueva matanza de niños que conmueve a Río de Janeiro desde ayer, cuando un grupo de pistoleros de los denominados escuadrones de la muerte asesinó a ocho muchachos de la calle que dormían en el portal de una iglesia. Cinco pistoleros llegaron en dos vehículos frente a la iglesia de Nuestra Señora de la Candelaria, en el centro de Río, y dispararon sus armas sobre los 43 niños abandonados que suelen dormir en el lugar. Cuatro de los niños murieron en el acto y otros dos, poco más tarde en un hospital. Todas las víctimas presentaban impactos de bala en la cabeza. Tras el primer ataque, los supervivientes huyeron despavoridos por la avenida Río Branco, la arteria principal de Río de Janeiro. Los asesinos les persiguieron en sus vehículos poco más de un kilómetro, hasta llegar a las proximidades del Museo de Arte Moderno, donde los muchachos fugitivos fueron alcanzados y tiroteados. En esta segunda matanza murieron otros dos niños y un mendigo que se encontraba en el lugar. Posteriormente, los supervivientes identificaron a los asesinos como soldados de la Policía Militar. Paulo Mello, diputado del Partido Socialdemócrata Brasileño (PSDB), acusó a dicho cuerpo armado de estar implicado en los asesinatos de niños.

El secretario de la Policía Civil, el jurista Nilo Batista, ordenó una inmediata investigación de la matanza. No obstante, el coordinador del Movimiento Nacional de Niños y Niñas de la Calle, Mario Bomfim, se quejó anoche de la escasa atención que las autoridades provinciales concedían al múltiple infanticidio.

Una fuente de ese movimiento, que se dedica a la protección de los más de siete millones de niños abandonados que merodean por las calles de las grandes ciudades de Brasil, afirmó que cada año los *escuadrones de la muerte* asesinan a más de 400 niños.

Estos grupos homicidas fueron creados a comienzos de la década de los 70, para eliminar a los adversarios de la dictadura militar que por entonces gobernaba Brasil. Hoy, se trata de bandas formadas principalmente por desocupados, delincuentes, policías y antiguos agentes, pagados por comerciantes para *limpiar* la ciudad de presuntos o reales delincuentes. En otras ocasiones, operan al servicio de los narcotraficantes.

Ricardo Socca, El País, 24-07-1993 (385 palabras)

Anotaciones

(1) carioca: de Río de Janeiro — conmover: inquietar enormemente, originar inquietud y compasión [erschüttern] — (2) pistolero (m.): persona que usa armas de fuego para realizar atentados. — (3) portal (m.): entrada, puerta principal — (7) impacto (m.) de bala: herida de bala — (8) tras: después de — despavorido /a: aterrorizado, lleno de miedo — (11) fugitivo /a: persona que huye — tirotear: matar con un arma de fuego — (15) estar implicado: estar metido, estar involucrado, tomar parte, cooperar — (19) escaso /a: poco, insuficiente — (20) infanticidio (m.): asesinato de un niño — (22) merodear: deambular, vagar, andar sin rumbo fijo — (27) desocupado (m.): persona que no tiene trabajo

Análisis y cometario

1. Estructure y resuma el contenido del texto
2. Relate brevemente y con sus propias palabras la mataza de niños ocurrida en Río de Janeiro.
3. En el texto se habla de los escuadrones de la muerte.
   Exponga partiendo del texto lo que usted sabe de estos grupos.
4. ¿Quién es Paulo Mello?
   ¿De qué acusa Paulo de Mello a la policía brasileña?
5. ¿Se puede decir que los meninos da rua son verdaderos delincuentes?
   Justifique su respuesta.

Escuadrones matan niños y adolescentes en Honduras

Con la muerte del joven Isaac Lara, de 16 años, el pasado jueves en un suburbio de Tegucigalpa, son ya 1.000 los niños y adolescentes asesinados en las calles hondureñas desde enero de 1998, según el informe de un organismo de defensa de los Derechos Humanos.

La dramática cifra de niños asesinados en ese país centroamericano fue denunciada por la organización Casa Alianza, protectora de la niñez en América Latina.

Según ese organismo no gubernamental, con sede en la capital costarricense, cada mes son asesinados un promedio de 50 niños y jóvenes menores de 23 años, y más de la mitad de las muertes corresponde a menores en edades de entre 16 y 17 años, según la organización defensora de la niñez.

La última víctima fue baleada y su cuerpo fue hallado por sus familiares en un barranco del barrio del Divino Paraíso, un suburbio de la capital hondureña.

Como acto de repudio a las ejecuciones, los niños y niñas de la calle liberaron el martes, en Tegucigalpa, 1.000 globos blancos, por cada uno de los jóvenes asesinados desde el primero de enero de 1998.

Organismos de Derechos Humanos sostienen que escuadrones de la muerte, en los que participan algunos policías y agentes de seguridad privados, están llevando a cabo lo que parece ser una «limpieza social».

Las denuncias, incluso, motivaron la visita, en junio pasado, de la relatora especial para las ejecuciones extrajudiciales de la Organización de las Naciones Unidas (ONU), Asma Jahangir, quien citó el involucramiento de la Policía en una cantidad significativa de los casos, y la «indiferencia» gubernamental ante esos crímenes.

Los ajusticiamientos extrajudiciales son una respuesta a la violencia juvenil pandillera que asola el país centroamericano. Las «maras» o bandas juveniles despliegan una encarnizada lucha entre sí, que ya ha dejado decenas de muertos este año, por el dominio de territorios donde asaltan y asesinan a sus víctimas.

Los delitos afectan a los pobladores de las principales ciudades del país (Tegucigalpa y San Pedro Sula), pero también a pueblos o aldeas remotas. Las pandillas juveniles en Honduras tienen un total de 31.164 miembros y 70.000 simpatizantes, según datos de la Policía, que se declara impotente para detenerlas, y que son consideradas uno de los principales problemas de inseguridad ciudadana en el país.

La Prensa, 12-12-01 (387 palabras)

Anotaciones

(2) suburbio (m.): barrio habitado por una población de nivel económico bajo — (9) denunciar: hacer saber, declarar la ilegalidad de, delatar — (11) protector /a: defensor — (12) con sede en: que tiene su central administrativa en — (13) promedio (m.): suma de varias cantidades dividida por el número de ellas — (16) balear: disparar balas sobre alguien, matar o herir a balazos — (17) barranco (m.): [Schlucht] — (18) repudio (m.): censura, rechazo — liberar; aquí: echar al aire, dejar elevarse, soltar — (19) globo (m.): [Luftballon] — (24) relatora (f.): consejera [Referentin] — (26) involucramiento (m.): intervención, participación, cooperación — (28) ajusticiamiento (m.): ejecución [Hinrichtung] — violencia (f.) juvenil pandillera: comportamiento violento de grupos de jóvenes — (29) desplegar: llevar a cabo, poner en práctica — (32) afectar; aquí: perjudicar, dañar — (33) remoto /a: lejano, apartado del centro

Cuestionario de estudio

Elaboración y comprensión

a) Cuestiones sobre el texto

1. ¿Quién era Isaac Lara? — 2. ¿Dónde y cuándo tuvo lugar el homicidio? — 3. ¿Cuántos niños fueron asesinados en Honduras en los once primeros meses del año 2001? — 4. ¿Quién denunció el hecho de los asesinatos? — 5. ¿Qué es la Casa Alianza? — 6. ¿Sabe usted cuál es la capital de Costa Rica? — 7. ¿Cuántos niños son asesinados mensualmente? — 8. ¿Dónde fue asesinada la última víctima juvenil en la capital de Honduras? — 9. ¿Cómo protestaron los niños de la calle contra los homicidios de los 1000 menores hondureños? — 10. Explique con sus propias palabras los términos «*limpieza social*» y «*escuadrones de la muerte*». — 11. ¿Quiénes forman parte de los escuadrones de la muerte de Honduras? — 12. ¿Quién es Asma Jahangir? — 13. ¿Por qué se trasladó la relatora a Honduras? — 14. ¿De qué acusó Asma Jahangir al Gobierno de Honduras? — 15. ¿Qué son las *maras?* — 16. ¿Con cuántos miembros cuentan estas bandas en Honduras? — 17. ¿Dónde actúan las *maras*?

II Ponga las frases en presente.

1. No le cabía en la cabeza cómo su hermana había podido hacer una cosa tan ridícula. — 2. Estaba desesperado porque no encontraba ninguna solución. — 3. La sequía obligó a tomar medidas para restringir el consumo de agua. — 4. La industrialización sacó a la región del letargo en el que se encontraba. — 5. Los testigos declararon ante el juez lo que habían visto. — 6. El autoritarismo del Gobierno constreñía la libertad de los ciudadanos. — 7. El descampado se iba llenando de favelas en las que malvivían personas sin recursos. — 8 . No aprobó ningún examen porque era muy inconstante en el estudio. — 9. La burguesía adoptó una actitud reaccionaria al ver amenazados sus intereses. — 10. Los congresistas fueron recibidos por el alcalde de la localidad. — 11. A las afueras del pueblo había un lavadero donde la mujeres se reunían. — 12. Los

sindicatos hicieron causa común frente a las nuevas medidas económicas del Gobierno. — 13. Sentía un gran deseo de averiguar todo lo que había pasado. — 14. Las favelas rodeaban a la urbe como un anillo de miseria. — 15. Numerosos periodistas criticaron la actitud represiva de la policía frente a los manifestantes. — 16. El pegamento les ayudaba a olvidar por unas horas su trágica situación. — 17. Le mostró su gratitud por el favor que le había hecho. — 18. Las gentes de estos lugares luchaban cada día por la supervivencia. — 19. Los atracadores tomaron varios rehenes y amenazaron con matarlos si no se les facilitaba la huida. — 20. Los ciudadanos de la urbe se iban acostumbrando a ver niños durmiendo en la calle y algunos los consideraban ya como objetos del paisaje de las ciudad. — 21. En la noticia del periódico se leía entre líneas que el ministro no pensaba asistir a la reunión. — 22. A su mamá no le gustaba que hablara con desconocidos. — 23. La instalación de la central nuclear provocó las protestas de los ecologistas. — 24. La nueva fábrica hizo resurgir la economía de la región. — 25. El coche se salió de la carretera y cayó en un barranco. — 26. Reconoció que era desconocedor del problema. — 27. Los estudiantes se echaron a la calle para protestar por los nuevos precios de las matrículas de la universidad. — 28. Los atracadores tenían varios rehenes en su poder. — 29. Los terroristas tirotearon la oficina del alcalde. — 30. Muchos desempleados pensaban que enviar a los hijos a pedir o a vender era más rentable que buscar trabajo ellos mismos.

II Ordene los sinónimos.

territorio — templo — sustento — solución — salvaguardar — saber — respaldar — remoto — regresar — precisar — perfeccionar — mostrar — lamento — iniciar — impugnación — imperio — hostilidad — generar — ganancia — evitar — escaparse — empleo — empeñarse — efectuar — dilucidar — desinterés — desconocimiento — denunciar — delincuente — cruel — conversación — comportamiento — brutal — breve — bello /a — automóvil — asesinar — artículo — adolescente

aclarar	...	acusar	...	alejado /a	...
alimento	...	apoyar	...	atroz	...
beneficio	...	conducta	...	conocer	...
defender	...	eludir	...	empezar	...
enemistad	...	entrevista	...	especificar	...
gemido	...	hermoso /a	...	huir	...
iglesia	...	ignorancia	...	indiferencia	...
inhumano /a	...	joven	...	liquidar	...
malhechor	..	manifestar	...	obstinarse	...
optimar	...	originar	...	producto	...
realizar	...	rechazo	...	reino	...
salida	...	sucinto /a	...	uso	...
vehículo	...	volver	...	zona	...

III Complete el cuadro.

Infinitivo	Pretérito imperfecto	Presente de indicativo	Futuro	Gerundio
	empezábamos			
		despliega		
			asesinarán	
		libero		
	os empeñabais			
		devuelven		
			propondremos	
	contribuían			
			desconocerá	
		sé		
	ibas			
		deshago		
	tomabas			
			huirán	
	salíamos			
		genera		
	actuaban			

IV Ponga un poco de orden

1. *de — el — empobrecimiento — ha provocado — La — la — región. — sequía*
2. *se han propuesto — que — pandillas de — objetivo — niños de la calle. — hay — En Medellín — como — chicos ricos — asesinar — a*
3. *costumbre de — dormir — en — España. — La — la — mucha — raigambre — siesta — tiene*
4. *se ve — menudo — la — empujado — El — drogadicto — delincuencia. — a — a*
5. *algunas — de — de años — desaparecer. — en — La — miles — radioactividad — substancias — tarda*
6. *y — sindicales. — representantes — ministro — los empresarios — los — intermedió — entre — en — el conflicto — El*
7. *de — derecho — es — humanos. — La — libertad — los — seres — todos — un*
8. *y a — y — una formación — se les — respeta — recibir — no — la niñez — el derecho a — educación adecuadas. — disfrutar — de niños trabajadores — de — A más de — 250 millones*

Lectura comentada

El doble rasero de EEUU

La misma semana en que el secretario de Estado Colin Powell ha hablado del «inquebrantable compromiso de Estados Unidos de hacer progresar en todo el mundo el respeto a los principios de derechos humanos reconocidos internacionalmente», su país se dispone a violar un principio fundamental del derecho internacional que se respeta en todo el planeta, dice Amnistía Internacional mientras el estado de Oklahoma prepara la ejecución de Scott Hain por un delito cometido cuando contaba 17 años de edad.

«¿Dónde estará ese inquebrantable compromiso a las 6 de la tarde del jueves 3 de abril de 2003 en la sala de ejecuciones de Oklahoma? pregunta Amnistía Internacional. Mientras los verdugos dan muerte a Scott Hain, la pretensión de Estados Unidos de ser el paladín mundial de los derechos humanos carecerá, una vez más, de toda credibilidad.»

El derecho internacional prohíbe la aplicación de la pena de muerte a cualquier persona que fuera menor de 18 años en el momento de cometerse el delito. Hoy en día Estados Unidos es prácticamente el único país que está dispuesto a ignorar este principio. «Scott Hain va a convertirse en el cuarto delincuente menor de edad ejecutado en el mundo durante los últimos 12 meses señala Amnistía Internacional. Los cuatro habrán sido ejecutados en Estados Unidos.»

Según los informes, Scott Hain también se convertiría en el decimoctavo delincuente menor de edad ejecutado en el mundo durante los últimos seis años. Todas estas vidas, salvo cinco, han sido segadas en Estados Unidos, país cuyo presidente ha hecho hincapié reiteradamente en su compromiso para con el Estado de derecho.

El lunes 1 de abril, al presentar los informes del Departamento de Estado sobre la situación de los derechos humanos en otros países, Colin Powell recordó que el presidente Bush había «prometido solemnemente que Estados Unidos siempre defendería las exigencias no negociables de la dignidad humana».

«Cuando se encierra a un delincuente menor de edad durante 15 años para después sujetarlo con unas correas e inyectarle un veneno letal, ¿de qué manera se está defendiendo la dignidad humana?», pregunta Amnistía Internacional, señalando que el pasado octubre cuatro magistrados de la Corte Suprema estadounidense describieron la ejecución de personas por delitos cometidos cuando contaban menos de 18 años como «un vestigio del pasado» y «una práctica vergonzosa».

También en octubre, la Comisión Interamericana de Derechos Humanos concluyó que, al mantener esta práctica, Estados Unidos estaba violando una norma del derecho internacional que ningún país puede estar exento de observar. La Comisión afirmó que «la aceptación de esta norma abarca las fronteras políticas e ideológicas», y añadió que su violación ha sido condenada enérgicamente por la comunidad internacional. La ONU ha aprobado numerosas resoluciones y declaraciones en las que exige que se ponga fin a la ejecución de delincuentes menores de edad.

Estados Unidos ha dado muerte a 21 delincuentes menores de edad desde 1977, año en que se reanudaron las ejecuciones en ese país, y otros 80 presos están en espera de ejecución en las cárceles estadounidenses por delitos cometidos cuando tenían 16 o 17 años de edad. Oklahoma ejecutó a Sean Sellers en 1999 por un delito cometido cuando contaba 16 años. Actualmente Scott Hain es el único delincuente menor de edad en espera de ejecución en Oklahoma, donde los presos son sometidos a condiciones de reclusión que violan las normas internacionales. Los reclusos están alojados en dependencias subterráneas, en celdas de hormigón sin acceso a luz natural o aire puro, a veces durante 24 horas al día.

Scott Hain y Robert Lambert fueron condenados a muerte por el asesinato, en 1987, de Michael Houghton y Laura Sanders. Aunque la fiscalía sigue pidiendo la muerte de Robert Lambert, es posible que este último se salve de la ejecución gracias al fallo dictado el año pasado por la Corte Suprema, que estableció que la ejecución de personas que sufren retraso mental es inconstitucional. Este fallo se produjo 13 años después de que la ONU instara a todos los países a tomar esa medida.

El lunes pasado, la Junta de Indultos y Libertad Condicional de Oklahoma votó por 5 votos contra 0 el rechazo de la petición de indulto de Scott Hain. Amnistía Internacional sigue haciendo llamamientos al gobernador Brad Henry para que suspenda la ejecución, prevista para las 6 de la tarde del 3 de abril de 2003 en la Penitenciaría Estatal de Oklahoma, en McAlester.

La Insignia, 4-4-2003

LA POBREZA COMO DELITO

Mucho antes de que los niños ricos dejen de ser niños y descubran las drogas caras que aturden la soledad y enmascaran el miedo, ya los niños pobres están aspirando pegamento. Mientras los niños ricos juegan a la guerra con balas de rayos láser, ya las balas de plomo acribillan a los niños de la calle. Algunos expertos llaman «niños de escasos recursos» a los que disputan la basura con los buitres en los suburbios de las ciudades. Según las estadísticas, hay setenta millones de niños en estado de pobreza absoluta, y cada vez hay más, en esta América Latina que fabrica pobres y prohíbe la pobreza. Entre todos los rehenes del sistema, ellos son los que peor la pasan. La sociedad los exprime, los vigila, los castiga, a veces los mata: casi nunca los escucha, jamás los comprende.

Nacen con las raíces al aire. Muchos de ellos son hijos de familias campesinas, que han sido brutalmente arrancadas de la tierra y se han desintegrado en la ciudad. Entre la cuna y la sepultura, el hambre o las balas abrevian el viaje. De cada dos niños pobres, uno trabaja, deslomándose a cambio de la comida o poco más: vende chucherías en las calles, es la mano de obra gratuita de los talleres y las cantinas familiares, es la mano de obra más barata de las industrias de exportación, que fabrican zapatillas o camisas para las grandes tiendas del mundo. ¿Y el otro? De cada dos niños pobres, uno sobra. El mercado no lo necesita. No es rentable, ni lo será jamás. Y quien no es rentable, ya se sabe, no tiene derecho a la existencia. El mismo sistema productivo que desprecia a los viejos, expulsa a los niños. Los expulsa, y les teme. Desde el punto de vista del sistema, la vejez es un fracaso, pero la infancia es un peligro.

En muchos países latinoamericanos, la hegemonía del mercado está rompiendo los lazos de solidaridad y está haciendo trizas el tejido social comunitario. ¿Qué destino tienen los dueños de nada en países donde el derecho de propiedad se está convirtiendo en el único derecho sagrado? Los niños pobres son los que más ferozmente sufren la contradicción entre una cultura que manda consumir y una realidad que lo prohíbe. El hambre los obliga a robar o a prostituirse; pero también los obliga a la sociedad de consumo, que los insulta ofreciendo lo que niega. Y ellos se vengan lanzándose al asalto. En las calles de las grandes ciudades, se forman bandas de desesperados unidos por la muerte que acecha. Según la organización Human Rights Watch, los grupos parapoliciales matan seis niños por día en Colombia y cuatro por día en Brasil. ¿Y ellas? Hay medio millón de niñas brasileñas que venden el cuerpo, casi tantas como en la India, y en la República Dominicana la próspera industria del turismo ofrece subastas de niñas vírgenes.

Eduardo Galeano, Brecha, agosto 1996 (490 palabras)

Anotaciones

(3) aturdir: turbar, hacer desaparecer, eliminar — enmascarar: desfigurar, disfrazar, encubrir, ocultar — (6) bala (f.): proyectil que lanzan las armas de fuego — (7) plomo (m.) metal pesado y blando con bajo punto de fusión [Blei] — acribillar: llenar de agujeros [durchsieben] — (10) buitre (m.): ave que se alimenta de los animales muertos [Geier] — (14) rehén (m.): persona a la que tienen prisionera los secuestradores para conseguir dinero o alguna otra exigencia — exprimir: aprovecharse al máximo de (alguien), sacar el jugo, explotar — (16) raíz (f.): parte de los árboles que está introducida en la tierra [Wurzel] — (17) arrancar de la tierra: sacar de la tierra con su raíces [entwurzeln] — desintegrarse: descomponerse, deshacerse — (18) cuna (f.): cama para niños muy pequeños — abreviar: hacer más breve, acortar, reducir — (19) deslomarse: extenuarse, agotarse totalmente — chuchería (f.): cosa de muy poco valor, baratijas — (21) zapatillas (f.); aquí: calzado para hacer deporte — (23) sobrar: estar demás — (25) despreciar: menospreciar, subvalorar [verachten] — temer a: tener miedo de, recelar de — (28) hacer trizas: destruir totalmente — (33) insultar: ofender con palabras, injuriar, ultrajar [beleidigen] — lanzase al asalto: asaltar [überfallen]

Actividades

1. Escriba esquemáticamente lo que Eduardo Galeano nos dice de los «meninos da rua» y de los niños ricos.
2. Traduzca el segmento: «Nace con los raíces al aire. Muchos de ellos son hijos de familias campesinas, que han sido brutalmente arracandas de la tierra y se han desintegrado en la ciudad. Entre la cuna y la sepultura, el hombre o las balas abrevian el viaje».
3. Explique el contenido y la función del título del texto.

Ejercicio de traducción

En la burbuja del poder

En el océano de los que necesitan, las islas de los que más tienen tienden a convertirse en lujosos campos de concentración, donde los poderosos sólo se encuentran con los poderosos y nunca pueden olvidar, ni por un ratito, que son poderosos. En algunas de las grandes ciudades latinoamericanas, donde los secuestros se han hecho costumbre, los niños ricos crecen encerrados dentro de la burbuja del miedo. Habitan mansiones amuralladas, grandes casas o grupos de casas rodeadas de cercos electrificados y guardias armados, y están día y noche vigilados por los guardaespaldas y por las cámaras de los circuitos cerrados de televisión. Viajan, como el dinero, en autos blindados. No conocen, más que de vista, la ciudad donde viven. Descubren el subterráneo en París o en Nueva York, pero jamás lo usan en San Pablo o en la ciudad de México.

Ellos no viven en la ciudad donde viven. Tienen prohibido ese vasto infierno que acecha su minúsculo cielo privado. Más allá de las fronteras del privilegio, se extiende una región del terror donde la gente es mucha, fea, sucia y peligrosa. En plena era de la globalización, los niños ricos no pertenecen a ningún lugar. Crecen sin raíces, despojados de identidad nacional, y sin más sentido social que la certeza de que la realidad es una amenaza. Tienen por patria las marcas de prestigio universal y por lenguaje los códigos internacionales. Los niños ricos de las ciudades más diversas se parecen en sus costumbres, tanto como entre sí se parecen los shopping centers y los aeropuertos, que están fuera del tiempo y del espacio. Educados en la realidad virtual, los niños ricos se deseducan en la ignorancia de la realidad real, que sólo existe para ser temida o para ser comprada.

Desde que nacen, son entrenados para el consumo y para la fugacidad, y transcurren la infancia comprobando que las máquinas son más dignas de confianza que las personas. Fast food, fast cars, fast life: mientras esperan que llegue la hora del ritual de iniciación, cuando el primer Jaguar o Mercedes les sea regalado, ellos ya se lanzan a toda velocidad a las autopistas cibernéticas, a toda velocidad compiten en las pantallas electrónicas y a toda velocidad devoran imágenes y mercancías haciendo zapping y haciendo shopping.

Eduardo Galeano, agosto de *1996*

LA CONVENCIÓN DE NAHAMAN

El aniversario de la promulgación de la Convención de los Derechos del Niño, celebrado el pasado 20 de noviembre, nos invita a reflexionar sobre la realidad de su generalizado incumplimiento. El ilustrativo caso de Nahaman Carmona, uno de tantos ejemplos de abuso de los menores que tienen lugar en decenas de países, nos impide ser complacientes en esta celebración.

En una noche especialmente fría, lo único especial del 4 de marzo de 1990 en la ciudad de Guatemala, un muchacho de 13 años llamado Nahaman Carmona estaba inhalando pegamento con otros nueve niños. Los niños de las calles guatemaltecas «esnifan» pegamento para mantenerse calientes y para mentir al hambre. La policía apareció y, como es su práctica habitual, empezó a derramar pegamento sobre los cuatro niños que no huyeron. Cuando Nahaman se resistió, la policía le golpeó hasta dejarle inconsciente. Tenía seis costillas rotas, el hígado reventado y un 60% de su cuerpo, ni siquiera adolescente, contusionado gravemente. Los niños en vano intentaron conseguir una ambulancia. Pasaron tres horas en esa calle hasta que algún otro policía llamó a una ambulancia y el muchacho fue trasladado al hospital. Como tenía pegamento derramado por todo el cuerpo fue puesto en observación como caso de intoxicación por drogas a pesar de que el niño estaba en coma, sufriendo convulsiones y vomitando sangre.

Al día siguiente Nahaman recuperó la consciencia y, reconociendo a una trabajadora social, consiguió contarle su caso. La ayuda médica llegaría tarde y, tras diez días en coma, Nahaman murió. Supongo que sólo soy capaz de recordar la muerte de Nahaman Carmona relacionándola con la forma intensísima en que afectó a Bruce Harris, para muchos un casi anónimo director de un refugio para chicos de la calle en Guatemala, cuya denuncia de este caso le supuso poner en peligro su vida y la de su familia.

El 20 de noviembre se conmemoró el quinto aniversario de la Convención de los Derechos del Niño, aprobada en la ONU en 1989. Ningún otro documento ha sido objeto de tan amplio consenso y, sin embargo, tan repetidas veces incumplido. No digo que las declaraciones y tratados no cambien la realidad. En varios países se están introduciendo reformas. Pero la Convención, aun siendo un documento imprescindible y aun contando con un Comité de Vigilancia, carece de mecanismos reales capaces de garantizar su observancia.

Lo que pasa es que las convenciones no saben que Guatemala es un país de 8.500.000 de personas y está enfermo. Su enfermedad es que el 2% de la población posee más del 65% de la tierra trabajable en una forma tal que el 60% de la población vive en la extrema pobreza y el 14% en simple pobreza, su enfermedad es que cada día muere un centenar de personas por mal nutrición, son tres décadas de guerra civil, un millón de desplazados, 100.000 asesinados. Es la enfermedad de las tres mil personas que viven en uno de los vertederos de la ciudad, muchas de ellas niños que trabajan doce o catorce horas diarias recogiendo papel y cristal que venden por unas 40 pesetas al día.

Pero Cici tiene nueve años y no quería que hablase de ella el hierro de las estadísticas. Cici es prostituta y, para sobrevivir, tiene que consentir la violencia de cuatro o cinco hombres cada día. Tiene miedo de dormir de noche como el resto de los niños de la calle porque en la noche todo es más violento, incluida la policía que ha torturado, que ha mutilado (orejas, lenguas... es frecuente comprobar esto en los niños de la calle), que ha deshumanizado en actos de incalificable depravación los cuerpos de muchos de esos muchachos.

Toda una generación a la que todavía asusta más el hambre que el sida. Muchas veces, cuando una niña queda embarazada, sus compañeras provocan el aborto golpeándola el vientre, aunque son muchos los que nacen y heredan como único derecho la subcultura de la calle. Es fácil comprender por qué la Convención no puede bastarse a sí misma sin la colaboración y la denuncia de otras organizaciones y personas comprometidas a título individual. Sólo por ello fue posible que a través de una acción urgente de Amnistía Internacional, en estrecha colaboración con Bruce Harris, los asesinos de Nahaman fueran llevados ante la justicia. Miles de cartas, faxes... evitaron que ese caso fuera archivado y los policías puestos en libertad, como se llegó a intentar. Hoy en día los asesinos de Nahaman están en la cárcel y por una vez la policía guatemalteca no ha podido actuar con absoluta impunidad. Ellos entenderán el mensaje.

Amnistía Internacional no quiere ser indiferente de estos hechos, se corren riesgos: en este caso Bruce Harris ha tenido que sacar a su familia del país, sus colaboradores han sido amenazados de muerte, él mismo ha sufrido un atentado... De alguna manera teníamos que contaros esto, por eso Amnistía a la hora de sumarse a la conmemoración de la Convención de los Derechos del Niño quería recordar cuántas veces ésta no se cumple y que sigue careciendo de mecanismos eficaces de salvaguardia. La reflexión no llega tarde, porque no quiero que Nahaman vuelva a morir en Colombia, en Brasil, no vuelva a morir de la forma más horrorosa con cuarenta compañeros de un colegio eclesiástico en Kigali, Ruanda. Ante gente como Bruce Harris la miseria humana se desvanece.

José María Lancho, El Mundo, 22-11-1994 (900 palabras)

Anotaciones

(1) promulgación (f.): declaración oficial, publicación — (4) invitar: convidar, animar, estimular [einladen] — (5) incumplimiento (m.): inobservancia [ausgebliebene Erfüllung] — (9) ser complaciente; aqui: estar satisfecho, estar contento — (18) mentir al hambre, no reaccionar ante el hambre que se padece — (20) derramar: verter, echar — (21) golpear: maltratar físicamente, pegar, aporrear [schlagen] — (22) costilla (f.): [Rippe] — (22) reventado /a: destrozado [geplatzt] — (23) contusionado /a: [gequetscht] — (26) poner en observación: [in Untersuchung bleiben] — (27) convulsión (f.): sacudida, estremecimiento [Erschütterung] — vomitar: devolver [sich übergeben] — (30) tras: después de — (32) afectar: impresionar, causar impresión, conmover — (33) refugio (m.): albergue, asilo [Zufluchtsort] — (36) conmemorar: celebrar — (41) carecer de: no tener, tener falta de, necesitar, precisar — (45) trabajable: laborable, que se puede cultivar — (47) centenar: unas / unos cien — mal nutrición (f.): alimentación deficiente, insuficiente, falta de alimentos — (49) vertedero (m.): basurero, lugar al que se arroja la basura [Mülldeponie] — (56) torturar: atormentar, martirizar [foltern] — (61) heredar: [erben] — (63) bastarse: ser suficiente — (64) a título individual: individualmente, personalmente — (67) archivar; aquí: [ad Acta legen] — (69) impunidad (f.): indemnidad, falta de castigo [Straffreiheit] — (74) sumarse: adherirse [sich beteiligen] — (79) eclesiástico /a: religioso, que pertenece a la Iglesia

Cuestionario de estudio

Elaboración y comprensión

a) Preguntas sobre el texto

1. ¿Cuándo se celebró el aniversario de la promulgación de la Convención de los Derechos del Niño? — 2. ¿Qué nos dice el autor sobre el cumplimiento de lo que se acordó? — 3. ¿Qué hacía Nahaman Carmona en la noche del 14 de marzo de 1990? — 4. ¿Qué edad tenía? — 5. ¿Estaba Nohaman sólo? — 6. ¿Para qué inhalan pegamento los niños de la calle? — 7. ¿Qué hizo la policía cuando descubrió al grupo de niños? — 8. ¿Cómo reaccionó la policía ante la resistencia de Nahaman? — 9. ¿Cuánto tiempo pasó Nahaman lesionado e inconsciente en la calle? — 10. ¿Adónde lo llevaron posteriormente? — 11. ¿Qué hicieron con él en el hospital? — 12. ¿A quién contó el niño lo que le había pasado? — 13. ¿Consiguieron en el hospital salvarle la vida? —14. Consulte en el Internet quién es Bruce Harris. — 15. ¿Se puede decir que la Convención de los Derechos de Niño no ha tenido ningún tipo de consecuencias? — 16. ¿Qué nos dice José María Lancho de la situación actual de Guatemala? — 17. ¿Quién es Cici? — 18. ¿Quiénes hicieron posible que se juzgara a los asesinos de Nahaman? —19. ¿Qué leemos al final del texto sober Bruce Harris y su familia? — 20. Es el asesinato de Nahaman un caso único? — 21. Explique el contenido de la frase final «Ante gente como Bruce Harris la miseria humana se desvanece».

b) Léxico y gramática

I Ordene los antónimos.

unión — tranquilidad — traer — sufrir — sano /a — riqueza — poco — permanecer — paz — olvido — nada — menor — levemente — irreal — interés — inocencia — incomprensión — general — ganar — frío /a — fin — facultativo — excusar — elogiar — duro /a — diversión — dificultar — desconocimiento — desaparecer — defensa — cumplimiento — conocido /a — complicado /a — cerrado /a — ceder — castigar — autorización — antipático /a — amistad — amanecer — alegría — afrontar

abierto /a	...	aburrimiento	...	anochecer	...
anónimo /a	...	aparecer	...	ataque	...
ayudar	...	blando /a	...	caluroso /a	...
comienzo	...	comprensión	...	conocimiento	...
culpabilidad	...	culpar	...	difamar	...
disfrutar	...	eludir	...	enemistad	...
enfermo /a	...	especial	...	existente	...
gravemente	...	guerra	...	huir	...
incumplimiento	...	indiferencia	...	intranquilidad	...
llevar	...	mayor	...	mucho	...
obligatorio /a	...	perder	...	pobreza	...
premiar	...	prohibición	...	recuerdo	...
resistir	...	separación	...	simpático /a	...
simple	...	todo	...	tristeza	...

II ¿Por o para?

1. Las instituciones autonómicas deberían mostrar mayor interés ... la eliminación de la marginación infantil. — 2. En muchas fábricas han sustituido hombres ... máquinas. — 3. El calentamiento de la tierra ... la actividades industriales es peligroso. — 4. El jefe no estaba ayer ... bromas. — 5. Los propios vecinos propagaron la noticia ... todo el barrio. — 6. Muchos niños de la calle aspiran pegamento ... evadirse de su cruel destino y roban y se prostituyen ... conseguir el inhalante que consumen. — 7. Tendrás que definir tu postura ... darla a conocer en la próxima reunión. — 8. La fascinación que sentía ... aquel país lo llevó a establecer allí su residencia. — 9. Algunos escuadrones de la muerte están formados ... policías que en sus horas libres se ganan un sobresueldo con la caza de menores. — 10. Tiene mucha habilidad ... tratar a la gente. — 11. La evaluación de los daños producidos ... el terremoto está aún ... hacer. — 12. Este hotel, ... lo que cobran, no está mal del todo. — 13. En los últimos tiempos se ha extendido entre los niños de la calle el hábito de inhalar pegamento ... no sentir el hambre. —14. Estas facturas las podemos enviar ... fax. — 15. Se nota que está enfermo ... la palidez de su rostro. — 16. Voy a pasar este texto ... el escáner. — 17. Luchó ... defender sus ideas. — 18. El desinterés de las autoridades competentes es una de las razones ... las que es casi imposible dar datos sobre el número de niños que viven en la calle. —19. Su hermano estudia ... médico. — 20. Su padre murió ... un error del cirujano que lo operó. — 21. Me he comprado un abono de diez entradas ... la piscina, porque sale más barato. — 22. La indiferencia de parte de la población ... con los asesinatos

de los escuadrones de la muerte se alimenta ... los prejuicios y recelos ... que la sociedad mira ... sus niños de la calle.

III Ponga un poco de orden.

1. abogado:	a) multiplicar por tres
2. bebedor:	b) vende ilegalmente productos
3. médico:	c) período de tiempo de diez años de duración
4. cárcel:	d) defiende nuestros derechos ante los tribunales
5. cuna:	e) órgano que purifica la sangre
6. década:	f) vamos a él cuando estamos enfermos
7. débil:	g) abusa de las bebidas alcohólicas
8. delincuente:	h) discusión entre dos personas que defienden ideas opuestas
9. dosis:	i) también se dice desempleo
10. pegamento:	j) todavía no ha cumplido los dieciocho años
11. fallecimiento:	k) edificio donde viven los presos
12. pobre:	l) primera fase de la vida humana
13. ambulancia:	m) líquido rojo que circula por las venas
14. negrero:	n) en ella duermen los niños pequeños
15. niñez:	o) tiene poca fuerza
16. sangre:	p) en ella se transporta a los enfermos
17. paro:	q) no respeta las leyes
18. polémica:	r) cantidad de medicina que tiene que tomar un enfermo
19. riñón:	s) pérdida de la vida
20. menor:	t) lo emplean los niños de la calle para drogarse
21. traficante:	u) no tiene lo necesario para vivir
22. triplicar:	v) comercia con seres humanos

IV Complete las frases.

1. *aceptado — cuando — el tratado — ha ejecutado — por — prohíbe — sigue — su oposición*

   La Convención sobre los Derechos del Niño es ... internacional más ... de la historia de las Naciones Unidas, ratificado ... todos sus estados miembros excepto dos: Somalia y Estados Unidos. Este último país ... negándose en redondo a aplicarlo, y predica ... con ejemplos, ya que durante esta década ... a 10 presos que cometieron crímenes ... eran menores de edad, algo que el texto ... en su artículo 37.

2. *una mujer — por — mediante — lesión — leer — había vivido — fuera — fue — a*

   En abril de 1998 fue ejecutado ... una inyección letal Joe Cannon, condenado ... haber matado a ... cuando tenía 17 años, en 1977. Un historial de esquizofrenia y una ... cerebral que jamás fueron tratados, sumados ... una infancia infernal, hicieron que el pabellón de la muerte ... el mejor sitio en el que ... nunca. Allí aprendió a ... y escribir. Pero la Justicia ... implacable.

3. *denuncia — han ratificado — la — la lista — menores — que*

   EEUU encabeza ... de países ... han impuesto la pena capital a ... de edad, por de lante de Arabia Saudí, Irán, Nigeria, Pakistán y Yemen, países que sí ... la Convención pero que no ... aplican. En total, 19 ejecuciones, según ... Amnistía Internacional. (...)

   Belén Reyes Guitián, EEUU ha ejecutado a 10 condenados menores de edad, El Mundo, 20-10-1999

Lectura (interviú)

«Muchos niños de la calle no cumplen 17 años»

Pablo Enrique no conoce más hogar que las calles de Fortaleza (Brasil). A sus 14 años, sin padres ni techo, sobrevive maltrecho a 17 puñaladas. Tuvo suerte. En 1995, 350 pequeños fueron asesinados en esta ciudad de dos millones de habitantes. En todo Brasil, según Amnistía Internacional (AI), las víctimas de los escuadrones de la muerte de los «meninos da rua» suman cada año más de 1.200. Para mitigar esta sangría ha recorrido España recaudando fondos Tess Alves, coordinadora del Movimiento de Niños y Niñas de la Calle de Fortaleza. Esta joven de 31 años, una de los 25 educadores de su ciudad (son 4.000 en todo el país), regresa a Brasil con ocho de los diez millones precisos para abrir allí una casa de acogida.

P. — *¿Qué es el Movimiento que usted coordina?*

R. — Somos una ONG que trabaja por los derechos de los niños en situación de riesgo en Brasil, tanto si viven en favelas como en la calle. Nuestro trabajo consiste en la concienciación y la denuncia cuando hay violencia y asesinatos.

P. — *¿Es peligroso ser educador en Fortaleza?*

R. — En la calle no sólo los niños están amenazados. También los educadores, que además somos voluntarios y no cobramos. El peligro es constante, y ya no sólo porque te llegue a amenazar la Policía. No en Fortaleza, pero en otras ciudades brasileñas han asesinado también a educadores.

P. — *¿Ha presenciado usted el asesinato de algún niño?*

R. — No, pero sí han matado a varios niños con los que yo venía trabajando. Muchas veces nos llaman para que vayamos a identificarlos cuando aparecen muertos. Si hubiera presenciado algún asesinato, lo habría denunciado y posiblemente hoy no estaría aquí. Lo peor es la desidia de la gente: cuando un niño es golpeado

por la Policía, todos se asoman a mirar, pero nadie hace nada.
Recuerdo que una niña fue asesinada y fuimos a la chabola donde vivía su familia. El padre era alcohólico y la madre enferma mental. La abuela nos dijo que lo mejor que podíamos hacer era enterrar a la niña... Es muy duro.

P. — *¿Quiénes están detrás de los asesinatos de niños?*
R. — Es difícil responder. Todos sabemos que existen pero desconocemos quiénes son realmente, con nombres y apellidos. Se sabe que algunos dueños de tiendas contratan a otras personas, que hay policías civiles implicados... Es difícil. ¿Cuántas personas presenciaron asesinatos y no tuvieron el coraje de denunciarlo?

P. — *¿Cómo valoran la actitud del Gobierno brasileño?*
R. — El mayor respaldo a nuestra labor ha sido siempre internacional. Fue muy importante el premio Príncipe de Asturias de 1994. De nuestro Gobierno recibimos buenas palabras y poco más. No les interesa ayudarnos ya que nosotros denunciamos su desidia, la violencia policial, el incumplimiento de las leyes federales, etc.

P. — *¿Ser niño de la calle en Brasil es sinónimo de prostitución, delincuencia y tráfico de drogas?*
R. — Gran parte de ellos están metidos en la prostitución y se drogan, pero no todos trafican. En las favelas sí hay muchos atrapados en las redes del narcotráfico, porque están amenazados por personas mayores que los utilizan para sus negocios. Tienen que elegir entre vender drogas o morir. En los centros de las ciudades, en cambio, los niños son más libres. No trafican, aunque sí se drogan: con pegamento, con esmalte de uñas o con pastillas. En las calles hay prostitución, niños drogadictos, niños que roban... El tráfico solamente se localiza en las chabolas.

P. — *¿Está concienciado el pueblo brasileño con el problema?*
R. — En general, no se interesa mucho. La mayoría dice: «¡Oh, niños de la calle!... Son vagabundos, marginados, ladrones». No se preocupa de si un niño, o cinco, son asesinados. Sólo en 1995 murieron violentamente 350 en Fortaleza (1.138 en todo Brasil). Nada se sabe de los asesinos.

P. — *Tras el juicio de La Candelaria, ¿cree que ha terminado la impunidad?*
R. — Si no hubiera existido la presión internacional, el juicio -que por primera vez ha sentado en el banquillo y condenado a policías por asesinar a ocho niños- nunca se hubiera celebrado. Hace falta que más policías sean juzgados. En aquella matanza de 1993 participaron, al menos, siete.

P. — *Se habla de niños, pero ¿dónde están los que superan los 20 años?*
R. — Los que sobreviven, en las cárceles. Muchos mueren antes de cumplir 17 años. Si se le diera a los niños la oportunidad de que se valoraran como personas y ciudadanos, podrían llegar a tener una vida digna. En Fortaleza tenemos cinco educadores que eran niños de la calle, y de los peores casos. Vivieron todo tipo de violencia, también la cárcel, y ahora trabajan con nosotros.

Ildefonso Olmedo, El Mundo, 27-5-96

Los chicos de la calle

Los chicos de la calle
dónde viven nadie sabe
sus historias nunca nadie guardará
el viento volaran

Los de la calle
se imaginan desde el margen
que en el centro de la hoja alguien
podrá
escribir felicidad

Andando entre los autos
nadie acierta con su edad
sus ojos piedra como la ciudad

Los chicos de la calle
no eligieron lo que hacen
ni el futuro los permitirá elegir
quiénes ser o adónde ir

Andando entre los autos
lo que esperan no es piedad
apenas enfrentar un día más
Los chicos de la calle

dignidad en rotos trajes

pobre dios en carne viva y sin altar
no los baja de su cruz sólo rezar

Los chicos de la calle
son un grito aunque los callen
ya son tantos que serían un país
donde nadie fue feliz

Los chicos de la calle
dignidad en rotos trajes
pobre dios en carne viva y sin altar
no los baja de su cruz sólo rezar
no los libra de su cruz sólo reza
no los salva de su cruz sólo rezar

Pedro Aznar

HOGAR SIN PAREDES

«La mamá nos trajo de Medellín, donde trabajaba en un café, pero su sueldo no le alcanzaba. Le propusieron entonces que regalara a sus dos niños, pero ella se rebeló. Prefirió venirse a Bogotá. Se peleaba mucho con mi papá y por eso se separaron. Aquí en la capital conoció a Raúl Rocha. Él la quería mucho, pero a mí me tomó ojeriza; por eso me regañaba. Me castigaba. Un día no pude más y me fui de casa. Lo primero que hice fue buscarme un grupo, unirme a otros niños como yo. Así es más fácil vivir.»

Así relata su infancia un niño de la calle de Bogotá en el libro «Los Ángeles Perdidos», de Manu Leguineche. Como en todas las injusticias sociales, al repartir el pastel el peor trozo les toca a los países tercermundistas, con economías más pobres o inestables. Entre Latinoamérica, Asia y África se reparten la amarga tarta de los cien millones de niños que viven en la calle.

Cuarenta millones de esos chavales que hacen de la calle su forma de vida están en Latinoamérica, entre 25 y 30 en Asia y 10 millones se los queda África. El reparto demuestra que no hay más niños en las calles de los países pobres, sino en países con recursos en los que la riqueza se concentra en muy pocas manos.

En el caso de Latinoamérica, la concentración de la propiedad de la tierra empuja a las familias hacia las ciudades donde trabajo y hacinamiento siguen un movimiento opuesto. Aquí Brasil es el país con mayor desigualdad: es la nación más rica de América Latina, la octava nación más industrializada del mundo y la que tiene más diferencias entre ricos y pobres. En sus entrañas conviven la indiferencia de los ricos, la policía corrupta, los «justicieros» y los *meninos da rua*.

En este país vive un gran número de niños escapados que en sus casas sufrían de abandono, malos tratos, abusos sexuales o miseria. Prefirieron la calle a las palizas constantes. Ahora viven en la *rua*, aspiran pegamento o gasolina para evadirse de tan cruel destino y roban o se prostituyen para conseguir esa droga. Un círculo vicioso sólo roto por la presencia constante de los «justicieros», antes escuadrones de la muerte. Apoyados por la aprobación silenciosa de comerciantes y ricos que ven en estos niños una amenaza, no dudan en dar caza al *menino da rua*. Lo persiguen y lo matan, cobrando además por ello y justificando su labor como un acto de «limpieza social». El procedimiento es tan sencillo como decir «Queremos limpiar la calle». Acuden los cazarrecompensas , se les da un dinero y reciben ayuda policial. Nunca la vida de un niño valió tan poco.

Cuenta Manu Leguineche en su libro «Los ángeles Perdidos» que «en enero de 1989, 23 niños fueron detenidos y conducidos a la comisaría para menores de Río de Janeiro; tan sólo nueve salieron con vida. Pronto se descubrió la verdad: más de la mitad de los milicianos exterminadores de niños pertenecían a la policía o habían formado parte de ella y la habían dejado al encontrar un oficio mejor pagado. La pistola o la placa les hacía invulnerables. Pero no sólo matan, sino que, en múltiples ocasiones, lo que hacen es mutilar cuerpos de niños, les desfiguran el rostro, les arrancan los ojos, les seccionan los genitales, de tal manera que cuando los encuentran sus familiares son seres irreconocibles e imposibles de identificar».

Esta es la realidad de un país que se cobra más muertos diarios que la ex-guerra de Bosnia, ésta es la crudeza del país del sol y las garotas, donde los niños suplican a los turistas «Por favor, sáqueme de aquí».

Una tónica similar se sigue en México, Guatemala o Perú: niños pobres con baja escolaridad y desnutrición que emigran sin sus padres a la ciudad en busca de una nueva vida. Sólo encuentran la calle y la miseria. En Colombia viven en inmundas alcantarillas para ocultarse de los escuadrones de la muerte. Nada ha cambiado desde hace años, si acaso el incremento de la violencia.

Marta Iglesias, Fusión, octubre 1997 (690 palabras)

Anotaciones

(2) alcanzar: ser suficiente, llegar para vivir — (4) rebelarse; aquí: negarse, no estar de acuerdo, decir que no — pelearse: no llevarse bien, reñir, disputar — (7) tomar ojeriza: tener manía, cogerlas con, odiar [nicht leiden können] — regañar: reprender, gritar — (13) pastel (m.); aquí: tarta [Kuchen] — (14) amargo /a: de sabor desagradable, agrio [bitter] — (20) empujar: hacer que alguien realice algo, llevar, incitar — (21) hacinamiento (m.): aglomeración en un lugar de un número excesivo de personas, amontonamiento, acumulación [Anhäufen] — (24) en sus entrañas: en su interior — (26) escapados: que han huido — (27) paliza (m.): maltrato físico — (32) dar caza: perseguir para eliminar — (35) cazarecompensas; aquí: persona que obtiene una recompensación por su crimen — (40) miliciano (m.): persona que asume la función de soldado sin serlo — (42) placa (f.): distintivo que lleva la policía (en civil) para poder identificarse — (47) garota [portugesisch] (f.): chica — (52) alcantarillas (f. p.): canalización para las aguas usadas

Cuestionario de estudio

Elaboración y comprensión

a) Preguntas sobre el texto

1. ¿Por qué dejó la madre Medellín? — 2. ¿De qué trabajaba? — 3. ¿Qué le aconsejaron cuando salió de Medellín? — 4. ¿Aceptó la madre la propuesta? — 5. ¿Por qué se separó de su marido? — 6. ¿Cuáles fueron los motivos por los que el niño se fue de la casa de su madre? — 7. ¿Quién es Manu Legueneche? — 8. ¿En qué partes del mundo se encuentra la mayor parte de los niños de la calle? — 9. ¿Se puede decir, según el autor, que la distribución de los «meninos da rua» está en relación directa con la pobreza

de los países? — 10. ¿Por qué tienen que abandonar los campesinos latinoamericanos las zonas rurales? — 11. ¿Cómo describe Marta Iglesias la situación del Brasil actual? — 12. ¿Por qué salen muchos niños brasileños de sus casas? — 13. Exponga con sus propias palabras el círculo vicioso en el que se encuentran los niños de la calle brasileños? — 14. ¿Qué nombre recibían en otro tiempo los justicieros? — 15. ¿Quienes financian a los justicieros? — 16. ¿Cómo justifican los justicieros su labor? — 17. ¿Qué sucedió en una comisaría de Río en el mes de enero de 1989? — 18. ¿Quiénes fueron los autores de los asesinatos? — 19. ¿Sabe usted algo de la guerra de Bosnia? — 20. ¿A qué contradicción se alude al final del texto con referencia la turismo? — 21. ¿Se puede decir que Brasil es un caso único en Latinoamérica? — 22. Explique en contenido y la función del título del texto que analizamos.

b) Léxico y gramática

I Escriba y traduzca los substantivos que pueden corresponder a los siguientes verbos.

alcanzar	...	aumentar	...	buscar	...
castigar	...	conocer	...	convenir	...
crecer	...	probar	...	demostrar	...
depender	...	descubrir	...	disminuir	...
distanciar	...	eliminar	...	amenazar	...
emigrar	...	encontrar	...	evadirse	...
examinar	...	identificar	...	incrementar	...
investigar	...	justificar	...	limpiar	...
mutilar	...	pasar	...	pelear	...
perder	...	perseguir	...	pertenecer	...
preferir	...	proponer	...	rebelarse	...
recibir	...	regalar	...	relatar	...
repartir	...	resignarse	...	separar	...
sufrir	...	suplicar	...	venir	...

II ¿Indicativo o Subjuntivo?

1. A Bernardo le prohibieron que [él] (comer) productos lácteos. — 2. Me ha dado mucha alegría que [tú] (aprobar) todo en junio. — 3. Es una verdadera lástima que (invertirse) tan poco dinero en restaurar las iglesias de esta ciudad. — 4. No saldremos de casa porque [nosotros] (estar) esperando que nos (dar) noticias de Elisa, que todavía (estar) en el hospital. — 5. Un conocido médico declaró que no (ser) cierto que la delincuencia (ser) debida a la herencia genética. — 6. Prefiero que [usted] (esperar) hasta que (llegar) el jefe y (hablar) con él personalmente. — 7. Te llamo para decirte que [nosotros] (llegar) bien. — 8. Los empleados de esta empresa iniciaron una protesta para que les (subir) el sueldo. — 9. Aunque [yo] (llevar) muchos años fuera de mi tierra, aún conservo el deje aragonés. — 10. Cuando (esquilar) todas las ovejas, venderán la lana. — 11. Estuvimos esperando a que [ellos] (darnos) una respuesta hasta las once de la noche. — 12. Es mejor que [nosotros] (hablar) más bajo porque los niños ya (estar) durmiendo. — 13. Como la lavadora (estropearse) cada dos por tres, hemos decidido comprar una nueva. — 14. Eusebio es tan exagerado que nadie (dar) crédito a lo que

[él] (dice). — 15. Es necesario que [tú] (economizar) un poco más. — 16. Aunque (ser) por motivos totalmente diferentes, los dos hermanos decidieron abandonar la ciudad. — 17. Cuando [tú] (cumplir) los dieciocho, podrás votar. — 18. Los habitantes temían que la lava (llegar) hasta el poblado. — 19. Aunque [ellos] (estar) discutiendo constantemente, no pueden vivir el uno sin el otro. — 20. Roberto se cogió el coche sin que su padre (saberlo). — 21. Es una imprudencia que [tú] (irse) lloviendo tanto. — 22. Su padre le dijo que (mejorar) su comportamiento. — 23. Aunque (haber) muchísimos que no lo quieren reconocer, en algunas regiones de España todavía (existir) mucha pobreza. — 24. No es justo que ellos (acusarnos) sin tener pruebas. — 25. Sentimos mucho que [tú] (tener) que irte hoy. — 26. No me gusta que [tú] (decidir) con esa ligereza cosas tan trascendentales. — 27. Es lógico que no (querer) verte después de lo que [tú] (hacerle). — 28. Haga el favor de llamarme cuando [usted] (terminar) el trabajo. — 29. Les pidió que [ellos] (tener) un poco más de paciencia. — 30. No toleraba que alguien (levantarle) la voz.

III Estilo indirecto

1. «Hay matanza de niños por todas las grandes ciudades del país, cometidas por grupos de exterminio que matan al menos un niño al día. Es un fenómeno que sigue creciendo a pesar de que el tema se banalice y aparezca cada vez menos en la prensa.»

   El periodista brasileño Gilberto Dimenstein declaró hace algunos meses que ...

2. «En Brasil hay alrededor de siete millones de niños en la calle. Pero no hay posibilidad de obtener estadísticas fiables. Está comprobada la existencia de cementerios clandestinos. De cada cuatro asesinatos, el aparato oficial del Instituto Medico Legal reconoce sólo uno.»

   El periodista, que es autor de un libro sobre los niños de la calle, dijo también que ...

3. Los niños de la calle viven en un laberinto en el que confluyen delincuentes, grupos de exterminio y policías corruptos, pagados por narcotraficantes y comerciantes.

   Consultado sobre quienes eran los autores de los asesinatos, el periodista indicó que ...

4. Lo inquietante es que hay un apoyo popular a esta matanza. En *Fohla de Sao Paulo* hicimos una encuesta que reveló que el 30 por ciento de la población está de acuerdo con estas muertes, porque los asocian a la delincuencia. Es común la frase: un niño que roba no es un niño, es un bandido.

   Al final de la entrevista, Gilberto Dimenstein declaró también que ...

   InterPress Seviche, 1994

IV Ponga el texto en el pasado

Un año en París

Cuando [yo] (terminar) de estudiar en la universidad, (irse) a París. Al principio [yo] no (tener) trabajo y (vivir) del poco dinero que (mandarme) mi familia, así que (ser) bastante pobre: [Yo] (comprar) siempre lo más barato y jamás (poder) coger un taxi, siempre (ir) en metro o andando. Luego (encontrar) un trabajo de profesora de español en una academia. (Ellos) (pagarme) una miseria, pero juntándolo con lo de mi familia, [yo] (tener) lo suficiente para ir de vez en cuando al cine o a algún restaurante. (Trabajar) más de ocho horas diarias. (Ser) agotador. En la academia [yo] (conocer) a Thomas, un irlandés que (dar) clases de inglés. Thomas (ser) vegetariano y (pasarse) horas enteras hablándonos de su vida sana y natural. Pero los demás (seguir) fumando y yo (acordarme) especialmente del riquísimo jamón serrano que comemos en España. Me acuerdo de un día, en el que [yo] (estar) tomando una cerveza en un bar de Pigalle. (Entrar) en el bar un viejo, ciego y muy mal vestido, acompañado de un niño de unos doce años, también con la ropa muy usada. El viejo (ponerse) a recitar con voz lastimera una historia que (hablar) de amor y de celos. El dueño del bar (interrumpirle) y (decirle) que (callarse), pero un joven que (estar) en el bar (salir) en defensa del ciego y le (replicar) al dueño que el ciego no (hacer) daño a nadie y que (dejarlo) terminar. Mientras el niño (pasar) entre los clientes una cajita metálica. Cuando el ciego (terminar) su historia, [yo] (marcharme). Éstas (ser) algunas anécdotas de mi vida en París en donde (estar) un año. Luego (volver) a Madrid.

Un año en París. Francisca Castro, Uso, Madrid 2003
Texto ligeramente modificado

Lectura comentada

Río de Janeiro intenta sacar de las calles a miles de niños mendigos

El Estado de Río ostenta el récord negativo de muertes violentas de jóvenes de Brasil, con un total de 285 muertes por 100.000 habitantes, frente a la media nacional de 175. La operación, que está inspirada en la que años atrás se llevó con éxito en Nueva York, de Tolerancia Cero, afectará a toda la ciudad, pero se iniciará en el castizo barrio de Copacabana, donde se concentra el 80% del turismo de Río y que se ha convertido en el barrio preferido por los jubilados, que ya habían comenzado a encerrarse en sus casas ante el miedo de ser asaltados en la calle.

La primera medida consistirá en retirar de las calles a todos los niños abandonados, mendigos, moradores al aire libre o en las playas (familias enteras) y vendedores callejeros que comercian con lo robado entre ciudadanos y turistas. Lo más delicado es la retirada de los miles de niños, ya que, según explicó el alcalde Maia a este corresponsal, existe una ley por la que no se puede impedir a un niño vivir en la calle si lo desea. De hecho, el juez de la Infancia, Siro Darlan, declaró que sólo apoyará la iniciativa del Gobierno si va unida a «acciones sociales» a favor de los niños y jóvenes, como hacer que frecuenten la escuela.

La alcaldía de Río ya ha intentado retirar a los niños de la calle en muchas otras ocasiones, pero sin éxito. A los pocos días vuelven de nuevo. Generalmente han escapado de la violencia familiar o sus propios padres los mandan para que vivan en las calles atracando a la gente. Lo mismo sucede con los mendigos y con las familias enteras que han tomado la playa de Copacabana como dormitorio, muchas veces frente a los hoteles más lujosos de Río.

El problema es que los narcotraficantes se sirven de todo ese submundo de miseria para sus planes y para aterrorizar a los ciudadanos. Buena parte de los vendedores ambulantes acaban revelándose como vendedores de droga y alcahuetes de los traficantes.

La operación para la *limpieza* de Copacabana implica colocar en plazas y calles a 1.100 policías más e instalar 500 cámaras de televisión, con un coste de 35 millones de dólares, para vigilar el barrio por todos sus costados. Además, intervendrán policías militares y técnicos de la Fundación León XIII, que busca abrigo para los que viven al raso.

Juan Arias, El País 17-06-2003

EL RELATO DE GERSON ANTONIO DA SILVA

«El chirrido de los frenos rompió el silencio de la madrugada en el suburbio carioca. Las portezuelas del coche se abrieron, y dos niños negros, descalzos y semidesnudos, se bajaron y comenzaron a correr, con las manos atadas a la espalda con alambres. No llegaron muy lejos, cuatro hombres se bajaron rápidamente del automóvil y descargaron sus armas sobre ellos. Antes de volver al vehículo, los verdugos se acercaron a los cuerpos pequeños y esmirriados y les pusieron en las manos sendas hojas de papel. Enseguida el coche partió. Al despuntar el alba los vecinos encontraron un solo cadáver y en sus manos un papel explicaba, «Estoy muerto porque soy un ladrón y nunca iba a dejar de serlo». Quién relató el crimen fue la otra víctima Gerson Antonio Da Silva que salvó milagrosamente su vida.

Gerson es uno de los siete millones de menores abandonados que, según las estadísticas del gobierno, viven en las calles y plazas de las grandes metrópolis brasileñas, donde sobreviven cuidando vehículos, asaltando viandantes, lustrando zapatos, pidiendo limosnas, prostituyéndose o sirviendo a los narcotraficantes como vigías o correos de la droga. Estos niños son las víctimas preferidas de los escuadrones de la muerte, grupos paramilitares que surgieron para eliminar a los enemigos de la dictadura de 1964-1985. Hoy, desempleados, trabajan al servicio de comerciantes para eliminar a delincuentes o meros sospechosos; y, en algunos casos, también prestan servicios a los traficantes de drogas.

Durante los primeros diez meses de 1991 los grupos de extermino mataron a 340 niños y adolescentes callejeros. Una comisión parlamentaria que investigó esta dramática situación concluyó que desde 1987 los escuadrones de la muerte mataron por lo menos a 7000 niños y adolescentes.

Así son arrojados a la calle por la disgregación familiar generada por la miseria, son oriundos de las ciudades satélites de grandes metrópolis o bien de las favelas, se alejan de sus hogares en busca de comida o escapando de los conflictos familiares, del abandono en el propio hogar. Las escuelas públicas no los reciben, so pretexto de que no existen oficialmente, pues no tienen domicilio ni documentos. En realidad son sumamente conflictivos y ya han fracasado numerosos intentos de integración.

Sin familias, sin papeles y sin derechos, los pequeños son utilizados como objetos descartables por policías corruptos o narcotraficantes. En las favelas, en terrenos baldíos de los barrios periféricos de ciudades satélites, de metrópolis como Río de Janeiro, como Baixada Fluminense, una de las más violentas del mundo, florecen los cementerios clandestinos, donde los «justicieros» entierran a sus víctimas. A veces dos pedazos de maderas atadas con alambres en forma de cruz son el único recuerdo, o son arrojados a fosas comunes o permanecen en la nevera del Instituto de Medicina Forense pues la Ley brasileña no permite inhumar los cuerpos sin identificación.

Durante su corta existencia, los niños de la calle, seres sin nombre, sin derechos y sin registro legal, permanecen al margen de la familia, la escuela y la sociedad.»

El País, 10-1-1992 (505 palabras)

Anotaciones

(1) chirrido (m.) : sonido, ruido agudo y desagradable — (3) semidesnudo /a : a medio vestir [halbnackt] — (4) alambre (m.) : hilo de metal [Draht] — (5) descargar las armas: disparar, hacer fuego, tirar — (6) esmirriado /a : que tiene un aspecto débil y enfermizo — (7) sendas; aquí: dos — al despuntar el alba: al comenzar el día — (15) vigía (m. f.): persona que observa lo que ocurre para contárselo a otro, espía [Spion] — (16) surgir: aparecer, comenzar a existir, ser creado — (17) desempleado /a: que está sin trabajo, desocupado, en el paro — (24) arrojar: expulsar, tirar — (25) ser oriundo de: haber nacido en, provenir de, ser originario de — (27) so pretexto de: diciendo como excusa — (31) descartable: innecesario, prescindible — (32) baldío /a: abandonado, que está sin cultivar

Análisis y comentario

1. Cuente con sus propias palabras el asesinato del que se nos informa al comienzo del texto.
2. En el texto se habla de los escuadrones de la muerte.
   a) Describa a estas bandas partiendo de la informaciones que se encuentran en el texto.
   b) En las manos del niño asesinado los asesinos dejaron un papel con un mensaje para quienes los descubrieran.
   Exponga y comente el contenido del mensaje.
3. ¿De qué viven los niños de la calle?
4. Exponga algunas de las causas por las que los niños de la calle son perseguidos y asesinados.

ACOSO AL PADRE DE LOS MENINOS DE BRASIL

Vôlmer do Nascimento, el creador del Movimento Nacional de Meninos e Meninas da Rua de Brasil (MNMMR), vive amenazado de muerte, tras retirársele la protección policial desde hace dos años. Sobre él, por otra parte, pesan dos condenas –aún no definitivas–: una a siete años por calumnia y difamación contra dos jueces, y otra por simular haber sido secuestrado. El MNMMR trata de luchar contra una realidad social en la que, según sus cifras, sólo en un trimestre fueron asesinados en Río de Janeiro más de 300 menores sin casa. Denunciar la masacre de niños de la calle perpetrada por *escuadrones de la muerte* e intentar revelar quiénes financian a los ejecutores ha puesto a Vôlmer que en 1991 recibió para su organización el premio de la Asociación Pro Derechos Humanos de España (APDHE) contra las cuerdas. En abril de ese año Vôlmer, tras desaparecer dos días en Río, se presentó en un hospital y dijo haber escapado de unos secuestradores que se disponían a matarle. Según su testimonio, una mujer le instó a acompañarle para defender a un niño de la calle que estaba siendo torturado en una comisaría: de pronto cuatro hombres armados le introdujeron en un coche y le condujeron a una casa indeterminada, de la que logró escapar. Vôlmer acusó del secuestro a asociaciones de comerciantes del barrio de la Baixada Fluminense y también a dos jueces que, según su versión, financiaban y encubrían a *los escuadrones.* Sólo en diez meses de 1991 Vôlmer denunció 340 asesinatos de menores; el ministro de Infancia y Adolescencia le replicó que habían sido 293, «una mejoría respecto a 1990».

Precisamente en 1990 un desconocido había amenazado con una pistola a Vôlmer, tras denunciar la existencia de un grupo de exterminadores *justicieiros,* se autodenominan en la zona de Duque de Caxias (las investigaciones posteriores le darían la razón). Días después, la Policía Federal le puso una escolta. En abril de 1991 se inició una correspondencia entre ese cuerpo de seguridad y la Policía Militar de Río sobre a quién corresponde la protección a Vôlmer y a Tánia Maria Salles Moreira, fiscal ligada al MNMMR. En el laberinto burocrático, Vôlmer quedó sin protección el día 24. El 25, a las 11,30 horas, desapareció. A las 15,30 Tánia quedó sin protección policial. Dos días después, Vôlmer relató haber sido secuestrado.

Vôlmer tiene hoy interpuesto recurso contra dos sentencias adversas. El tribunal declaró falsa su denuncia de secuestro, y le condenó a dos años: el primero de trabajo comunitario y el segundo de comparecencia mensual. Vôlmer fue condenado después a siete años en régimen semiabierto por declaraciones en prensa acusatorias contra los jueces Mário dos Santos Paulo y Rubens Medeiros como cita la sentencia «los principales responsables del secuestro» e integrantes «de una mafia que manda en la Justicia de Río».Vôlmer negó haber hecho referencia expresa a los jueces, pero la juez Sirley Abréu no lo aceptó y señaló que el acusado no podía «ser considerado como de buenos antecedentes, por su condena en otro proceso». La magistrada rubricó que «los motivos que le llevaron a cometer los delitos son mezquinos, en la medida en que incluso pretende culpar a miembros del Poder Judicial da la situación caótica de los menores abandonados y conocidos como *meninos e meninas da rua»* [niños de la calle].

Desde entonces Vôlmer pasó a una especie de *clandestinidad,* tratando de no ofrecer blanco a las balas ni al acoso judicial que cualquier declaración suya podría desencadenar. Cada vez que sale de Brasil invitado por alguna institución extranjera, debe notificarlo.

Pero el Movimento no se rinde. El MNMMR cuenta hoy con más de 20 oficinas en Brasil y unos 3.000 voluntarios. Los fondos principales le llegan de fundaciones religiosas como Misereor, de Alemania, o De Wall, de Holanda, además de colaboraciones de Amnistía Internacional. El objetivo de la organización es concienciar a la clase media brasileña de ese exterminio bajo la alfombra, y que ese sentimiento se traduzca en presiones a los gobernantes.

Miguel Bayón, El País, 2-5-1993 (678 palabras)

Anotaciones

(4) amenazado /a: intimidado [bedroht] — retirar: privar de, dejar sin — (6) sobre él pesan: contra él existen — (8) calumnia (f.): acusación falsa que se hace contra una persona, maledicencia — (9) simular: fingir, inventarse algo que no es real — (13) perpetrado /a: llevado a cabo, realizado, consumado — poner contra las cuerdas: poner en una situación comprometida o sin salida — escapar: huir, fugarse, evadirse — (18) instar: pedir con insistencia, apremiar, urgir — (20) lograr: conseguir, poder, ser capaz de — (21) secuestro (m.): retención de una persona contra su voluntad, rapto [Entführung] — (22) encubrir: ocultar, camuflar — (24) replicar; aquí: corregir, objetar, contradecir — (28) escolta (f.): acompañamiento policial para proteger a alguien —(30) ligado /a a: que trabaja para, que colabora con — (34) interponer recuso (judicial): reclamar contra la sentencia de un tribunal — (36) comparecencia (f.): obligación de presentarse personalmente — (37) régimen (m.): semiabierto: (libertad) bajo fianza [gegen Kaution] — (42) rubricar: confirmar, subscribir — (43) mezquino /a: bajo, miserable, avaricioso — (54) concienciar: hacer que se tome conciencia — (55) bajo alfombra: camuflado, encubierto

Cuestionario de estudio

Elaboración y comprensión

a) Preguntas sobre el texto

1. ¿Quién es Vôlmar do Nascimento? — 2. ¿Por qué tuvo que temer por su vida? — 3. ¿Cuántos niños habían sido asesinados en Río de Janeiro en un solo trimestre? 4. ¿Quién lo galardonó con un premio en 1991? — 5. ¿Para qué pidió una mujer a Vôlmar que le acompañase? — 6. ¿Qué hicieron con él cuatro hombres armados? — 7. ¿De qué acusó a dos jueces? — 8. ¿Cuántos asesinatos denunció con referencia al año 1991? — 9. ¿Quién le amenazó en 1990? — 10. ¿Por qué fue amenazado? — 11. ¿Cómo reaccionó la Policía Federal cuando se confirmó la veracidad de la denuncia de Vôlmar? — 12. ¿Qué otra persona recibió escolta militar? — 13. ¿Cuándo se quedó Vôlmar sin protección? — 14. ¿Qué pasó al día siguiente? — 15. Exponga las dos acusaciones de las que se hace objeto al creador del MNMMR. — 16. ¿Qué es lo que le obligaba a vivir en cierto modo en la clandestinidad? — 17. ¿Qué tenía que hacer cuando dejaba el país? — 18. ¿Qué nos dice Miguel Bayón del MNMMR?

b) Léxico y gramática

I Escriba los artículos y los posibles verbos que pueden corresponder a los siguientes substantivos.

... testimonio	...	... sentencia	...	... secuestro	...
... réplica	...	... referencia	...	... recurso	...
... prueba	...	... protección	...	... organización	...
... garantía	...	... fusilamiento	...	... fundación	...
... expediente	...	... escolta	...	... eliminación	...
... ejecución	...	... duda	...	... disposición	...
... difamación	...	... dictamen	...	... denuncia	...
... demanda	...	... delito	...	... defensa	...
... declaración	...	... custodia	...	... creador	...
... correspondencia	...	... conducción	...	... condena	...
... comparecencia	...	... calumnia	...	... auxilio	...
... asesinato	...	... apelación	...	... amenaza	...
... acusación	...	... acoso	...	... afrenta	...
... abstención	...	... absolución	...	... abandono	...

II Busque al intruso.

1. deducir — dudar — olvidar — pensar — recordar — reflexionar — resolver — saber — volver.
2. reservar — recepción — parador — huésped — hostal — habitación — formulario — escuela — camarero
3. incierto — increíble — indudable — inolvidable — inquieto — intacto — interesado — inútil — involuntario

4. receta — quirófano — pastilla — hospital — farmacia — especialista — consulta — clínica — apartamento
5. cocer — coger — doler — llover — morder — resolver — soler — torcer — volver
6. salida — problema — familia — fábrica — epidemia — entrada — droga — choza — chabola
7. afirmar — alabar — comentar — decir — declarar — explicar — expresar — pensar — revelar
8. sable — puñal — pistola — daga — navaja — machete — lanza — hacha — espada

II Ponga en el pasado

La casa de campo

José y su mujer quieren vivir en el campo porque están hartos de la contaminación y del ruido de los coches de la ciudad. Así que se compran una casa de campo antigua a pocos kilómetros de Madrid. Como no tienen mucho dinero José decide restaurarla solo. El primer día, cuando está pintando los techos, José se cae de la escalera, pero afortunadamente no se hace nada grave, sólo algunos moratones. Como es la época de la siembra piensa que será bueno plantar algunas hortalizas para comerlas en verano, recién cogidas. Después de trabajar con la azada todo un día, sólo consigue preparar dos pequeños surcos para media docena de lechugas. Por su parte, Cristina tampoco es muy feliz. La casa no tiene las comodidades que tenía en su piso: no dispone de lavavajillas o aspiradora y además todo está más sucio por el polvo. Después de cinco meses de vida campestre los dos están agotados y sólo piensan en un piso en la ciudad. Así que deciden vender la casa y marcharse a vivir a la ciudad otra vez con la contaminación y el ruido de los coches.

Inspirado en: Francisca Castro, Uso, Edelsa, Madrid 1997

III Complete las frases

1. *a — a la fuerza — cuando — el proceso — me desperté — muertos — que hay — se estremecieron — una pistola*
   Hasta los más insensibles ... ayer en el Juzgado de Río donde se celebra ... contra los policías ... Wagner dos Santos inició su relato. «Nos despertaron en mitad de la noche y los cuatro hombres que están ahí sentados nos metieron ... a mis dos compañeros y a mí en un coche. Entonces uno de ellos sacó ... y me la puso en la cabeza diciendo: «Te voy a sacar a tiros los sesos de tu cabeza» . Empezaron ... golpearnos y perdí el sentido. Cuando ..., estaba tendido sobre la acera ... junto al museo de arte con mis dos compañeros ... junto a mí».

2. *tiene — se detenían — muy — medidas — los cristales — en las — carioca — acogido por*
   Wagner, que ahora ... 24 años, sobrevivía ... calles de Río de Janeiro desde ... niño limpiando ... de los coches que ... en los semáforos. El joven llegó a la capital ... el pasado sábado en medio de grandes ... de seguridad, en un avión procedente de Suiza, país donde vive ... la organización Amnistía Internacional.

3. *celebrar — declarar — implicados — los testigos — policías — siempre que — una gorra de béisbol*

Tradicionalmente, ... en Brasil se ha intentado ... un juicio contra ... o empresarios ... en matanzas de «niños de la calle», ... «desaparecen» o mueren «misteriosamente». Por eso, Wagner acudió a ... con gafas de sol, gabardina y con ... calada hasta las cejas.

Adolfo Montejo, De «niño de la calle» a testigo de cargo, El Mundo, 1-5-1996

IV Modismos

dormir — he visto — no tengo dinero — ponen su vida en peligro — reducir mucho los gastos — regañaron — tiene graves problemas económicos — totalmente ilusorias.

1. Le *he echado el ojo a* una impresora barata y mañana iré a comprármela.
2. Atraviesan el Estrecho en embarcaciones frágiles y *se juegan el pellejo.*
3. Este fin de semana no puedo salir porque *estoy sin chapa.*
4. Los ganancias que esperan obtener son *como el cuento de la lechera.*
5. Su hermano *está con el agua al cuello* porque debe mucho dinero.
6. Cuando se quedó en el paro se tuvo que *apretar el cinturón* para ahorrar algún dinero.
7. Me he pasado la noche sin *pegar un ojo.*
8. Volvió muy tarde a casa y sus padres le *echaron los perros.*

V Traducción

Amnistía Internacional convoca para el próximo día 25 de septiembre un acto público mediante el cual desea informar a la opinión pública española de la gravísima violación de los derechos humanos que sufren multitud de niños y jóvenes en Honduras, tragedia que, por desgracia, no cuenta con la debida difusión en los medios de comunicación, por lo que pasa desapercibida para la inmensa mayoría de la población internacional.

Según las organizaciones no gubernamentales, se estima que sólo en el periodo de 1998 a 2002 han sido víctimas de asesinatos y ejecuciones extrajudiciales más de 1.500 niños y jóvenes en este país. La mayor parte de estas víctimas viven en la pobreza, al margen de la sociedad, condenadas al anonimato y a la indiferencia. Existe un número preocupante de casos en los que se ha informado de la participación de miembros de las fuerzas de seguridad y otras personas que actúan con el consentimiento implícito de las autoridades. Una parte de estos crímenes se han producido en el contexto de la lucha entre las pandillas conocidas como maras.

Amnistía Internacional lamenta que las promesas efectuadas por el Presidente Ricardo Maduro tras tomar el poder en enero de 2002 de investigar y aclarar estos casos no hayan tenido ninguna influencia en la reducción del número de muertes. Amnistía Internacional considera que el Gobierno de Honduras tiene la responsabilidad y el deber de investigar estas muertes, de llevar a los responsables ante la Justicia y de tomar las medidas adecuadas para que estas graves injusticias no sigan repitiéndose en el futuro.

Menores en peligro, Comunicado de Amnistia Internacional, 22-09-2003

EL PAN DE LOS ANGELES

No cambia de lugar por mucho que quieras
se agarra por detrás la boca del caimán.
Escuadrones de la muerte
limpian la ciudad
pagan los comerciantes
en un silencio mortal.
Del miedo es la primera línea
para los hijos de la violación
y la amenaza del olvido
pegada al cuello.

La bola se balancea cada vez más cerca
rompe el aire confundida y peligrosamente.
Río de Janeiro todos los días carnaval
meninos de la rua, mulata ¿dónde están?
Del miedo es la primera línea
para los hijos de la violación.
Y la amenaza del olvido
pegada al cuello... pegada al cuello.

El pan, el pan de los ángeles
el pan, el pan del predicador.
El futuro que se ve siempre anda descalzo
tras las rejas otro muro
y arde la favela.

Desde que aprendes a pisar
no cambia de lugar por mucho que quieras,
desde que aprendes a pisar
escuadrones de la muerte limpian la ciudad,
desde que aprendes a pisar
meninos de la rua, mulata ¿dónde están?

Barricada

LA CIUDAD COMO CÁRCEL

La sociedad de consumo, que consume gente, obliga a la gente a consumir, mientras la televisión imparte cursos de violencia a letrados y analfabetos. Los que nada tienen pueden vivir muy lejos de los que tienen todo, pero cada día los espían por la pantalla chica. La televisión exhibe el obsceno derroche de la fiesta del consumo y a la vez enseña el arte de abrirse paso a tiros.

La realidad imita a la tele, la violencia callejera es la continuación de la televisión por otros medios. Los niños de la calle practican la iniciativa privada en el delito, que es el único campo donde pueden desarrollarla. Sus derechos humanos se reducen a robar y a morir. Los cachorros de tigre, abandonados a su suerte, salen de cacería. En cualquier esquina pegan el zarpazo y huyen. La vida acaba temprano, consumida por el pegamento y otras drogas buenas para engañar el hambre y el frío y la soledad; o acaba la vida cuando alguna bala la corta en seco.

Caminar por las calles de las grandes ciudades latinoamericanas, se está convirtiendo en una actividad de alto riesgo. Quedarse en casa, también. La ciudad como cárcel: quien no está preso de la necesidad está preso del miedo. Quien tiene algo, por poco qué sea, vive bajo estado de amenaza, condenado al pánico del próximo asalto. Quien tiene mucho, vive encerrado en las fortalezas de la seguridad. Los grandes edificios y conjuntos residenciales son castillos feudales de la era electrónica. Les falta el foso de los cocodrilos es verdad, y también les falta la majestuosa belleza de los castillos de la Edad Media, pero tienen grandes rejas levadizas, altas murallas, torres de vigía y guardias armados.

El Estado, que ya no es paternalista sino policial, no practica la caridad. Pertenecen a la antigüedad los tiempos aquellos de la retórica sobre la domesticación de los descarriados a través de lasudio y del trabajo. En la época de la economía de mercado, las crías humanas sobrantes se eliminan por hambre o tiro. Los niños de la calle, hijos de la mano de obra marginal, no son ni pueden ser útiles a la sociedad. La educación pertenece a quienes pueden pagarla; la represión se ejerce contra quienes no pueden comprarla.

Según el New York Times, entre enero y octubre de 1990, la policía asesinó más de cuarenta niños en las calles de la ciudad de Guatemala. Los cadáveres de los niños, niños mendigos, niños ladrones, niños hurgadores de basura, aparecieron sin lenguas, sin ojos, sin orejas, tirados en los basurales. Según Amnesty International, durante 1989 fueron ejecutados 457 niños y adolescentes en las ciudades brasileñas de Río de Janeiro, San Pablo y Recife. Esos crímenes, cometidos por los Escuadrones de la Muerte y otras fuerzas del orden parapolicial, no han ocurrido en las áreas rurales atrasadas, sino en las más importantes ciudades del Brasil: no han ocurrido donde el capitalismo falta, sino donde sobra. La injusticia social y el desprecio por la vida crecen con el crecimiento de la economía.

En países donde no hay pena de muerte, se aplica cotidianamente la pena de muerte en defensa del derecho de propiedad. Y los fabricantes de opinión suelen hacer la apología del crimen. A mediados de 1990, en la ciudad de Buenos Aires, un ingeniero mató a balazos a dos jóvenes ladrones que huían con el pasacasetes de su automóvil. Bernardo Neustadt, el periodista argentino más influyente, comentó en la televisión: Yo hubiera hecho lo mismo. En las elecciones brasileñas de 1986, Afanásio Jazadji ganó un puesto de diputado en el estado de San Pablo. Él fue uno de los diputados más votados en toda la historia de ese estado. Jazadji había conquistado su inmensa popularidad desde los micrófonos de la radio. Su programa defendía a gritos a los Escuadrones de la Muerte y predicaba la tortura y el exterminio de los delincuentes.

En la civilización del capitalismo salvaje, el derecho de propiedad es más importante que el derecho a la vida. La gente vale menos que las cosas. Resulta revelador, en este sentido, el caso de las leyes de impunidad. Las leyes que absolvieron al terrorismo de Estado ejercido por las dictaduras militares, en los tres países del Sur, perdonaron el crimen y la tortura, pero no perdonaron los delitos contra la propiedad (Chile: decreto-ley 2191, en 1978; Uruguay: Ley 15848, en 1986; Argentina: Ley 23521, en 1987).

Eduardo Galeano, Ser como ellos, Siglo Veintiuno, 1992

Anotaciones

(2) impartir cursos de: dar lecciones de, instruir en, enseñar — letrado (m.): que es culto e instruido, intelectual — (3) espiarlos; aquí: observarlos, informarse bien sobre ellos — (4) pantalla (f.) chica: televisión — derroche (m.): despilfarro, malgaste, dilapidación [Vergeudung] — (8) reducirse a: ser únicamente — (9) cachorro (m.): cría [Welpe] — salir de cacería: salir a cazar — (10) zarpazo (m.): [Prankenhieb] — consumido /a; aquí: destruido, arruinado — (12) en seco: bruscamente, de repente [plötzlich] — (17) forta-

leza (f.): fortificación [Festung] — (18) conjuntos residenciales: zonas de residencia — (19) foso (m.): zanja profuna y alargada que rodea algunas fortalezas y castillos y que, a veces, contiene agua — (20) rejas (f. p.) levadizas: [Zuggitter] — (21) torre (f.) de vigía: atalaya, mirador [Wachturm] — (24) descarriado /a: que se ha apartado del camino del bien [verlaufen] — (25) cría (f.): animal de muy corta edad — (26) mano de obra (f.) marginal: obreros que no tienen trabajo — (31) hurgador /a: buscador — (32) tirado /a: abandonado, dejado [weggeworfen] — (42) pasacasetes (m. s.): [Kassettenrecorder] — (48) predicar; aquí: propagar, defender — salvaje; aquí: brutal, despiadado, inhumano — (51) absolver: declarar inocente

Análisis y comentario

1. Estructure y resuma el contenido del texto.
2. ¿Qué función asigna el autor a la televisión en nuestra sociedad moderna?
3. Eduardo Galeano hace en este artículo una crítica extremamente severa de la sociedad en la que vivimos.
   a) Enumere brevemente los componentes negativos con los que se caracteriza en el texto a nuestro mundo moderno.
   b) Comente las afirmaciones sobre los niños de la calle contenidas en el texto.
   c) Traduzca libremente el primer párrafo del texto.
4. Analice el lenguaje empleado de en texto.

IV
Pandillas, maras y sicarios

LAS PANDILLAS JUVENILES

Las pandillas juveniles constituyen uno de los fenómenos sociales más particulares en la historia reciente salvadoreña. Según datos de la Policía Nacional Civil, para finales de 1996 en El Salvador existían al menos 20 mil jóvenes integrados a las pandillas. La particularidad de este fenómeno no sólo estriba en su rápido crecimiento, sobre todo a partir del fin de la guerra, sino también en las características que este fenómeno ha ido adquiriendo en el país. El fenómeno de las pandillas juveniles, conocidas popularmente como «maras», no es nuevo; ya antes de la firma de los Acuerdos de Paz, existía un buen número de estos grupos no sólo en el área metropolitana de San Salvador, sino también en algunas ciudades del país. Sin embargo, no es sino hasta después del fin de la guerra cuando este fenómeno adquiere las características actuales.

Existen varios aspectos que caracterizan al fenómeno de las pandillas juveniles en la actualidad. La transculturación de normas, valores y formas de vida originarios de las calles de las ciudades norteamericanas; la conformación de grandes pandillas que exceden el simple criterio de territorialidad, pero que lo mantienen a través de la configuración de diversos subgrupos (llamados «clikas») pertenecientes a esas pandillas; el uso recurrente de la violencia, no sólo como forma de defensa sino también como manera de autoafirmación; actividades de orden delincuencial y el elevado nivel de solidaridad y de compromiso que existe entre los miembros de las pandillas.

No obstante, lo que ha hecho más visible y preocupante el fenómeno de las pandillas es precisamente el uso de la violencia y las actividades de orden delincuencial. Para muchos ciudadanos, las pandillas juveniles son, antes que nada, un problema criminal que debería ser erradicado drásticamente; para muchos otros son sólo una expresión de la descomposición social del país en la posguerra y para otros tantos son un grupo de jóvenes en busca de identidad. Con todo, las diversas visiones sobre la problemática han carecido hasta ahora de un esfuerzo profundo y sistemático por estudiar el fenómeno. Todas las perspectivas sobre el fenómeno se han alimentado de las percepciones de quienes, por lo general, están fuera del problema y, en tal sentido, los veredictos han resultado, por un lado, en la «demonización» de las pandillas o, por el otro lado, en la idealización de los motivos de los pandilleros. (...)

ECA, julio-agosto 2002 (397 palabras)

Anotaciones

(1) pandilla (f.): grupo de personas que tienen fines similares, banda, panda — (4) estribar en: fundarse en, basarse en, estar cimentado en — (5) fin de la guerra: acuerdo entre el Frente Farabundo Martí de Liberación Nacional (FMLN) y el Gobierno salvadoreño, que puso fin a doce años de guerra civil y que se firmó en el año 1992 — (6) adquirir: alcanzar, lograr, tomar — (8) área (f.) ¡el!: zona, territorio, demarcación — (13) transculturación (f.): recepción por parte de un grupo de formas de cultura de otro, que se adaptan sin apenas reflexionar y de una forma más o menos completa — originario /a: proveniente, que viene — (14) conformación (f.): nacimiento, formación — (17) recurrente: repetido, constante — (19) compromiso (m.): decisión por la que una persona toma partido en una situación política o ideológica, comprometimiento — (20) visible: que se puede ver, perceptible, manifiesto — (23) erradicar: eliminar, anular, aniquilar, hacer desaparecer — (25) visión (f.): opinión, concepción, interpretación — (26) carecer: no tener, faltar — (27) alimentarse de: nutrirse de, vivir de

Cuestionario de estudio

Elaboración y comprensión

a) Cuestiones sobre el texto

1. ¿Cuántos jóvenes formaban parte de pandillas en El Salvador a finales de 1996? — 2. ¿Son las *maras* un fenómeno realmente nuevo en El Salvador? — 3. ¿Cuándo comenzaron a formarse las pandillas actuales? — 4. ¿Son las pandillas de las que se habla en el texto algo típicamente salvadoreño o latinoamericano? — 5. ¿Qué son las «*clikas*»? — 6. ¿Qué elementos esenciales caracterizan a las pandillas? — 7. ¿Es para los miembros de las pandillas (*pandilleros*) la violencia únicamente un medio de defensa? — 8. ¿Cuál es el componente de las pandillas que más llama la atención en la población? — 9. En la sociedad se pueden constatar tres posiciones frente a las pandillas. Describa brevemente cada una de ellas. — 10. Explique por qué es muy difícil hacerse un juicio objetivo sobre las pandillas. — 11. Explique con la ayuda de una enciclopedia los términos *demonización* e *idealización*.

b) Léxico y gramática

I Complete las frases.

1. La embriaguez que tenía le (impedir) coordinar sus movimientos. — 2. Se imaginó un mudo en el que (existir) la justicia. — 3. Cuanto más pequeños eran los niños, menor (ser) el salario que (recibir) por el mismo trabajo. — 4. Sintió una gran emoción cuando (saber) que (ir) a ser madre. — 5. La policía confiscó a los traficantes doscientos kilos de droga que (llevar) camuflada en un coche. — 6. Su fracaso lo desmotivó tanto que no (volver) a intentarlo. — 7. Los padres estaban muy satisfechos porque su hijo (encontrar) un lugar de trabajo. — 8. Se empecinó con que (tener) que acompañarnos

y al final (acompañarnos) — 9. Había cola en la gasolinera porque aquella noche (subir) el precio de los combustibles. — 10. La asociación se disolvió cuando (cumplir) su cometido. — 11. Utilizaron un detector de mentiras para comprobar si [él] (decir) la verdad. — 12. Su familia emigró a Estados Unidos cuando él (tener) cinco años. — 13. Aquel año desistimos de ir de vacaciones, porque no (tener) dinero. — 14. Se dio cuenta de que (ser) un alcohólico y (decidir) ponerse en tratamiento. — 15. Investigaron los negocios del banquero para ver si (estar) dentro de la legalidad. — 16. El médico le examinó el corazón y (ver) que (estar) normal. — 17. Los niños de la calle acudían sobre todo a los lugares en los que (pensar) que la gente les (ir) a dar dinero. — 18. Su abuelo era muy sistemático, (levantarse) y se (acostarse) todos los días a la misma hora. — 19. El conductor se salió de la carretera porque los faros del camión lo (deslumbrar). — 20. En cuanto se casó, (legitimar) al hijo que su esposa (tener) de soltera. — 21. Las instituciones del país se democratizaron cuando (caer) el régimen dictatorial. — 22. Numerosos trabajadores del campo se trasladaban a las metrópolis porque (pensar) que allí (ir) a vivir mejor que en las zonas rurales. — 23. El Ayuntamiento midió los decibelios de la música del bar y (cerrarlo) porque el ruido (molestar) a los vecinos. — 24. Un equipo de sociólogos ha constatado que una buena parte de los vendedores ambulantes (acabar) (revelarse) como vendedores de droga y vigías de los traficantes.

II Complete con los artículos y los verbos que pueden corresponder a los siguientes substantivos.

... adquisición	...	... afirmación	...	... alcance	...
... alimento	...	... amparo	...	... riesgo	...
... asentamiento	...	... ayuda	...	... base	...
... carencia	...	... composición	...	... compra	...
... comprometimiento	...	... conclusión	...	... consecución	...
... construcción	...	... corona	...	... declaración	...
... descarte	...	... desconocimiento	...	... eliminación	...
... empleo	...	... examen	...	... exceso	...
... falta	...	... final	...	... forma	...
... frecuencia	...	... ignorancia	...	... insistencia	...
... logro	...	... lucha	...	... mantenimiento	...
... necesidad	...	... pensamiento	...	... percepción	...
... práctica	...	... rechazo	...	... recibo	...
... reflexión	...	... reiteración	...	... repetición	...
... sentimiento	...	... separación	...	... sobra	...
... sostén	...	... subsistencia	...	... superación	...
... sustento	...	... uso	...	... utilización	...

III Reemplace los segmentos en cursiva por las expresiones correspondientes y traduzca las frases.

el océano Atlántico — porque esperaban un niño — loco — usado — desistas — trabajar — frecuentemente — causó muchísima impresión — refrenar su orgullo — con mucha claridad

1. Tendremos que *bajarle los humos* porque se cree superior a todo el mundo.
2. Sus clases se comprenden porque se expresa *como un libro abierto*.
3. Se pasa el día sin *pegar golpe*.
4. Se han comprado un coche *de segunda mano*.
5. Se casaron *de penalti* y ahora tienen que vivir en casa de los padres de ella hasta que encuentren empleo.
6. Es una persona que se enfada *cada dos por tres*.
7. No *tires la toalla* tan pronto e inténtalo otra vez.
8. Muchos emigrantes cruzaron *el charco* para hacer fortuna en América.
9. La noticia de la muerte del director *cayó como una bomba*.
10. Ese hombre está *como una regadera*.

IV Traducción

Las pandillas juveniles conocidas como *maras* de marabunta tienen su origen en la ciudad estadounidense de Los Ángeles en la década de los ochenta y entre la población salvadoreña, que fue la que más emigró a la zona de California para huir de la guerra civil (1980-1992).

Luego se extendieron a los núcleos migrantes centroamericanos, específicamente entre los indocumentados. La *mara Salvatrucha* y la *mara 18,* organizadas en la ciudad estadounidense, fueron una respuesta al dominio que ejercía la llamada *Mexican Mafia*.

Pedro Gónzalez, jefe de la División de Investigación Criminal de la policía salvadoreña, indica que el vínculo entre las organizaciones delictivas (dedicadas al pillaje y narcotráfico) se mantiene y se ha extendido por las ciudades de EE UU y las naciones centroamericanas, especialmente en El Salvador. Allí los integrantes de las bandas, organizados en *clicas* especie de pelotones, se calculan en más de 35.000, mientras que en Honduras se estiman en 100.000. (...)

A los jóvenes *mareros* se les identifica por los tatuajes de letras y números góticos que tienen en gran parte del cuerpo. Un estudio titulado *Barrio adentro,* de la Universidad Centroamericana, regentada por jesuitas, explica que el fenómeno, fundamentalmente urbano, de las *maras* está ligado a la pobreza, la violencia y la desintegración familiar.

En Honduras y en Guatemala, la organización humanitaria internacional Casa Alianza ha registrado 50 homicidios diarios de pandilleros juveniles, perpetrados por grupos de exterminio con nexos oficiales. Desde 1998 hasta 2002, se contaron más de 1.500 asesinatos de jóvenes presuntamente *mareros,* en Tegucigalpa y en San Pedro Sula. Por algunos de dichos crímenes están siendo procesados 18 agentes policiales.

Origen y persecución de las «maras» de Centroamérica, J. J. D.,
EL PAÍS, 07-04-2003

Lectura comentada

Un motín en una cárcel de Honduras acaba con 69 muertos y una treintena de heridos

Un amotinamiento y el intento masivo de fuga de los presos de una granja penitenciaria en Honduras ocasionó el sábado la muerte a 69 personas y heridas a otras 30, en su mayoría reclusos del centro, ubicado en la costa atlántica de la provincia de La Ceiba. Todo se originó, según los testimonios y las partes policiales, a las 9.45 (hora local), cuando una riña entre los miembros de las pandillas juveniles, denominadas *maras,* y los internos «no pandilleros» acabó en incendios en las celdas y disparos cruzados entre los presos y los guardianes. Al final, algunos de los encarcelados consiguieron evadirse.

La batalla campal originada en la granja penitenciaria acabó en un suceso que se ha calificado de «horrendo, sangriento y sin precedentes históricos». Los miembros de las dos pandillas rivales que se enfrentaron, denominadas *mara Salvatrucha MS* y *mara 18,* pelearon encarnizadamente. El viernes anterior, las autoridades penitenciarias habían decomisado a los pandilleros más de 42 puñales y varios machetes, sin embargo, en las investigaciones se ha determinado que los *mareros* supuestamente poseían seis armas de fuego, las mismas que fueron usadas en la refriega.

De acuerdo con el recuento oficial tras los hechos, que se prolongaron por espacio de poco más de una hora, murieron 59 pandilleros, seis presos no pandilleros, tres mujeres que estaban de visita y un policía. Muchos de los cuerpos fueron encontrados decapitados y otros carbonizados por el fuego de los incendios provocados que se extendieron por las celdas. Entre los heridos se encuentra una niña recién nacida que, junto a su madre también herida de bala, estaba en la dirección del penal cuando se organizó el amotinamiento.

«En la batalla, un grupo de 26 pandilleros optó por confinarse en la celda número seis para poder defenderse y atacar en grupo, pero como los internos que no pertenecen a banda alguna no estaban dispuestos a dejarlos con vida, los encerraron con llave y les prendieron fuego. La mayoría fueron encontrados carbonizados en el baño del recinto», según narró un corresponsal del diario *La Prensa,* de Tegucigalpa, que fue testigo de lo sucedido.

Los 30 heridos son atendidos, no sin graves complicaciones y carencias materiales, en el hospital Atlántida, donde médicos y enfermeras no han dado abasto. «Hemos recibido a un total de 30 heridos, en su mayoría jóvenes; esto ha sido duro, nunca en la historia de este hospital se había dado un hecho de esta naturaleza. Hemos contado con todo el personal que tenemos en servicio para una mejor atención», afirmó Mirna Martínez, directora del centro hospitalario.

Igualmente, la *morgue* del hospital de La Ceiba no pudo acoger en sus instalaciones a los 68 cadáveres, por lo que fueron trasladados hacia la ciudad de San Pedro Sula, segunda capital de esta nación centroamericana.

El penal, denominado El Porvenir, está a 350 kilómetros al norte de Tegucigalpa. En él están recluidos más de 1.600 reos, en su mayoría miembros de pandillas juveniles, que en Centroamérica se denominan *maras.* Cuando el presidente hondureño, Ricardo Maduro, se acercó hasta el lugar de la matanza dijo sentirse «asustado ante los cuadros» que pudo observar en la institución penitenciaria. Ordenó la destitución y detención del alcaide del penal, Danny Rodríguez, y pidió a sus ministros que investiguen profundamente lo sucedido.

El analista Víctor Meza, director del Centro de Documentación de Honduras (Cedoh), explicó que «la tragedia ocurrida en El Porvenir se veía venir, pero nadie se imaginó que fuera de tal magnitud». «Hay que tener en cuenta que tenemos un obsoleto sistema penitenciario, lentitud de todo el sistema de administración de justicia, incapacidad de las autoridades de poner normas mínimas de orden en el interior de los penales y, finalmente, corrupción. De lo contrario no se podría explicar la existencia de armas en manos de los prisioneros», añadió.

En Honduras, con cinco millones de habitantes, el 60% de ellos en la pobreza, existen 26 centros penales con capacidad para 5.500 reclusos, pero actualmente albergan más de 13.000, de los cuales sólo el 14% ha recibido sentencias debido a los retrasos de la justicia.

Juan José Dalton, El País, 07-04-2003

EL SISTEMA NEOLIBERAL ES LA CAUSA DE LA MISERIA Y DE LA VIOLENCIA

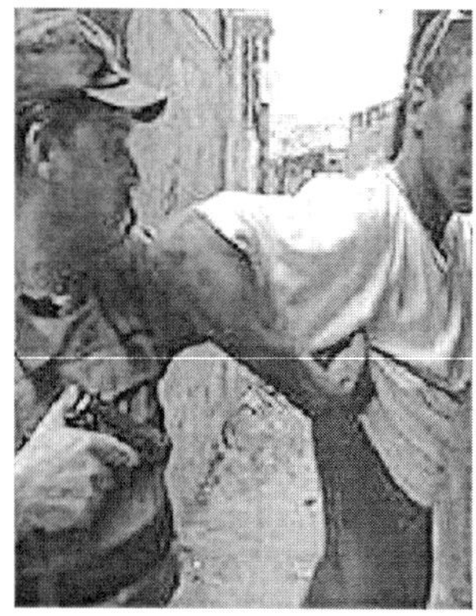

«Se ha elaborado un plan de acción nacional, que pudiera ser la carta de navegación para orientar políticas que conduzcan al rescate de los menores», afirmó la directora de la ONG *Compartir*, Rosa María Nieto. La activista y el jefe de programas de *Casa Alianza*, otra ONG dedicada a la protección de menores, describieron ayer, ante unos 100 estudiantes de periodismo en la Universidad Nacional Autónoma de Honduras (UNAH), la campaña que lleva como lema «no me llame niño de la calle».

El jefe de programas de *Casa Alianza*, Ubaldo Herrera, explicó que los menores huyen de sus casas por la violencia a que son sometidos y por las condiciones de extrema pobreza en sus hogares. Honduras es uno de los países más pobres de América Latina, y según organismos internacionales, el 80% de la población (6,5 millones de habitantes) vive por debajo del umbral de la pobreza. Muchos de los jóvenes «expulsados» de sus hogares se integran en las pandillas, como la *Mara-18 (M-1)* y *Mara Salvatrucha (MS)* integradas por unos 100.000 miembros, según fuentes del Congreso, y son asesinados, prostituidos o utilizados en el tráfico de drogas, dentro y fuera de Honduras, según Herrera.

El problema de estos jóvenes adquirió magnitudes dramáticas la tarde del sábado, cuando miembros de la *Mara-18* recluidos en el penal de la Ceiba, a 400 kilómetros al norte de la capital, protagonizaron un motín que desembocó en la muerte de 69 personas, en su mayoría internos. La educadora de *Compartir*, Flor Osorio, indicó que su ONG trabaja en programas de prevención ayudando a orientar y apoyar a las familias sobre el trato a los niños y, a la vez, rescatando menores de las calles y reintegrándolos en el hogar. La ONG dona alimentos a 11.000 menores de familias pobres de los barrios marginales Los Pinos, Villanueva y Nueva Suyapa, este de Tegucigalpa.

Por otra parte, Casa Alianza es una ONG que en 15 años de trabajo ha rescatado a unos 7.000 niños de la calle y trabaja en la investigación y repatriación de los y las menores que son prostituidos o utilizados para el tráfico de drogas. Casa Alianza también emprende una cruzada para detener las ejecuciones extrajudiciales y dar sepultura a las víctimas. La ONG ha documentado más de 1.500 casos de ejecuciones y acusa al Gobierno hondureño de ser indiferente frente a los crímenes.

Adital, 9-4-2003 (409 palabras)

Anotaciones

(3) rescate (m.): recuperación, liberación, substantivo de rescatar — (9) lema (m.): frase que expresa la intención u objetivo de un grupo, máxima, divisa — (14) hogar (m.): casa, sitio donde vive una familia, domicilio familiar — (16) umbral (m.): borde, límite — (17) pandilla (f.): grupo de personas, cuadrilla, banda — (21) magnitud (f.): dimensión, significado, importancia — (23) protagonizar: llevar a cabo, realizar — desembocar en: terminar con, llevar a — (24) interno (m.); aquí: preso, detenido — (27) donar: dar, entregar — (33) cruzada (f.): campaña, acción — (33) dar sepultura: enterrar

Análisis y cometario

1. Estructure y resuma el contenido del texto.
2. ¿Por qué se integran algunos niños hondureños en pandillas?
3. En el texto se habla de la Mara 18.
   a) Defina el término *Mara.*
   b) Explique, después de leer el artículo de Juan José Dalton (página 145), detenidamente lo sucedido en el penal de Ceiba.
4. ¿A qué se refiere el autor al hablar de ejecuciones extrajudiciales?
5. ¿De qué se acusa en la última parte del texto al Gobierno de Honduras?

PISTOLEROS DE 12 AÑOS

Los médicos estuvieron tres horas tratando de salvar la vida del pequeño José, pero todo resultó inútil: la bala que le penetró por la órbita ocular, le había vaciado una buena parte de la masa encefálica. Su rostro infantil aún olía a pólvora cuando le cubrieron con la sábana. Después de rellenar la ficha, al doctor Fabricio Cousta no le quedó más que despojarse del ensangrentado batín y salir al vestíbulo donde le esperaba la escena de siempre: una madre encogida de espanto a la que no hacía falta anunciar nada, pues la tragedia ya se leía en la cara del cirujano.

En lo que va de año, Cousta ha atendido 20 casos como el de José, menores muertos por heridas de bala y en circunstancias ligadas al narcotráfico. «Al presentar estos datos en un congreso sobre Cirugía en Conflictos Armados [en Jamaica] noté que mis colegas me miraban con escepticismo. Aun en países donde la exposición de menores a estas incidencias es alta, las cifras ni se aproximan a las del genocidio infantil que se produce en Río de Janeiro», dice.

Cinco horas antes de ser conducido a la sala de urgencias, José Carminio Oliveira, de 12 años, había recibido en custodia un arma, una vieja Remington que acumulaba el óxido de las edades y que el chico debía dejar en condiciones de funcionar. Era la prueba que se le exigía para ser admitido como cadete en el Comando Rojo, una de las organizaciones de narcotraficantes más poderosas de Brasil. En el cañón no debía quedar una mota de polvo y el pequeño quiso cerciorarse revisándolo a trasluz. Fue entonces cuando el proyectil que estaba alojado en la recámara se disparó.

José no encaja en el estereotipo del menino do morro («niño de los cerros», que es donde están emplazadas las favelas de Río de Janeiro). Aunque nació en Beira Mar, una favela donde el 70% de los pobladores son indigentes, la tenacidad de su padre permitía a la familia llevar una existencia digna. Pero el hogar bien constituido no le salvó de sucumbir a la fascinación que ejerce sobre los jóvenes el lujo que rodea a los magnates del narcotráfico.

Marcio Mercado, director de la escuela donde estudiaba el chaval, cuenta que cuando fue a dar el pésame a la familia, vio, en la habitación que compartía con sus hermanos, junto a las fotos de los astros de fútbol, un recorte de periódico con la imagen de Luis Fernando Da Costa, jefe máximo del Comando Rojo. El sujeto de rasgos gatunos que sonreía con petulancia desde la pared es uno de los delincuentes más peligrosos de toda América. Un barón carioca que según la Interpol, controla la sexta parte del mercado brasileño de la cocaína.

Da Costa, alias Fernandinho Beira Mar, está recluido en Bangú 1, un presidio de máxima seguridad. Antes de ser capturado, acostumbraba a recorrer las polvorientas calles de su favela natal en un espléndido BMW descapotable, abarrotado de bellas mujeres. Así como los mayores escupían a su paso, los niños se disputaban el honor de cuidarle el coche o de abrillantarle los zapatos acharolados. De regreso a sus chabolas, la pobreza les parecía más lúgubre, y la resignación de sus padres, más humillante.

Quizás esa percepción es la que impulsó a José a tratar de seguir el ejemplo de su ídolo. El periódico O Globo contaba que al enterarse de la muerte de su pequeño admirador, el narcotraficante comentó: «Lástima, ese chiquillo tenía futuro».

La mayoría de la gente ignora que el número de menores caídos en las batallas de las facciones criminales en Río de Janeiro es infinitamente superior al de las víctimas infantiles que se ha cobrado un conflicto tan violento como el de Oriente Medio o el de las guerras tribales en África. Según un informe del Instituto Superior de Estudios Religiosos (ISER), 467 menores, israelíes y palestinos, murieron entre diciembre de 1987 y febrero del 2002, en actos de violencia. En ese mismo período, 3.937 brasileños, menores de 18 años, perecerían en las guerras del narcotráfico. Más significativo aún es el hecho de que, mientras que en Oriente Próximo sólo el 2% de las víctimas fatales tomaban parte activa en la contienda, en Brasil el 70% de los meninos mártires murieron cuando participaban en la acción.

«La actuación de los niños en las guerras territoriales es tan antigua como las propias favelas», dice Inazio Cabrera, un sociólogo que se crió en la barriada de Morro Coroado. «Hasta mediados de los 70, los chicos sólo desempeñaban tareas de estafetas o de vigilantes. Si caían en manos de una banda rival, se les daba un par de bofetadas y se les dejaba ir. La guerra por el control del mercado de las drogas, un fenómeno que cobró auge en los 90, borró cualquier vestigio de humanidad y de compasión hacia los niños. Hoy, si se les hace prisioneros, reciben el mismo trato despiadado que los adultos. En muchas ocasiones se les tortura hasta morir».

A comienzos de este año, Serafín Abreu, un hormiga (joven guerrero) de la banda del Tercer Comando fue secuestrado de la favela de Rocinha por los sicarios de Acero Negro, una facción que disputa con la anterior el control del negocio de la prostitución. Los secuestradores no fueron tan necios como para exigir dinero a unos familiares favelados.

El rescate que pidieron fue que se les entregase a las dos hermanas adolescentes de Serafín para que trabajaran en los lupanares que proliferan en Río. Como los padres del niño tardaron en resolver el dilema, el chico de 14 años fue procesado por un tribunal militar que le acusó de espionaje. Días más tarde, su cuerpo descuartizado fue hallado en un contenedor de basura, frente a su domicilio.

La ejecución del pequeño conmovió profundamente a Tim Lopes, un veterano periodista carioca. Tim se valió de sus contactos en Rocinha (él mismo se crío en la favela) para penetrar en el sórdido mundo de las mafias del narcotráfico. Tenía en vista publicar una serie de artículos en O Globo, bajo el seudónimo de Narcobuster. La primera de las entregas versaba, precisamente, sobre la utilización de los niños como carne de cañón, en la llamada «guerra de los 10 años», que libran el Comando Rojo, Acero Negro y el Tercer Comando por el control de las *bocas do fumo* (locales de distribución de drogas) en Río de Janeiro.

El reportaje decía que al menos 3.000 menores combaten en primera línea, siendo considerados por sus operadores como material desechable. «Los desalmados se aprovechan de la enorme motivación de los meninos, para quienes la pertenencia a una banda constituye la única salida de la miseria. Los reclutas reciben una mensualidad de 200 reales [50 euros]; mucho más de lo que pueden soñar sus padres. Aquellos que logran dominar el manejo de las armas y demuestran su coraje en combate, reciben el doble. No es de extrañar, pues, que los mayores hagan la vista gorda, pese a saber el riesgo a que se exponen los niños. Por lo demás, ¿qué autoridad puede ejercer un padre sin empleo ante un exitoso ejecutivo de la droga?», preguntaba Tim Lopes.

Las heridas por arma de fuego constituyen la principal causa de muerte de los jóvenes de entre 14 y 19 años de Río de Janeiro. De hecho, las balas son responsables del 59% de las muertes de menores en esta ciudad, donde cada año se producen 3.000 fallecimientos por arma de fuego (40.000 en todo Brasil). La mayoría de los niños caídos han sido reclutados de las favelas por facciones criminales relacionadas con el narcotráfico. Según informes militares y policiales, las mafias de Río de Janeiro cuentan en sus filas con unos 3.000 niños y adolescentes a los que incitan a hacer el servicio militar para que se familiaricen con las armas. Los narcos recurren a ellos porque pasan desapercibidos, las justicia es más clemente con ello y, sobre todo, cuestan más baratos en salarios y gastos de abogado. Llamados «kamicazes» por la polícía, son entrenados para manejar fusiles, lanzar granadas, atacar bancos o raptar y asesinar personas.

Ramy Wurgafr, El Mundo, 27-10-2002 (1358 palabras)

Anotaciones

(2) órbita (f.) ocular: cada uno de los dos huecos situados debajo de la frente en los que están colocados los ojos — (3) oler a: [riechen nach] — pólvora (f.): mezcla explosiva [Schießpulver] — (4) sábana (f.): cada una de la piezas de tela que se colocan en la cama y entre las que se introduce la persona que se acuesta [Bettlaken] — rellenar la ficha: tomar los datos personales de alguien — (5) batín (m.); aquí: [Arztkittel] — vestíbulo (m.): sala que se encuentra en la entrada de un edificio — (9) ligado a: que tiene que ver con, relacionado con — (15) en custodia: para guardar como propio — (17) cadete (m.); aquí: principiante, nuevo miembro, aspirante — (18) cañón (m.): parte de un arma de fuego por la que sale la bala [Lauf] — no (ni) una mota: [kein bißchen] —(19) cerciorarse: asegurarse [sich Gewissheit verschaffen] — revisar algo a trasluz: examinar algo poniéndolo entre el ojo y la luz — (20) estaba alojado /a: se encontraba — recámara (f.): [Patronenlager] — (21) encajar: ser compatible, estar en consonancia, estar de acuerdo — (23) favela; aquí: zona en la que hay favelas, barrio de favelas — indigente: persona que no tiene lo necesario para vivir — (28) pésame: expresión con la que se testimonia a una persona allegada a un difunto que se participa en su dolor y su pena — (31) gatuno /a; aquí: agresivo, provocador — petulancia (f.): insolencia, convencimiento de ser superior a los demás — (32) carioca: de Río de Janeiro — (36) descapotable (adj. y subst.): coche cuyo techo se puede plegar — (36) abarrotado /a: lleno — (37) escupir: arrojar saliva de la boca [Spucken] — (38) abrillantar: limpiar, sacar brillo — zapatos acharolados: zapatos de charol [Lackschuhe] — (39) lúgubre: triste, siniestro, tenebroso — (40) humillante: degradante, ofensivo — (45) facción (f.): cada uno de los bandos que intervienen en una guerra o contienda — (47) tribales: adjetivo del substantivo «tribu» — (50) perecer: morir, fallecer — (56) estafeta (m. f.): mensajero — (61) torturar: maltratar, atormentar — (65) necio /a: ingenuo, estúpido — (66) lupanar (m.): prostíbulo, burdel — proliferar: ser abundante, aumentar en número — (69) descuartizado /a: dividido en trozos, destrozado — (73) sórdido /a; aquí: sucio, deshonesto, criminoso — (75) versar sobre: tener como tema, analizar, exponer — (80) material (m.) desechable: personas que se pueden eliminar cuando ya no son necesarias — (84) manejo (m.): utilización, uso, empleo — coraje (m.): valentía, valor — (95) recurrir a: servirse de, emplear — (96) pasar desapercibido: no provocar sospechas

Cuestionario de estudio

Elaboración y comprensión

a) Cuestiones sobre el texto

1.¿Durante cuánto tiempo intentaron los médicos salvar la vida a José? — 2. ¿Tuvieron éxito en su intento? — 3. ¿Qué le había pasado al paciente? — 4. ¿Cómo se llamaba el doctor que trató al muchacho y no pudo salvarlo? — 5. ¿Comunicó el doctor expresamente a la madre el fallecimiento de su hijo? — 6. ¿Cuántos casos de este tipo había tenido el doctor a lo largo de aquel año? — 7. ¿De qué se admiraron sus colegas en el congreso de Jamaica? — 8. ¿Qué había puesto el Comando Rojo a disposición de José Carminio Oliveira? — 9. ¿Que edad tenía el joven? — 10. ¿Qué debía hacer con el arma? — 11. Explique con sus propias palabras cómo murió — 12. ¿Dónde había nacido José? — 13. ¿Qué nos dice el autor de la zona dónde había nacido? — 14. ¿Se puede decir que fue la pobreza lo que llevó a José a elegir el camino de la violencia? — 15. ¿Quién es (era) Marcio Mercado? — 16. ¿Por qué fue a casa de los padres de José? — 17. ¿Qué descubrió el profesor en la habitación de José? — 18. ¿Quién es Luis Fernando da Costa? — 19. ¿Qué nombre se le ha dado al jefe del Comando Rojo? — 20. ¿Dónde se encontraba cuando fue escrito el artículo que analizamos? — 21. ¿Cómo se mostraba en su barrio antes de ser detenido? — 22. ¿Cómo reaccionaban los adultos y los niños ante la actitud de Fernandinho Beira? — 23. ¿Cómo reaccionó Luis Fernando Costa cuando se enteró de la muerte de José? — 24. ¿Qué es lo que muchos desconocen? — 25. ¿Qué es ISER? — 26. ¿Qué informaciones dio este instituto con referencia a los niños brasileños? — 27. ¿Quién es Inazio Cabrera? — 28. Cabrera compara la situación de los niños miembros violentos en los años setenta con la actual. ¿Qué conclusiones saca de la comparación? — 29. ¿De qué banda era miembro Serafín Abreu? — 30. ¿Quiénes lo secuestraron? — 31. ¿Pidió Acero Negro dinero a la familia de Serafín cuando fue secuestrado? — 32. ¿Qué fue lo que pidieron al padre de Serafín? — 33. ¿Cómo reaccionó la banda ante la tardanza dei su padre? — 34. ¿Qué edad tenía Serafín? — 35. ¿A quién conmovió mucho el asesinato de Serafín? — 36. ¿Qué decidió el periodista? — 37. ¿Por qué no le fue difícil al periodista obtener informaciones sobre las mafias del narcotráfico? — 38. ¿Cuál fue el tema del primer número de la serie dedicada al narcotráfico? — 39. ¿Cuántos niños están involucrados en la bandas armadas de traficantes de drogas? — 40. ¿A qué se debe la elevada motivación de los niños armados? — 41.¿Cuánto reciben mensualmente? — 42. ¿Por qué no se oponen los padres de estos niños a su comportamiento violento? — 43. ¿Cuántos niños caen en el combate anualmente en Brasil? — 44. ¿Por qué tienen las mafias del narcotráfico mucho interés en la contratación de niños?

b) Léxico y gramática

I Complete con las preposiciones necesarias.

1. Hoy día los niños se pasan demasiadas horas ... la pantalla ... el televisor. — 2. Todavía no están preparados ... salir. — 3. Las feministas exigen la igualdad ... salarios ... hombres y mujeres. — 4. Ayer ... la noche hacía mucho frío. — 5. Queremos una habitación ... dos personas. — 6. El ordenador permite trabajar ... mayor rapidez. — 7. Todo me va ... mal ... peor. — 8. ¿Me puede decir si este autobús pasa ... el centro? — 9. Yo siempre voy al trabajo ... pie. — 10. El accidente se produjo ... un descuido del conductor. — 11. ... yo y él nunca ha habido problemas. — 12. Tengo que llamar ... teléfono. — 13. Te hemos visto ... la calle ... ella. — 14. Tuvo que responder ... el juez ... el robo cometido. — 15. El coche, lo compramos ... 6.000 euros. — 16. Voy ... la panadería a ... pan. — 17. Las exigencias ... los trabajadores no fueron atendidas ... la empresa. — 18. La casa donde nací fue destruida ... el fuego. — 19. Son dos personas que se odian ... muerte. — 20. Es ... Soria, pero vive ... Zaragoza desde hace muchos

años. — 21. La puerta está cerrada ... llave. — 22. Iba acompañada ... sus hijas. — 23. El vino se obtiene ... la fermentación ... el zumo de las uvas. — 24. La mecanización ... el trabajo agrícola ha dejado ... ocupación ... muchos obreros. — 25. La mujer ... el pelo rubio es la madre ... Jorge. — 26. Este mes están ... vacaciones. — 27. Es el chico ... más cerebro ... toda la clase. — 28. Se fue ... su país ya hace tres años. — 29. Esperamos su llegada ... un momento ... otro. — 30. ¿Te vas ... encargar tú ... las entradas?

II Ponga un poco de orden.

1. pólvora:	a) alumno de una academia militar
2. petulante:	g) no cuesta mucho dinero
3. generalización:	t) también se le llama pantalla chica
4. indigente:	d) en las contiendas bélicas se emplean grandes cantidades de ella
5. facción:	e) persona que no tiene lo necesario para vivir
6. cadete:	f) nombre que recibe cado uno de los bandos que participa en una guerra
7. abuelo:	b) se dice de las personas que se creen superiores a los demás
8. bala:	h) normalmente decimos cárcel
9. barato /a:	i) trabaja en el servicio doméstico
10. presidio:	j) persona que ha pasado la niñez
11. criada:	k) desconocer totalmente
12. adulto:	l) proyectil que lanzan las armas de fuego
13. ignorar:	m) el padre de mi padre
14. balanza:	n) se lo ponen los médicos para trabajar
15. batín:	o) matanza colectiva de personas que no se pueden defender
16. masacre:	p) con ella pesamos los objetos
17. infanticidio:	q) se forma en algunas calles cuando llueve
18. pistolero:	r) asesinato de un niño
19. televisión:	s) usa un arma de fuego para perpetrar homicidios
20. lodo:	c) idea muy simplificada y comúnmente admitida que se tiene a cerca de alguien

III Traducción

Ingreso cada vez más precoz en el tráfico de drogas

Niñas y niños ingresan cada vez más prematuramente en el tráfico de drogas, sea por la venta directa de las mismas o como observadores en puntos estratégicos de ciudades brasileñas. Se calcula que los traficantes ofrecen ese tipo de actividad a cerca de diez mil personas, siendo la mayoría niñas, niños y adolescentes, muchos entre 8 y 9 años. «Un niño que trabaja en el tráfico de drogas difícilmente cumplirá 18 años», afirmó la presidenta del Consejo Estadual de Entorpecedores (Conen), Anita Zippin. Las niñas también siguen el camino de sus hermanos o de otras personas conocidas. Pero en ese caso la situación es todavía peor, ya que pronto se dan cuenta que pueden ganar más dinero por medio de la prostitución. El presidente del Conen añade que, muchas veces, la imagen del tráfico de drogas representa para los niños y niñas la posibilidad de ascensión hacia el mismo respeto y poder conquistado por los traficantes.

Analucia Veloso, Jornal do Estado, 30-1-2003

IV Ponga el texto en el pasado

Cristóbal Colón, el famoso navegante y descubridor de América, nace en Génova (Italia), probablemente en 1451. Aprende el arte de la navegación desde muy joven y viaja mucho por el Mediterráneo y el Atlántico. En 1484 va a Portugal, y pide al rey ayuda para hacer una expedición a la India por una nueva ruta: el Océano Atlántico. El rey de Portugal no le concede la ayuda solicitada. Entonces Colón se traslada a España y pide apoyo a los reyes de España, Isabel y Fernando, para su proyecto. Tiene que esperar unos años pero al fin la reina le pone a su disposición tres carabelas y dinero suficiente para financiar su expedición. Colón sale de Palos (Huelva) en agosto de 1492. Tres meses más tarde, después de un viaje difícil, el joven marinero Rodrigo de Triana ve tierra el día 12 de octubre. Viajan por las islas del Caribe durante dos meses y vuelven a España. Las historias del Nuevo Mundo crean mucha expectación en España y en Europa. Colón hace tres viajes más. Llega a ser un hombre muy rico. Sin embargo en 1499 es destituido como gobernador de las Indias. Muere pobre y desilusionado en 1504 en Valladolid. Colón piensa hasta el día de su muerte que ha llegado a Asia y no a un continente nuevo.

© Marianopolis College, 2002

Lectura comentada

Las Galleras

Las galleras son grupos de jóvenes que se estructuran en cada barrio, en cada calle o en cada esquina. Se definen por el espacio geográfico y social que representan y del cual toman sus nombres. Rechazan ser llamadas «bandas». Se organizan según una jerarquía en la que existe un jefe que decide, al cual se subordinan todos los demás, y a quien se le pide permiso para las acciones que se van a realizar individualmente. Poseen un código propio que es únicamente del conocimiento de los miembros. Les gusta el mismo tipo de música, bailan de la misma manera, salen juntos para pintarrajear paredes y van a los mismos lugares.

Las galleras tratan de «alemanes» a los miembros de otras galleras rivales. Muchas galleras se forman con muchachos de las escuelas públicas, que procuran crear una red de solidaridad. Se ayudan mutuamente con apoyo financiero y emocional. Acostumbran a frecuentar los bailes *funk* o bailes de *house charme;* a estos lugares se va a bailar y a enamorar sin peleas; las discotecas *house charme* cobran entradas más caras. Los que las visitan son denominados *playboys*, se consideran en mejor situación social y segregan a los *funkeros*.

Los espacios en que se mueven las galleras son demarcados, instaurando fronteras no siempre visibles. Se insertan en los territorios ya ocupados, con reglas de comportamiento estructurados por el narcotráfico, a las que se subordinan y que, consecuentemente, definen las posibilidades y los límites de sus acciones. La demarcación territorial y el comportamiento de las galleras se superponen y se subordinan a las cuadrillas del narcotráfico.

Simone Gonçalves de Assis, Situación de la violencia juvenil en Río de Janeiro, 1997

MENORES UTILIZADOS EN TRÁFICO DE DROGAS

Un alto porcentaje de los expendios de droga ubicados en los barrios de Managua utilizan a los menores de edad en el proceso de traslado y venta de estupefacientes.

El comisionado Leonardo Vanegas Berríos, jefe de la Estación Cuatro de Policía, manifestó que las personas dedicadas a ese ilícito negocio emplean muchas modalidades para burlar los planes que realiza la fuerza pública, en el control de este problema.

«Hemos notado que en los últimos meses ha aumentado la cantidad de menores de edad en la venta y trasiego de droga», explicó, al referirse al problema en el Barrio, Jorge Dimitrov.

«Ellos utilizan muchas mañas para evadir la justicia en este negocio, pero sobre todo utilizan niños en el traslado y venta de drogas, porque saben que de esa manera la operación es menos riesgosa que cuando se emplea a un adulto, porque la Policía no le daría el mismo tratamiento que a un menor de edad», agregó.

Ese es un aspecto negativo que a nosotros nos dificulta el trabajo de control de los expendios de droga, y ocurre no sólo en el Jorge Dimitrov, sino en todos los barrios del Distrito Cuatro donde existen expendios de droga, manifestó el comisionado Vanegas Berríos, quien agregó que por lo general en este asunto se involucra a toda la familia, porque es más fácil de esa manera burlar los planes de control que la fuerza pública ejecuta.

Cuando la Policía llega a una casa que sirve de expendio con una orden de allanamiento, la búsqueda se realiza sólo en ese lugar, pero los que ahí viven trasladan la droga a la casa contigua, perteneciente, en la mayoría de los casos, a un familiar cercano.

En el traslado de ese producto ellos utilizan a los niños, a quienes sus padres entrenan debidamente para que respondan al momento de la presencia de la Policía Nacional.

Pero también utilizan a los niños en la venta y el trasiego de la droga, porque también saben que la Policía no va a registrar a un menor de edad ni lo va a mandar a los juzgados.

Carlos Martínez, La Prensa, 27-4-2003 (359 palabras)

Anotaciones

(1) expendio (m.): lugar de venta, acto de distribuir — ubicados: situados, que se encuentran — (3) comisionado (m.): comisario, agente, delegado — (4) ilícito /a: ilegal, que no está permitido — (5) burlar: esquivar, eludir, soslayar [vereilteln] — (8) trasiego (m.) aquí: distribución, transporte — (10) maña (f.): habilidad, truco [Trick] — (12) riesgoso /a: arriesgado, aventurado — (14) dificultar: hacer difícil, entorpecer, obstaculizar — (17) involucrar: complicar a alguien en un asunto, implicar, meter — (21) allanamiento; aquí: orden de registro [Durchsuchungsbefehl] — (22) contiguo/a: de al lado, vecino

Análisis y comentario

1. Resuma con sus propias palabras el contenido del texto.
2. Explique por qué los narcotraficantes emplean a los niños en la distribución y venta de la droga.
3. ¿Por qué implican los traficantes de droga, cuando les es posible, a las familias de los niños?
4. Exponga los motivos que pueden llevar a los niños a aceptar las proposiciones de los narcotraficantes.
5. Describa y comente la imagen que ilustra el texto que analizamos.

CUANDO MATO, NO SIENTO NADA

Chiquitín es de Medellín, Colombia, la ciudad más violenta del mundo con 4.000 asesinatos al año y varios «ejércitos» combatiendo en las laderas del valle que ocupa. Sólo en una de sus comunas combaten 1.500 soldados, policías, guerrilleros, paramilitares y narcos. Chiquitín trabaja para uno de ellos. Chiquitín ha perpetrado la mayoría de sus golpes con su mejor amigo, Ratón. Son íntimos desde que tienen memoria. «Nos llamamos primos porque estamos todo el día juntos», dicen. Son colegas. Matan juntos. Sentados en el patio de la casa donde esperan al jefe, me cuentan un asesinato que cometieron el año pasado.

Chiquitín y Ratón me explican que, en un Banco, situado en el centro de la ciudad, esperaron su objetivo: un hombre de negocios señalado por el hombre que pagaba el golpe. «Lo seguimos y cuando lo alcanzamos nos echamos encima» cuentan. «Se puso como loco, gritaba no, no, no. Entonces, yo y mi primito lo agarramos y le pegamos un tiro en la nuca.» Se llevaron el maletín. Les habían prometido 300$ por muerto y maletín. Sólo les pagaron 25 $. Cuando trabaja, Chiquitín no saca las manos de los bolsillos, por que le tiemblan. No puede estarse quieto, no porque sufra de los nervios, sino por una raya de cocaína y por cuatro miligramos de clonazepan, un medicamento contra la ansiedad. Guarda un arma cargada en el bolsillo delantero de sus pantalones: un 38 especial, que los chicos llaman el «8».

En muchos de los barrios más pobres de Medellín, los jóvenes asesinos matan por contrato. Los sicarios están en estas calles desde los días de Pablo Escobar. Ahora los contratan para matar no solamente por asuntos de droga. Se paga una media de 250 $ por cualquier golpe, que puede ir desde pugnas familiares a venganzas, si bien hay trabajos que, en función del riesgo que vaya a correr el asesino pueden llegar a varios miles. La contratación de un sicario pasa simplemente por encontrar a un jefe, por identificar a la víctima por medio de una foto o por señalarlo, y por el abono del dinero. El jefe encuentra a los chicos y les entrega su parte. Con el tiempo tanto el precio como la edad de los asesinos ha disminuido. Me cuenta Paul Smith, un fotógrafo afincado en Colombia, que en 1995 un amigo suyo murió asesinado por un chico que en el año de su propia muerte, cuando tenía 17 años, ya había matado a más de 30 personas.

Chiquitín me contó que tenía unos 12 años la primera vez que mató. Él y un muchacho de 17 años de su banda mataron a un drogadicto que se dedicaba a robar en el vecindario. «Entraba a robar en las casas». «Te dicen que vas a ver la cara de la persona que matas hasta en la sopa, pero no ocurre así. Cuando matas a alguien, no sientes nada», me explica, sentado en el patio, donde él y Ratón pasan el rato cuando no están en el fútbol o en los billares. Unas 20 manzanas definen su mundo.

«No matas sólo por divertirte» me dice Chiquitín. Si robas en el barrio, los otros chicos te conocen, y entonces te matan.» Lo paradójico de esta teoría de la justicia es que la ley de la calle vale también para él: «Yo voy a morir igual». Chiquitín le pasa a Ratón un porro tan grueso como un dedo pulgar. Enseguida añade: «Nunca sabes cuándo vas a morir». El día que mató al drogadicto, acompañó a su colega de 17 años hasta la casa donde estaba robando una olla a presión (un artículo de lujo en una ciudad tan pobre como Medellín). Lo encontraron en la cocina. El drogadicto no estaba armado, pero el muchacho de 17 años se asustó. Así que Chiquitín apretó el gatillo de su 32 prestada.

Medellín es una ciudad en guerra. Más de 40 años de conflicto armado en una ciudad conocida desde hace mucho como la capital mundial del asesinato han puesto a los niños en las primeras líneas del frente. Todos los grupos armados tienen organizaciones que dependen primordialmente de niños en las zonas urbanas. El Código Penal debe proteger a los niños pero solo sirve para su explotación. Ante la dejación del Estado, los niños son abandonados a su suerte, para que maten o los maten. Para el capitán Luis Francisco Mariño Flórez, oficial de homicidios de Medellín, los niños asesinos son más peligrosos que los adultos. «Son menos predecibles y saben que no les puedes tocar.» Algunos con 12 años han matado más de 10 personas. «El mes pasado detuve a cinco asesinos. Todos eran menores, todos están muertos. Una vez que un niño se convierte en asesino, no vive mucho tiempo». «La otra noche recogimos un cadáver, un joven de 23 años, llevaba tres horas en un charco. Con 11 disparos en el cuerpo, cuando preguntamos, nadie sabía nada». El miedo da paso a la impunidad. Ni Chiquitín, ni el Ratón han sido nunca detenidos.

Sin padre, con cuatro tíos muertos y un único tío con vida que no para de entrar y salir de la cárcel, Chiquitín solamente cuenta como modelos con sus jefes de banda. Les tiene miedo. Cuando el jefe anda cerca, siempre lo mira antes de hablar, como pidiendo permiso. Las primeras veces que un chico es contratado para matar, el jefe le presta su arma. Cuando el chico demuestra que es fiable, el jefe lo obliga a comprarse su propia arma. Por eso Chiquitín tiene su 38. Es una pistola relativamente pesada para un niño. «La agarro con las dos manos y aprieto el gatillo con los índices». Para sus jefes es como una mascota. Al jefe le gusta Chiquitín «por que hace lo que le pidas y adora el dinero. Es un buen sicario».

Nunca ha ido a la escuela. Allí y debido a las constantes balaceras los niños dan clase sentados en el suelo. Vive con su madre, no tiene horario y sólo toma cocaína los domingos «por que es cara» pero, siempre tiene alguna droga a mano. Su madre le pide que obedezca al jefe. Sabe que de eso depende su seguridad. Viven en lo alto de la ladera lo que significa que son muy pobres (en Medellín, cuanto más arriba vives más pobre eres), con su abuela y cinco hermanos. Con 39 años su madre no comparte su forma de vivir, pero tiró la toalla y vive con resignación, esperando constantemente la llegada de la fatal noticia de su muerte.

Su hermano pequeño lo admira. «Si le veo imitándome, le doy una paliza». «No quiero que viva mi vida». Cuando le pregunto por qué no deja este trabajo, me contesta que no puede. «Ya no hay salida», responde. «me persiguen de continuo», «es imposible escapar y algún día me cazarán también a mí y no sabré ni quién fue». Calla a la pregunta de quién se molestaría si dejara la banda. Tras un silencio sentencia: «El que se raja ya no es hermano». Rajarse y morir son sinónimos en Medellín.

No hay sentimentalismo. Al último que mató fue porque molestaba con sus comentarios sobre una mujer al marido de ésta. Una pequeñez. Cobró 210 $. Cinco tiros en la nuca. «si no lo hago yo otro lo hubiera hecho».

Llega un coche. Es el del Jefe. Baja la ventanilla y le entrega su 38. Chiquitín la saca brillo en el pantalón y salta dentro del coche. Tiene un nuevo «trabajo». Como siempre no sabe a que hora llegará a casa... ni si llegará.

Por Dafne Calderón, Autogestión, julio 2003 (1272 palabras)

Anotaciones

(1) Medellín: ciudad de Colombia, capital del departamento de Antioquia. Medellín tiene actualmente casi dos millones de habitantes y es una ciudad muy industrial. Al final de la década de los ochenta pasó a un primer plano de la actualidad mundial como principal escenario de la lucha de las autoridades colombinas contra el tráfico de cocaína — (3) ladera (f.): pendiente de una montaña, falda [Abhang] — (4) comuna (f.): unidad administrativa de una ciudad, departamento, barrio — (5) narco (m.): traficante de droga, narcotraficante — (6) perpetrar: cometer, consumar, llevar a cabo, ejecutar, realizar — (8) íntimo (m.): amigo íntimo, muy buen amigo — (11) patio (m.): entrada y parte baja de una casa — (15) señalado /a: que les había sido mostrado, indicado — (16) como loco: excitadísimo — (17) agarrar: coger, sujetar, asir, apresar — nuca (f.): parte posterior del cuello que corresponde a la zona de unión de la columna vertebral con la cabeza [Genick] — maletín (m.): cartera que se usa para llevar documentos [Aktentasche] — (19) temblar: [zittern] — (20) estarse quieto: no moverse [ruhig bleiben] — raya (f.): dosis, ración — (21) ansiedad (f.): estado patológico de agitación e inquietud, angustia — (25) Pablo Escobar (1949 -1993) Pablo Emilio Escobar Gaviria fue un conocido, potente y cruel traficante de drogas colombiano — (26) una media: por término medio — (27) pugna (f.): conflicto, lucha, contienda — venganza (f.); aquí: acto vengativo, desquite, represalia [Racheakt] — (28) en función de: dependiendo de, a causa de — (29) pasar por: realizarse + gerundio, llevarse a cabo + gerundio, consistir en — (30) abono (m.): paga, entrega, cotización, retribución — (38) vecindario (m.): comunidad de personas que viven en el mismo barrio o en el mismo edificio — (39) hasta en la sopa: por todas las partes — ocurrir: suceder, pasar, ser, acontecer — (41) manzana (f.); aquí: conjunto de casas contiguas, limitado por calles [Häuserblock] — (46) porro (m.): cigarrillo de hachís, marihuana u otra droga — (48) olla (f.) a presión: recipiente que se cierra herméticamente y permite la cocción rápida de los alimentos [Schnellkochtopf] — (50) asustarse: sobresaltarse, amedrentarse, coger miedo [sich erschrecken] — (50) apretar el gatillo de: disparar [abdrücken] — (55) primordialmente: principalmente, fundamentalmente, esencialmente — (57) dejación (f.): abandono, desinterés, pasividad — (58) oficial (m.) de homicidios: responsable de la sección de homicidios en el cuerpo de policía — (60) predecible: que se puede decir con anterioridad [voraussagbar] — (62) una vez que: después de que, cuando — (64) charco

(m.): calle [Pfütze] — (67) no parar de: no cesar de — (71) prestar: entregar una cosa a una persona para que la use durante cierto tiempo y después la devuelva, dejar, alquilar sin cobrar alquiler — fiable: que se puede confiar en él, seguro, de confianza — (73) agarrar; aquí coger, sujetar — índice (m.): dedo índice [Zeigefinger] — (74) mascota (f.): ser, objeto que da buena suerte — (76) balacera (f.): disparo de bala — (82) tirar la toalla: darse por vencido, abandonar una tarea, claudicar — (86) de continuo: constantemente, siempre, sin cesar — (87) cazar: detener, liquidar

Cuestionario de estudio

Elaboración y comprensión

a) Cuestiones sobre el texto

1. ¿De dónde es Chiquitín? — 2. ¿Cuántos asesinatos se cometen anualmente en la capital del departamento de Antioquia? — 3. ¿De qué trabaja Chiquitín? — 4. ¿Quién es Ratón? — 5. ¿Por qué se llaman primos no siendo familia uno del otro? — 6. ¿Qué le cuentan Chiquitín y Ratón a la autora del artículo? — 7. ¿A quién asesinaron Chiquitín y Ratón? — 8. ¿Cómo lo asesinaron? — 9. ¿Cuánto les habían ofrecido por el crimen? — 10. ¿Les pagaron lo que les habían ofrecido? — 11. ¿Por qué no saca Chiquitín las manos de sus bolsillos? — 12. ¿Dónde lleva la pistola? — 13. ¿Cuánto reciben los asesinos pagados de Medellín por cada muerte? —14. ¿Matan los sicarios únicamente por asuntos de droga? — 15. ¿Qué nos dice el texto de la contratación de los sicarios? — 16. ¿Qué es lo que lleva a pensar que el número de sicarios de Medellín ha aumentado en los últimos tiempos? — 17. ¿Qué cuenta un fotógrafo de un amigo suyo? — 18. ¿Qué edad tenía Chiquitín cuando cometió el primer asesinato? — 19. ¿Quién fue la víctima? — 20. ¿Por qué fue ejecutado? — 21. ¿Qué le da Chiquitín a Ratón? — 22. ¿Cómo mataron al drogadicto? — 23. ¿Cuánto tiempo llevan guerreando en Medellín? — 24. ¿Se ocupa, según la autora del autor del texto, mucho el Estado de los niños? — 25. ¿Quién es Luis Francisco Mariño Flórez? — 26. ¿ Por qué son, en su opinión, los niños más peligrosos que los adultos? — 27. ¿A cuántos asesinos menores había detenido el agente el mes anterior? — 28. ¿Cuántos tíos de chiquitín han perdido ya la vida? — 29. ¿Qué nos dice el texto del tío que le queda? — 30. ¿Qué es el jefe para él? — 31. ¿Con qué arma cometen los chicos los primeros asesinatos? — 32. ¿Cuándo se les permite poseer un arma propia? — 33. ¿Qué pistola tiene Chiquitín? — 34. ¿Por qué la tiene que sujetar con las dos manos cuando dispara? — 35. ¿Por qué no se sientan en silla los niños de las escuelas de Medellín? — 36. ¿Era chiquitín un buen alumno? — 37. ¿Con quién vive Chiquitín? — 38. ¿Está la madre de chiquitín de acuerdo con la vida de su hijo? — 39. ¿Qué edad tiene su madre? — 40. ¿Cuántas personas viven en casa de Chiquitín? — 41. ¿Qué nos dice el texto del hermano pequeño de Chiquitín? — 42. ¿Por qué no cambia de vida Chiquitín? — 43. ¿Qué motivo lo llevó a asesinar a su última víctima? — 44. ¿Cuánto dinero recibió Chiquitín por ese asesinato?

Deberes para casa

Consulte en Internet o en una buena enciclopedia y escriba una redacción de una página y media en la que presente uno de los siguientes temas:

- la nación colombiana
- la ciudad de Medellín
- el narcotraficante Pablo Emilio Escobar Gavira

b) Léxico y gramática

I Escriba los substantivos que pueden corresponder a los siguientes verbos.

tratar	...	solicitar	...	sentir	...
seguir	...	saltar	...	robar	...
requerir	...	recoger	...	prometer	...
prohibir	...	presentir	...	permitir	...
percibir	...	pedir	...	pasar	...
pagar	...	pactar	...	ordenar	...
ocupar	...	molestar	...	llamar	...
juzgar	...	imitar	...	identificar	...
explicar	...	esperar	...	encontrar	...
disparar	...	disminuir	...	depender	...
definir	...	copiar	...	convertir	...
contratar	...	contar	...	conocer	...
compartir	...	comentar	...	combatir	...
cazar	...	asesinar	...	apreciar	...
alcanzar	...	acordar	...	acompañar	...

II Complete el texto.

aplicado — ayudar — contiene — costearme — gorra — hasta — limpiaparabrisas — limpie — me pongo — mi — peligroso — señales — ser

Mi nombre es Ricardo, trabajo como ... en la Ciudad de México desde las 9 de la mañana ... las 12 del dia. Llego a la zona y ... mi uniforme de trabajo, que consiste en una camiseta, un pantalón y una ... para el sol. Mis herramientas para trabajar son una cuña, una botella de litro que ... shampoo y una fibra o estopa para limpiar. Trato de ... cuidadoso con los semáforos, no es un trabajo ... si eres cuidadoso y respetas las ... de tránsito. Siempre les pregunto a los chóferes si quieren que les ... el parabrisas su coche. Después de trabajar, me voy a ... casa, me baño y arreglo mis cosas para irme a la escuela, estudio la secundaria y no soy un muy ... pero me va bien. Yo trabajo para ... mis estudios, comprarme mi ropa y ... en la casa.

Por los derechos de la infancia, septiembre 2003

III Ponga un poco de orden.

1. una — semana — se llevó a cabo — que — pasada — operación policial — narcotráfico — líderes — la zona. — la — fueron detenidos — En — del — de — algunos

2. a las personas — a las propiedades. — ataques — ausencia de — comportamiento agresivo — dan como resultado — educar — el desinterés — en — entre — humanismo formativo — La — la incapacidad de los padres — los jóvenes — o — o — para — que se hace realidad — un — y

3. viven — uno — que — principales factores — muchos — Las — la violencia — jóvenes urbanos — es — en la que — determinan — de su comportamiento. — de pobreza — de — los — condiciones

4. de — del — en — en pandillas — es — existe — fenómeno social — La — las — las — latinoamericanas. — organizada — población adolescente — preadolescente — principales — ciudades — último decenio — un — y — y — zonas marginales

IV Gerundio y participio

Participio	Gerundio	Participio	Gerundio
cazar		combatir	
comer		cometer	
construir		contratar	
depender		descubrir	
detener		disminuir	
elegir		imprimir	
matar		morir	
perpetrar		prender	
reñir		romper	
seguir		servir	
suponer		venir	
vestir		vivir	
volver		repetir	

Lectura comentada

Los Sicarios

La localidad de Sabaneta se halla en las afueras de Medellín, separada de esta ciudad por el pueblo de Envigado, que luce en su Plaza mayor algunas airosas casas coloniales. Sabaneta no tiene mucha gracia en lo que a arquitectura se refiere. Su atracción principal, y acaso única, es su iglesia grande, blanca y bien tenida, o, mejor dicho, su altar, presidido por una María Auxiliadora de túnica roja y manto azul, coronada y con el Niño en los brazos, más conocida ahora como la Virgen de los Sicarios.

Fui a visitar Sabaneta un día martes laborable, a media tarde, y me llevé una sorpresa, pues la iglesia estaba atestada. Sólo Nicaragua puede competir con Colombia en iglesias todavía repletas de gente, y un gran número de fieles seguía el oficio desde el atrio y desparramados por la arbolada placita del contorno, arrodillándose y santiguándose con devoción. Había hombres, mujeres y niños, y, sobre todo, jóvenes. No tengo manera de saber cuántos de ellos ejercían la antigua profesión de asesinos mercenarios que la manía clasicista de los colombianos ha dignificado con un apelativo de raigambre latina *sicario*, pero todo parece indicar que muchos lo eran, o lo serán, o sueñan con serlo.

Además de formar parte de la vida social y política de Colombia, los sicarios constituyen también, como los cowboys del Oeste norteamericano o los samurais japoneses, una mitología fraguada por la literatura, el cine, la música, el periodismo y la fantasía popular, de modo que, cuando se habla de ellos conviene advertir que se pisa ese delicioso y resbaladizo territorio, el preferido de los novelistas, donde se confunden ficción y realidad. El sicario prototípico es un adolescente, a veces un niño de doce o trece años, nacido y crecido en el submundo darwiniano de «las comunas», barriadas de pobres, desplazados y marginales que han ido escalando las faldas de las montañas que cercan a Medellín. Vistas de lejos, desde el valle o las calles de la ciudad, las comunas parecen apacibles, y de noche bellísimas –un manto de luciérnagas–, pero en verdad impera en ella una indecible violencia, atizada por la miseria, el desempleo, la desesperanza, la droga, la corrupción y una criminalidad sin freno, cuyo emblema y epifenómeno es precisamente el sicario.

La institución proporciona dinero fácil, aventura, riesgo y diploma de virilidad, de modo que no es extraño que niños y jóvenes de vidas embotelladas y sin esperanza, vean en ella una tabla de salvación. El sicario se alquilaba al principio casi exclusivamente a los narcos, pero luego el espectro de los empleadores se amplió, y abarca ahora paramilitares, grupos políticos, pandillas y particulares ansiosos de liquidar a un enemigo, deshacerse de un socio incómodo o enviudar de prisa. El precio de un crimen varía con las fluctuaciones de la oferta y la demanda; en septiembre de este año, una vida humana en Medellín valía dos mil cuatrocientos dólares.

Para graduarse de sicario hay que pasar ciertas pruebas, como para ser caballero en la Edad Media. La más severa, termómetro de la sangre fría del aspirante, consiste en matar a un pariente cercano; pero, más común, es la de apostarse ante un semáforo y descerrajarle un tiro al primer –o segundo o tercer– automovilista detenido por la luz roja. Quien aprueba tiene derecho a su caballo, es decir a su moto y su arma de fuego. Es entonces cuando el joven va a postrarse a los pies de la Virgen de Sabaneta y hacer bendecir los tres escapularios que llevará siempre encima: uno en la muñeca, para el pulso; otro en el corazón, para proteger su vida, y el último en el tobillo, por dos razones: para escapar a tiempo y para que la cadena de la moto no se lo dañe demasiado. (Al disparar, desde la moto en marcha, el sicario mantiene el equilibrio apretando los talones contra su máquina, como el jinete los ijares de su montura, y con frecuencia la cadena de la moto lo hiere. Esa es la razón, me aseguran, de que la cirugía plástica del tobillo sea, en los hospitales «paisas», la más avanzada del mundo).

Antes de salir a hacer su trabajo, el sicario hierve las balas de su arma en agua bendita. Después se hierve a sí mismo con tragos de aguardiente y jalones de droga coca, bazuco, marihuana y, últimamente, con la «rochita», una tableta producida por los laboratorios Roche para calmar la desazón de los enfermos terminales, el blanco más apetecido de los atracos a las farmacias. Vacunado de este modo contra los escrúpulos y las emociones, está en condiciones óptimas para hacer un trabajo eficiente.

Suelen morir jóvenes, a veces tiroteados por la policía, pero más a menudo por otros sicarios, debido a disputas territoriales o mandados liquidar por sus propios empleadores, que les perdieron la confianza. Sabedores de lo precaria que es su existencia, la viven a cien kilómetros por hora, quemando enseguida lo que ganan por sus asesinatos en droga, trago, música, sexo (y algunos ex-votos a María Auxiliadora). Un amigo estaba presente en una discoteca de Medellín cuando entró un grupo de sicarios, a celebrar alguna hazaña. Por el micro anunciaron que el local quedaba clausurado y que nadie podría salir antes de que ellos partieran. (Temían un soplo a la policía). Bebieron, bailaron y se emborracharon hasta el amanecer, observados por sus dóciles rehenes. Mi amigo me aseguró que episodios así eran corrientes, y que eso no impedía a nadie en Medellín –la ciudad más violenta del mundo– frecuentar las discotecas.

¿Cuánto de esto es cierto y cuánto imaginación? No lo sé. Resumo lo que oí y leí en un viaje reciente por Colombia. El país anda muy mal, desde luego, desgarrado por el terrorismo, las guerrillas, el narcotráfico, los paramilitares, una cancerosa corrupción, los delincuentes comunes –la próspera industria del secuestro en especial– y una gran desilusión con el presidente Pastrana, cuyo plan de paz despertó inmensas expectativas, y en el que, un año después de su subida al poder, ya no cree nadie. (Por lo menos, ni uno solo de las decenas de colombianos con los que hablé). Pero, esto lo sabe ya todo el mundo, gracias a los medios que presentan a Colombia como un país en vías de delicuescencia.

Lo que no se sabe en el extranjero es que, junto a las desgracias que Colombia padece, hay en ese país muchas cosas que andan mejor que en otras partes, empezando por los países vecinos. En el Perú la frágil democracia no sobrevivió al terrorismo de Sendero Luminoso y a la inflación y los peruanos sufren desde 1992 un régimen autoritario, con un fantoche civil al frente, y una pandilla militar de torturadores y asesinos en la sombra que preside el celebérrimo capitán Vladimiro Montesinos, personaje digno de figurar en la Historia Universal de la Infamia, de Borges. La democracia venezolana ha quedado maltrecha debido a la demagogia y la corrupción y nadie sabe si saldrá indemne del populismo cesarista del comandante Chávez. En Colombia, en cambio, pese a los cataclismos sociales y políticos, hay todavía una legalidad, una prensa libre, unas fuerzas militares sometidas al poder civil, y un consenso muy amplio en contra del golpe militar. Eso justifica siempre la esperanza, aun en medio del apocalipsis.

Y otra cosa que en Colombia va bien –muy bien– es la cultura. Cuando la realidad histórica, el suelo que se pisa, parece deshacerse, y el horizonte se nubla, y los seres humanos se sienten sin orden ni concierto donde viven, afanosamente buscan otros órdenes donde refugiarse, otras vidas y rumbos más limpios, más bellos y más seguros que los que tienen a la mano. Nada crea un ambiente más propicio y estimulante para la creación y el arte que esta sensación de catástrofe y derrumbe social. Estuve en Manizales, en el Festival de Teatro, y una muchedumbre codiciosa de jóvenes abarrotaba los espectáculos y reía a carcajadas con una versión desopilante y circense del Quijote, presentada por La Candelaria de Bogotá, que dirige Santiago García. En la Feria del Libro de Medellín acaso no se vendían tantos libros como libreros y editores esperaban -la devaluación del peso y la crisis de la economía han golpeado con saña a los consumidores-, pero los lectores estaban allí, merodeando en torno a los estantes con avidez, y acudiendo en masa a las mesas redondas y conferencias literarias convocadas por el Ateneo. Y el Festival Internacional de Arte de Cali, con su exuberancia de exposiciones plásticas, conciertos, funciones de teatro y danza –entre ellas un Rito de los manglares, espléndido espectáculo de música y danza en homenaje y con motivos del pintor Hernando Tejada– y charlas y debates literarios, denotaba una vitalidad y una energía que hace tiempo no tenía ocasión de compartir (¡y eso que asisto a festivales!).

Por eso, no es de extrañar que la literatura colombiana viva una efervescencia creativa. Poetas, narradores, críticos, crecidos o noveles, publican sin cesar y sería difícil seguirles los pasos a todos, aun leyéndolos de sol a sol. A quien este artículo le haya abierto el apetito sobre el tema de los sicarios, recomiendo dos novelas que leí de un tirón durante mi viaje, las dos muy divertidas sin dejar de ser terribles: La Virgen de los Sicarios, dc Fernando Vallejo, y Rosario Tijeras, de Jorge Franco Ramos. La primera es mucho más literaria e intelectual y la segunda más ligera y sentimental, pero ambas aprovechan con enorme ingenio y vivacidad de lenguaje esa materia prima atroz que es la condición de los adolescentes asesinos a sueldo de la violencia colombiana, para edificar unas ficciones llenas de garra, color y desenfado, que, al mismo tiempo que hunden sus raíces en experiencias desgarradoras, chisporrotean de libertad, humor, insolencia y diatribas (sobre todo la de Fernando Vallejo, cuyas anárquicas imprecaciones tienen a veces un vigor celinesco). Qué bueno que los escritores colombianos, azuzados por los estragos que los rodean, vengan a salvarnos de las frivolidades de la literatura light.

EL EJÉRCITO INFANTIL DE LOS «NARCOS»

Los números son escalofriantes. En Río de Janeiro, una ciudad con seis millones de habitantes, han muerto, víctimas de armas de fuego, desde 1987 a 2000 más menores de 18 años que en los conflictos armados en Colombia, Sierra Leona, Yugoslavia, Afganistán, Uganda, Israel y Palestina. En Río, en esos años, fallecieron por heridas de bala 3.937 menores, mientras, por ejemplo, en el conflicto entre Israel y Palestina murieron 467 jóvenes durante el mismo periodo.

A estos muchachos que mueren en Río como moscas, fusil o pistola en mano, se les llama «niños combatientes. No se les puede calificar de «niños soldados», porque sería admitir que Río está en guerra contra los narcotraficantes que dominan las 650 favelas que rodean la bella ciudad carioca como una verdadera corona de espinas. No pocos observadores afirman hoy que en verdad es una guerra, aunque no declarada, ya que el mismo Gobierno admite que los narcotraficantes (aquí apodados simplemente «bandidos») están mejor organizados y poseen armas más modernas que la policía y el ejército. Y dictan leyes. Un día sí y otro no, los narcotraficantes obligan a cerrar las tiendas de un barrio entero o escuelas o edificios públicos como represalia porque la policía ha entrado en una favela y ha matado a alguno de ellos.

Los datos sobre esas cifras gigantescas de niños y adolescentes que mueren de bala en Río son el resultado de un estudio realizado por el Instituto Superior de Estudios Religiosos (ISER), uno de los más serios del país, con el apoyo de la ONG Viva Río, una de las más activas en la lucha contra la violencia y contra el hambre. La investigación fue coordinada por el antropólogo británico Luke Dowdney y ha sido presentada en el seminario que acaba de celebrarse en Río sobre el tema *Niños afectados por la violencia armada organizada,* con el apoyo de la Fundación Ford y la Unesco, entre otras organizaciones.

Las cifras presentadas al seminario sobre las víctimas infantiles de los narcotraficantes han dejado de manifiesto que el problema que parecía el más sangrante de Río, el de los famosos *niños de la calle,* no es nada comparado con el número de ellos que caen en manos de los narcotraficantes, que empiezan a usar el fusil o la pistola a los 10 años y que, según los estudios realizados, son los más duros y crueles a la hora de actuar, ya que sienten menos el miedo a morir y disfrutan con la adrenalina de «parecerse a los bandidos más peligrosos». Son ellos quienes en un asalto en plena calle o a un ciudadano parado con su coche en un semáforo no dudan en matarle a bocajarro si no logran lo que desean. Y a veces hasta matan después de haberlo conseguido para demostrar que son fuertes.

Muchas de las muertes de estos niños y adolescentes no sólo se producen durante las acciones criminales por ellos perpretradas, sino por los mismos traficantes, que se deshacen de ellos con dos tiros cuando no les funcionan y los entierran en cementerios clandestinos. Pero hay más. Según estudios de varias ONG y del mismo ISER, la impunidad contra quienes acaban con la vida de estos niños y adolescentes armados y criminales es proverbial en este país. Nunca un policía ha sido condenado por haber matado a un menor. Y ha habido jueces que han sostenido que, a fin de cuentas, es un bien que mueran antes de «llegar a ser bandidos adultos».

Un verdadero problema son las familias que, a veces, con los padres sin trabajo o ganando un salario mínimo, miran para otro lado cuando uno de sus hijos menores se va con un traficante para ganar diez veces más que ellos.

Siro Darlan, uno de los jueces preocupados por la juventud de Río, ha tomado la iniciativa de invitar cada miércoles a un grupo de niños abandonados de la calle. El juez afirma que la mayoría de ellos parecen llegar de un campo de batalla. «Están a veces ciegos, sordos o les falta una mano o un pie». «Me dijeron que ahora los miércoles no necesitan robar ni matar para comer, porque comen aquí conmigo», declara el juez. El problema de fondo es la falta de oportunidades para esos niños sin futuro y sin presente.

Juan Arias, El País, 11-09-2002 (724 palabras)

Anotaciones

(1) escalofriante: aterrador, terrible, que causa mucho impresión e incluso terror — (9) fallecer: perder la vida, morir, fenecer — herida (f.) de bala: balazo [Schusswunde] — (12) mosca (f.): insecto muy común y molesto [Fliege] — (15) rodear: estar alrededor de, circunvalar — carioca: de Río de Janeiro — (16) corona (f.) de espinas:12 [Dornenkrone] — (18) apodado /a: que recibe el nombre de, que es llamado — (29) apoyo (m.): ayuda, protección — (32) sangrante; aquí: grave, hiriente — (34) usar: emplear, utilizar — (37) asalto (m.): ataque violento a una persona — (39) a bocajarro: desde muy cerca [aus nächster Nähe] — (42) perpetrado /a: cometido, llevado a cabo, consumado — (45) impunidad (f.): [Straffreiheit] — (46) proverbial: de todos conocido — (54) campo (m.) de batalla: [Schlachtfeld] — (55) sordo /a: se dice de una persona que no puede oír

Cuestionario de estudio

Elaboración y comprensión

a) Cuestiones sobre el texto

1. ¿Cuántos habitantes tiene Río de Janeiro? — 2. ¿Cuántos menores perdieron la vida asesinados en las calles de Rio de Janeiro entre los años 1987 y 2.000? — 3. ¿A qué muchachos se les da el nombre de «niños combatientes»? — 4. ¿Por qué piensa el autor que a estos chicos no se les puede dar el nombre «niños soldados»? — 5. ¿Por

qué se puede decir que los narcotraficantes poseen una estrategia más eficiente que el ejército? — 6. ¿Quién ha facilitado los datos sobre los menores víctimas de armas de fuego? — 7. ¿Qué entidad colaboró con la ISER en la elaboración del estudio que contiene los datos? — 8. ¿Quién es Luke Dowdney? — 9. ¿Dónde fueron presentados los datos obtenidos? — 10. ¿Cuál era el tema del seminario? —11. ¿Con qué otro problema de Río de Janeiro compara el autor el fenómeno de los «niños combatientes»? — 12. ¿Qué consecuencia saca de la comparación? — 13. ¿Cómo se explica la crueldad extrema de los «niños combatientes» en sus actividades violentas? — 14. ¿Cuándo tienen lugar muchas de las muertes de los «niños combatientes? — 15. ¿De qué se acusa en este texto a la justicia brasileña? — 16. ¿Cómo justifican algunos jueces la impunidad de los asesinos? — 17. ¿Qué nos dice el autor del texto de Siro Darlan?

b) Léxico y gramática

I Ordene los antónimos.

acabar — admitir — afirmación — atemorizar — atraer — bienestar — cercano /a — cerrado /a — conceder — conocimiento — cubrir — defender — derrotar — detrás — devaluar — elogio — encubrir — enfriar — enterrar — facilitar — famoso /a — fuerza — fundamental — grande — hablar — hambre — justo /a — levantar — manifiesto /a — mayúsculo /a — miedo — ocultar — organización — patente — perder — progresista — público /a — realidad — romper — sensatez — simple — sol — ventaja — verdadero /a — verdugo

víctima	...	vencer	...	valor	...
sombra	...	saciedad	...	revalorizar	...
rechazar	...	privado /a	...	pequeño /a	...
oculto /a	...	negar	...	negación	...
minúsculo /a	...	malestar	...	latente	...
invención	...	injusto /a	...	inconveniente	...
imprudencia	...	falso /a	...	exteriorizar	...
encontrar	...	distante	...	dificultar	...
difamación	...	destapar	...	desorganización	...
desenterrar	...	desconocimiento	...	desconocido /a	...
derribar	...	denunciar	...	delante	...
debilidad	...	conservador	...	complicado /a	...
comenzar	...	callar	...	calentar	...
atacar	...	arreglar	...	animar	...
ahuyentar	...	accidental	...	abierto /a	...

II Estilo indirecto

1. «Mi hermano podrá salir pronto del hospital porque la intervención ha sido un éxito». Ana nos dijo que ... — 2. «El profesor me ha llamado la atención por mascar un chicle en clase». Oscar le contó a su mamá que ... — 3. «Nuestra empresa tiene la intención de lincenciar a doscientos trabajadores». Dos directivos declararon en una entrevista que ... — 4. «Mi hija es una calamidad: el otro día se dejó las gafas en el taxi, olvidó las llaves de casa en la oficina y salió de paseo después de dejar todas las luces

encendidas». La madre de Carmencita nos comentó que ... — 5. «Me parece fatal que te vayas». Andrés me manifestó abiertamente que ... — 6. «Han consentido tanto a su hijo que ahora no admite el mínimo reproche». El abuelo les explicaba que Luisa y Alberto ... — 7 «El médico me ha recomendado que practique más deporte». Plácido nos ha dicho que ... — 8. «Busco una chica que nos ayude a cuidar a los niños». Rosaura nos informó ayer de que ... — 9. «Estoy pensando pedir el divorcio porque mi marido es un degenerado». Nos han dicho que Anita ... — 10. «Me confirmo en mis sospechas, después de lo que tu me dices». Blas nos informó de que ... — 11. «Ese trabajo me ofrece la posibilidad de una realización personal». Esteban les dijo que — 12. «No podemos problematizar continuamente las decisiones que hemos tomado». Alberto nos hizo saber a todos los miembros del grupo que ... — 13. «Cuando un niño se convierte en un asesino, normalmente no continúa mucho tiempo con vida». Un conocido sociólogo declaró que ... — 14. «Es una injusticia que unos tengan tanto y otros tengan tan poco». El conferenciante se lamentó diciendo que ...

III Complete el cuadro.

Gerundio	**Condicional simple**	**Pretérito imperf.(ind.)**	**Pretérito imperf.(subj.)**	**Presente de indicativo**
		os ibais		
	producirían			
				prevés
	[él] atraería			
	dejarían			
		dudabais		
				traduzco
			cayesen	
	morirían			
				se repone
		admitíamos		
				adquirís
	sonreirían			
		[él] fingía		
	convendría			
				perdemos
			[ella] predispusiera	
	preferirías			
				presentamos

IV Complete las frases

1. *sin tierra — se ocupan de — latifundistas — la limpieza — exterminio — encargo*

   Por ... de los comerciantes, los grupos de ... en Brasil, gustan de llamarse de autodefensa, se ocupan de ... de las ciudades, mientras otros colegas pistoleros ... la limpieza de los campos, por cuenta de los ..., acribillando a los campesinos ... y a otra gente molesta.

2. *a cualquiera — dicen — los terratenientes — matando — policías — se entrenan*

   En Colombia, los escuadrones de la muerte, que ... ser grupos de limpieza social, también empezaron ... guerrilleros, y ahora matan ..., al servicio de los comerciantes, ... o de quien guste pagar. Muchos de sus miembros son ... y militares sin uniforme, pero también ... verdugos de corta edad.

3. *tráfico — parecen — organizado — más — el punto de vista — de grupos*

   Desde ... de la sociedad que las ha generado, las «favelas» de Río de Janeiro, no son ... que refugios del crimen ... y del ... de cocaína. La policía militar las invade con frecuencia, en operaciones que ... de la guerra del Vietnam y decenas ... de exterminio se ocupan de ellas.

4. *cierta — la clase alta — mendigos — no aparece — que*

   La quema de ... es un deporte ... los jóvenes de ... brasileña practican con ... frecuencia, pero por lo general, la noticia ... en los diarios.

   Eduardo Galeano, Patria grande, 1996

Traducción

Niños combatientes

«Niños combatientes» son los niños y adolescentes menores de 18 años que participan en el uso de armas pequeñas en guerras, conflictos civiles u otras situaciones de intensa violencia que involucran a grupos armados. Niños combatientes es una categoría más amplia que «niños soldados», que sólo incluye a niños actuando en áreas convencionalmente definidas como en guerra. Por lo tanto, la categoría de niños soldados no abarca la realidad de millones de niños en el mundo que son empleados por los grupos armados para participar en la violencia armada e intensa en países que no están oficialmente en guerra, pero tienen tasas de homicidio por arma de fuego más altas que algunas regiones con guerra civil.

En áreas como esas, la participación de niños y adolescentes en la violencia armada en una escala parecida o más intensa que en algunas áreas consideradas zona de conflicto, es considerada como «crimen» o «delincuencia juvenil». Aunque existan algunas semejanzas con lo que tradicionalmente entendemos como actividades criminales; estas definiciones no reflejan la realidad de participación de niños en estos tipos de combate.

Un ejemplo de niños combatientes que no están actuando en una guerra oficial, sería el caso de los niños empleados por los grupos de las drogas en las favelas de Río de Janeiro, Brasil. Estas facciones están jerárquicamente estructuradas desde los años 80 y se tornaron una presencia abiertamente armada y una fuerza política en las comunidades faveladas de Río de Janeiro. Se estima que tienen más de 4 mil niños combatientes usando armas bélicas y participando en intermitentes e intensos conflictos territoriales con otras facciones. Son responsables de la mayoría de las 3000 muertes por arma de fuego que cada año se registran en la ciudad.

Desarme, 13-4-2003

Lectura comentada

Los herederos de Pablo Escobar

Cementerio Universal de Medellín. El funcionario maneja el machete con soltura. Con el primer golpe le cercena un brazo. Después agarra el cadáver acartonado y de otro tajo le corta la cabeza. Es un espectáculo entre macabro y surrealista. «A los cuatro años los sacamos del hueco (tumba), los cortamos en pedazos y los arrojamos al osario. Hay muchos candidatos para ocupar su sitio», señala el empleado sin inmutarse.

Un corrillo de señoras, jóvenes y hasta niños se arremolina en torno al féretro. «Parece un carnicero», advierte con un humor negro muy peculiar uno de los chavales. Mientras, en la morgue, los funcionarios lavan los «muñecos» (así denominan a los cadáveres) acribillados a balazos. «Ahora mismo tenemos 32 N.N. (No nominal, o cadáveres que se descubren sin identificación)», explica el técnico forense Elmer Villegas. «Hermano, aquí la muerte es como comer», añade.

A casi un año y medio de la muerte de Pablo Escobar, antiguo líder del temido cártel de Medellín, la ciudad colombiana continúa lidiada con una trágica herencia de violencia indiscriminada difícil de atajar. Aunque las cifras oficiales reflejan un descenso en el número de homicidios, secuestros y extorsiones, las estadísticas todavía la conceptúan como una de las localidades más violentas del mundo, con más de 6.000 asesinatos al año.

Según el Brigadier General de la Policía Metropolitana de Medellín, Alfredo Salgado, «las cifras muestran un descenso. En el primer trimestre de 1995 hemos tenido 1.388, 62 menos que en el mismo periodo del año pasado. Lo que pasa es que la violencia no baja hasta los índices normales de una ciudad de 2 millones de habitantes. ¿Por qué? Hay muchas razones. Los sicarios que trabajaban para Escobar, acostumbrados a la buena vida, no han dejado de delinquir. También sigue activa la guerrilla...».

Y es que la capital del departamento de Antioquia continúa siendo un hervidero de bandas comunes de delincuentes, miembros de la guerrilla urbana y hasta «escuadrones de la muerte» con nombres tan singulares como «Majaca», «Amor por Medellín» o «Limpieza total». Tan sólo los «Majaca», que «debutaron» el 14 de febrero de 1994, llegaron a asesinar a 14 personas cada mes. El pasado lunes, se cobraron sus dos últimas víctimas.

En varias ocasiones, miembros de la Policía se han visto relacionados con estos «escuadrones de la muerte». «A principios de año, detectamos un taxi lleno de exterminadores que rondaba el barrio. Cada vez que pasaba dejaba un cadáver en la carretera. Le dimos el alto y nos respondieron a tiros. Matamos a uno. Resultó que eran policías», explica Gustavo Vidales, portavoz de la cooperativa de vigilantes Coosercom.

Vidales tiene 22 años. Se expresa en el argot callejero propio de las barriadas populares de Medellín. «Mira, aquí todo el mundo tiene su «fierro» (arma de fuego) y las disputas terminan siempre con «plomo» (disparos). Por supuesto que continúa la violencia, pero ha decrecido mucho. Cuando estaba aquí Pablo Escobar, ¡no te puedes imaginar cómo era! ¡No sabías cuándo se te venía encima el coche bomba!», señala.

El 26 de mayo de 1994, Gustavo y otros 600 muchachos de las milicias entregaron sus armas al Gobierno. Bajo el acuerdo de paz, 284 formaron la denominada «Cooperativa de Servicio y Seguridad a la Comunidad» (Coosercom), que funciona como grupo de vigilancia «popular».

«En nuestro área, la comuna oriental, los delitos han descendido. Sin embargo, continúan los problemas. Desde que empezamos, hace un año, hemos perdido a 39 «pelaos» (chicos). Varios fueron asesinados por policías. El sábado, un grupo de polis que no se identificó tumbó a dos. Los ejecutaron cuando ya estaban heridos en el suelo», afirma el portavoz de Coosercom.

Para colmo, el tráfico de cocaína en el área parece despertar del letargo en el que se sumió tras la muerte de Escobar. Los elementos del cártel que sobrevivieron a la «cacería» parecen haber recompuesto la organización aliándose con capos independientes, según admite la propia Policía. El pasado fin de semana, las fuerzas de seguridad de Medellín decomisaron un cargamento de 182 kilos de cocaína y 19 de heroína.

El General Alfredo Salgado reconoce que este descubrimiento confirma que «existe una nueva asociación, que todavía no hemos conseguido indentificar».

Cementerio de Itagui, a pocos kilómetros de Medellín. Una fila de rosas circunda la lápida. «Habitas un mundo maravillosamente real: nuestro corazón». Debajo del epitafio, el nombre: Pablo Emilio Escobar, 1949-1993. La mayoría de los visitantes del camposanto no resisten la tentación de visitar la tumba del que fuera el hombre más temido de Colombia. A la salida del recinto, una pintada reza «Queremos la paz para Colombia». Sin embargo, incluso con el zar de la droga muerto, la paz semeja una entelequia inalcanzable para Medellín.

Javier Espinosa, El Mundo, 10-5-1995

EL ATAQUE DE LOS «PIRAÑITAS»

El norteamericano salió del restaurante y estiró el brazo confiado. Miró las agujas del reloj, calculó que en menos de 10 minutos, caminando a buen paso, estaría en el lujoso vestíbulo del Hotel Sheraton y decidió prescindir del taxi.

Las calles del centro de Lima han mejorado mucho en los últimos años. Las aceras ya no están atoradas con los carritos y los bultos de mercancía de los vendedores ambulantes. Con contadas excepciones, las farolas lucen radiantes, y fue en una de esas excepciones, en un cono de sombra enclavado al final del Jirón Lampa, donde los pirañitas cayeron encima del estadounidense.

El turista era grandón y estaba en forma, pero antes de saber lo que ocurría, se encontraba tumbado en el suelo, inmovilizado como Gulliver y con una docena de muchachitos encima. En menos de 15 segundos, le habían desgarrado los bolsillos, quitado la cartera, arrancado el reloj y robado los zapatos y el cinturón. Cuando entró al hotel venía pálido como la cera, en calcetines, con la ropa hecha un guiñapo, desorbitando los ojos y balbuceando: «¡Six years! ¡Only six years!».

Tardó un buen rato en enterarse de que sus asaltantes son conocidos en Lima como pirañitas y que atracadores de seis años, como alguno de los que le acababan de robar, son frecuentes en las bandas de muchachos que operan en el centro de Lima. No hay cifras oficiales sobre el número de pirañitas, aunque se calcula que son por lo menos 600. Se trata de niños que han optado por vivir en las calles, huyendo del maltrato que reciben en casa. Se les ve en bandadas, junto a los desperdicios, masticando trozos de comida estropeada que agarran en los mercados, oteando ansiosos a la busca de presas o despiojándose unos a otros.

Todos cuentan historias parecidas. Rocky, uno de los que se ha especializado en robar al descuido en los coches atascados en la Avenida Grau durante la hora punta, afirma que la culpa de todo la tuvo su padrastro. «Cuando venía borracho me pegaba», cuenta el niño, sin manifestar emoción alguna. «Y cuando no tomaba también me pegaba, por lo que me fui de casa; allí pasaba mucha hambre y nadie me quería».

Rocky debe el apodo a su prematura cara de boxeador: tiene un labio hendido, la nariz aplastada, un párpado caído y le faltan varios dientes. Despide un olor fétido. Según confiesa, jamás se lava o se cambia de ropa, a menos que consiga robar una prenda nueva. El niño deambula con una cuadrilla y duerme en el Parque Universitario o bajo los puentes que cruzan la avenida. También se droga, como casi todos los pirañitas, inhalando los vapores de una cola de zapatero llamada Terokal. Lo han detenido muchas veces y ha pasado temporadas en el Albergue Maranga, pero a sus 10 años ya es un experto en eludir las redadas. «Yo llevo siempre un trocito de vidrio y si me agarran, me corto en la boca o en el brazo. En cuanto ven la sangre, los policías me echan del coche para que no les manche los asientos».

A diferencia del centro histórico, donde pululan los niños, las sucias riberas del río Rímac sirven de guarida a peces de mayor tonelaje. Allí, los veteranos de la calle, los que llevan una decena de años sobreviviendo en bandas, aprenden a fumar pasta básica de cocaína y los trucos del delito serio, del que se hace a punta de pistola.

Alfonso Rojo, El Mundo, 26-5-2000 (587 palabras)

Anotaciones

(1) estirar: alargar, extender [strecken] — confiado /a: sin preocupaciones, tranquilo, que no tiene ningún temor — (2) a buen paso: deprisa, rápidamente — (3) vestíbulo (m.): entrada, lobby, recepción de un hotel — prescindir de: no usar, no tomar, renunciar a — (5) atorado /a: obstruido, embozado, atascado [verstopft] — bulto (m.): paquete, fardo — (6) farola (f.): se emplea para iluminar las calles, lámpara — (7) cono (f.) de sombra: lugar oscuro, pasaje peligroso — enclavado /a: situado, que se encuentra — (8) pirañitas (m.p.): bandas de niños de la calle que atacan a los peatones (la palabra proviene de *piraña*: pez de hasta 30 centímetros de longitud y cuerpo muy comprimido, que posee dientes cónicos y fuertes y es conocido por su capacidad para devorar animales de gran tamaño, a los que ataca en grupos de varios miles — caer encima de: atacar a — (9) grandón /a: grande, de buena constitución física, fuerte, de gran estatura — (10) tumbado /a: derribado, caído, en el suelo — (11) desgarrar: romper, rasgar, abrir rasgando — (12) arrancar: arrebatar, quitar — cinturón (m.): [Gürtel] — (13) pálido como la cera: [blaß wie Wachs] — hecho /a un guiñapo: con la ropa totalmente rasgada, impresentable — (14) balbucear: hablar con dificultad — (17) operar: actuar, ejercer su profesión — (19) optar por: decidirse a, tomar la decisión de — (20) desperdicios (m.p.); aquí: restos de comida, basura — (21) agarrar: coger, atrapar, hacerse con, robar — otear: buscar, estar al acecho de, observar — (22) despiojarse: limpiarse de los piojos [entlausen] — (24) al descuido: aprovechándose de la falta de atención — atascado /a: que no pueden avanzar porque hay mucho tráfico — (26) tomar; aquí: tomar bebidas alcohólicas, embriagarse — (28) apodo (m.): nombre que suele darse a una persona, mote — prematuro /a: que ocurre antes de lo normal, antes de tiempo, precoz — hendido /a: partido [gespalten] — (29) párpado (m.): [Augenlid] — fétido /: muy malo, inaguantable [übel] — (35) eludir las redadas: evitar ser detenido por la policía, huir de las redadas — vidrio (m.): [Glasscheibe] — (36) agarrar: coger, detener — (37) manchar: ensuciar, poner sucio, emporcar — (38) pulular: ser muy abundante, estar en grandes cantidades moviéndose — (39) guarida (f.): refugio de malhechores — tonelaje (m.): calibre, tamaño, dimensión

Cuestionario de estudio

Elaboración y comprensión

a) Cuestiones sobre el texto

1.¿Dónde había estado el norteamericano? — 2. ¿Por qué se decidió a ir a pie al hotel? — 3. ¿Qué dice el autor de las calles de Lima en la actualidad? — 4. ¿Qué le sucedió al estadounidense cuando volvía al hotel? — 5. ¿Era nuestro héroe una persona floja? — 6. ¿Qué le hicieron los pirañitas? — 7. ¿Qué le robaron? — 8. ¿Cuánto tiempo tardaron en llevar a cabo su atraco? — 9. ¿De qué estaba el americano extremamente admirado? — 10. ¿Cómo llegó el turista al hotel? — 11. ¿Cuántos pirañitas hay aproximadamente en Lima? — 12. ¿Qué edad tienen los pirañitas? — 13. ¿Cuál es su campo de acción? — 14. ¿Por qué se han decidido muchos pirañitas a vivir en la calle?

— 15. ¿De qué se alimentan? — 16. ¿Cuál era la especialidad de Rocky? — 17. Exponga los motivos por los que Rocky abandonó su casa? — 18. ¿Por qué le han dado el nombre de Rocky? — 19. ¿A qué se debe su mal olor? — 20. ¿Dónde duerme? — 21. ¿Cómo consigue liberarse de la policía? — 22. ¿Qué es el Rímac? — 23. ¿Qué nos dice el texto de los sin techo que viven en las riberas del Rímac?

b) Léxico y gramática

I Forme los diminutivos.

zapato	...	voz	...	vaso	...
trozo	...	tren	...	tenedor	...
soldado	...	siesta	...	salón	...
río	...	reloj	...	pueblo	...
pistola	...	piraña	....	piedra	...
pie	...	piano	..	plaza	...
perro	...	pastor	...	papel	...
palacio	...	ojo	...	nariz	...
mujer	...	muchacho	...	luz	...
luego	...	joven	...	jardín	...
hotel	...	hombre	...	flor	...
estatua	...	español	...	dolor	...
diente	...	cuchara	...	copa	...
coche	...	chica	...	chaqueta	...
castigo	...	casa	...	carro	...
campana	...	calle	...	caja	...
cabeza	...	brazo	...	boca	...
bigote	...	barco	...	ave	...

II Ponga los pronombres relativos correspondiente.

1. En España, las mujeres ... ocupan puestos de responsabilidad son todavía una minoría. — 2. ¿Ya sabéis ... le ha pasado a su hermano? — 3. Éste es el diccionario ... tú necesitas. — 4. Es un ecologista muy comprometido ... obsesión es la desaparición de los coches del centro de las ciudades. — 5. Esteban a veces no sabe ... dice. — 6. El piso ... ha comprado mi hermano está cerca de la escuela en ... yo trabajo. — 7. Fue precisamente con esta frase con ... concluyó el discurso. — 8. El tren ... va a salir para Madrid lleva casi media hora de retraso. — 9. El autor de ... hablas es muy conocido en Alemania. — 10. Es una persona muy impulsiva ... a menudo no reflexiona antes de tomar las decisiones. — 11. Hay algo de ... me gustaría hablar detenidamente contigo. — 12. La chica ... está entrando es la hermana de Mario ... padre estudió farmacia en Barcelona con el nuestro. — 13. Necesitamos un sofá ... ocupe poco espacio. — 14. Siempre que habla generaliza y juzga a todo un grupo por ... ha hecho uno de sus miembros. — 15. Hemingway, ... escritos se ha traducido en muchísimas lenguas, se pasaba muchas temporadas en Cuba. — 16. ... no conoce la soledad no es capaz de valorar la amistad. — 17. No puedes condenar sencillamente a ... no piensan como tú. — 18. Christine y Henning son dos estudiantes ... casi siempre hablan en clase. —

19. No recuerdo el nombre del científico ... descubrió la penicilina. — 20. Es intolerable el cinismo ... mostró cuando dijo que no sabía nada de ... había ocurrido. — 21. Es una película de ... argumento ya no me acuerdo. — 22. Sevilla y Córdoba son dos ciudades ... me gustan mucho. — 23. ¿Quién es esa señora ... está hablando con tu hermana? — 24. Es una comarca ... principal fuente de ingresos era la industria textil. — 25. Algunos creen que ... necesitan los países subdesarrollados son comestibles. — 26. Es una persona en ... puedes confiar plenamente. — 27. Paco de Lucía, ... música se oye mucho en Francia, es una de las grandes guitarras de España. — 28. Los ecosistemas tienen un equilibrio ideal ... no conviene romper. — 29. El reloj ... nos encontramos era de una amiga de mi hermana. — 30. Es un tema sobre ... no me gusta mucho discutir.

III Transforme las frases empleando el gerundio.

1. Como vi que Marcelino no aparecía, decidí no esperarlo más.
2. En aquellos años su padre especuló en negocios inmobiliarios y ganó mucho dinero.
3. La pobre madre temblaba al pensar lo que podría pasarles.
4. Si ahorras un poco cada mes, puedes hacerte con el dinero para el viaje.
5. Se pasan todo el día en la calle y ponen en peligro su vida.
6. Cuando yo era estudiante trabajaba durante las vacaciones en una fábrica de Bocholt.
7. Aunque tenían la oportunidad de hablar español en casa, sus hijos preferían hablar alemán.
8. Se puso muy nervioso cuando vio que se había equivocado.
9. En aquella familia comían y veían la televisión.
10. Encontraron al niño que jugaba en la calle.
11. Las especies están en constante evolución y se adaptan al ambiente que las rodea.
12. Se desesperó al ver que lo había perdido todo.
13. Cuando se puso en la báscula, constató que se había engordado más de lo que pensaba.
14. En aquellos tiempos mi sobrina Marta estaba en la universidad de Pamplona y estudiaba farmacia.
15. A los padres, les era imposible enviar a su hijo a estudiar porque eran muy pobres.
16. Cervantes describe a don Quijote que lucha contra los molinos de viento.
17. Escuchaban los casetes y aprendían portugués.
18. El niño jugaba con el cuchillo y se cortó en una mano.
19. El abuelo se cayó cuando salía de casa.
20. Salió y dio un portazo para demostrar su desacuerdo.
21. Aunque era muy pequeñito, ya entendía lo que le decíamos.
22. Como ha sido una decisión de su padre, no se opondrá ninguno de los hijos.
23. Si trabajas todo el día, podrías terminar hoy.
24. Cruzábamos la calle y nos encontramos.
25. Se me aproximó un poco y me dijo que no había entendido nada de lo que había dicho el profesor.

Lectura comentada

Entre pirañitas y los de terno y corbata

Toda clase de animales se recolectó para ser salvados en el Arca de Noe.

Y los leones no se comían a las ovejitas, ni los hienas se burlaban de ninguna especie y los elefantes se pusieron a dieta, los monos fueron los que mejor la pasaron, porque saltaban y hacían piruetas en toda el Arca. Existía armonía, paz, tranquilidad. Pero, en el Perú nada de eso existe.

Para sobrevivir, existen dos polos opuestos que son el de los ricos, de los pitucos, de los hijos de buena y rancia familia con apellidos compuestos que está de moda. (¿Será rancia porque apestan?); de los que sirven al país en las Fuerzas Armadas que han amasado millones de dólares en su sacrificada vida militar, o de funcionarios públicos, ministros, diplomáticos que hacen uso de los fondos del estado para sus millonarios sueldos y viajes. Muchos se quedan con el sencillo de los viáticos, sin devolver el dinero. Que Bah! Ni tontos que fueran.

Y también existen los del clero, que apenas se produce una desgracia, lo primero que hacen es reconstruir sus iglesias pero no así las casas de la gente pobre. En fin, esos son los de corbata y terno, uniforme y sotana que, sin haber trabajado, muchos tienen sus «buenos» ahorros y propiedades.

La contraparte son los denominados «pirañitas», jóvenes que atacan a la carrera y en grupitos, como las «pirañas» o los ladronzuelos y avezados ladrones, que secuestran y piden rescate, aquellos que el hambre les obliga a retar la ley, al acecho de la policía, arriesgando sus buenos años de cárcel.

Llegamos a la conclusión que en el Perú siempre ha existido «el abusivo, el abusado y el abusador» que lo explicamos en el Cara a Cara del mes pasado. Todos de una u otra forma roban o abusan uno del otro. No se escapan ni los familiares y amigos.

¿Entonces, cuál es la diferencia ante la ley? En que unos tienen corbata y terno, uniforme o sotana y están dentro de la ley. Los otros, están, así de sencillo, fuera de la ley, pero el resultado es el mismo, ambos cometen delitos. ¿Cuántos miles de miles de millones de dólares se han robado, por decir, en los últimos 70 años en el Perú? ¿Y cuantos han sido metidos presos o devuelto el dinero?

Esa Arca de Noe que tenemos en el Perú no es la misma que Dios ordenó construir para salvar las especies.

En el Perú existen las mejores leyes que país alguno desearía tener, pero, para qué sirven si nadie las cumple.

Es hora de «reinventar» al Perú, porque desde sus inicios, desde la Era República, como los palestinos y los judíos, seguiremos peleándonos, robando y destruyendo. Y cuidado, que con la carretera a Brasil, terminaremos hablando basileiro, bailando samba en lugar de huaynos y adiós Perú. La huachafería estará a punto de caramelo.

J. C., News Review, 23-7-2003

RÍO Y SUS «NIÑOS COMBATIENTES»

Cerca de 4.000 menores de 18 años murieron por heridas de bala en Río de Janeiro entre 1987 y 2001.

La cifra contenida en una investigación del Instituto Superior de Estudios de Religión supera con amplitud el número de los llamados «niños soldados» caídos en conflictos armados como Colombia, Yugoslavia, Afganistán, Sierra Leona o Medio Oriente.

El trabajo fue presentado en septiembre en un seminario sobre niños afectados por la violencia armada organizada, que tuvo lugar en la ciudad brasileña, bajo la coordinación de la ONG local «Viva Río».

La situación de los niños envueltos en disputas por el tráfico de drogas, es analizada durante el encuentro por especialistas y representantes del Instituto de Investigaciones para la Paz de Estocolmo (SIPRI), UNICEF, UNESCO, la Fundación Ford y el consulado británico, entre otras entidades nacionales e internacionales.

El antropólogo británico Luke Dowdney fue el encargado de dirigir el trabajo de investigación en el que se intenta establecer similitudes y diferencias con los denominados «niños de la guerra».

El estudio adopta la expresión de «niños combatientes» para aquellos menores que participan en facciones jerárquicamente estructuradas que trafican drogas en las favelas de Río de Janeiro.

Unos y otros se caracterizan porque no compran sus armas, sino que las reciben, por su reclutamiento prematuro (10 años de edad de promedio) y sus muertes entre los 14 y 17 años actuando dentro de un grupo armado.

La diferencia, según explica Luke es que «los combatientes del tráfico no son soldados porque Río no está en guerra y entonces llamarlos soldados legitimaría en parte sus muertes».

El índice de muertes de menores en Río también supera con creces los de víctimas en enfrentamientos de bandas en California o Nueva York, establece el informe.

Destaca además que en la actualidad, habría unos seis mil menores en Río Grande que portan armas, vinculados con el tráfico de drogas.

De todos modos, Luke Dowdney aclara que el objetivo de la investigación no es la denuncia del tráfico de drogas en Brasil. «Nuestro centro de interés es la protección de esos jóvenes, de esos niños que son forzados a este tipo de violencia porque no tienen otras opciones», explica.

BBC, Mundo, 09 de septiembre de 2002 (378 palabras)

Anotaciones

(6) con amplitud: cumplidamente, con creces, largamente — (7) caído: soldado que pierde la vida en la guerra, fallecido, muerto — (14) envuelto /a: involucrado, metido — (17) entidad (f.): organismo, organización — (19) similitud (f.): semejanza, parecido, analogía — (21) adoptar: emplear, usar, tomar — (25) prematuro /a: que tiene lugar antes de tiempo — (30) con creces: sobradamente, ampliamente — (33) portar: llevar consigo

Análisis y comentario

1. Estructure y resuma el contenido del texto.
2. En el texto se habla de niños soldados y niños combatientes. Explique partiendo de las informaciones contenidas en el texto:
   a) lo que tienen los dos grupos en común.
   b) las diferencias entre ambos.
3. El artículo que analizamos está ilustrado con una fotografía.
   Describa y comente la imagen.

V

Nuestros niños de la calle

YOUSSEF

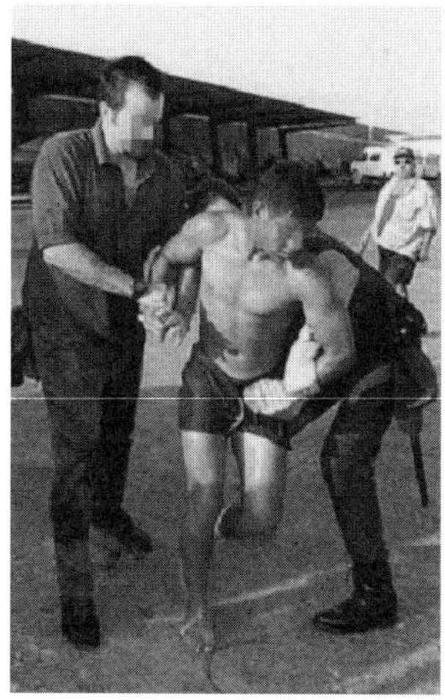

Youssef está a punto de cumplir 18 años, y hace ya casi dos que llegó a España. Es uno de los millares de niños y jóvenes magrebíes que, sin dinero para pagar a las mafias que controlan el tráfico de pateras, cruzan el Estrecho ocultos en los bajos o en los remolques de los camiones que llegan a nuestro país a bordo de transbordadores. Su caso es la radiografía de muchas familias que viven en Marruecos, un país castigado por los enormes índices de desempleo, analfabetismo y pobreza.

Youssef ha vivido la mayor parte de su corta vida en Casablanca, junto a sus padres y sus once hermanos. Allí estudiaba mientras trabajaba en empleos precarios, como vendedor ambulante o temporero. Como a tantos compatriotas, la desesperanza ante un futuro nada halagüeño en su país le empujó a la aventura de buscarse un mejor porvenir en la otra orilla. Agarrado a los ejes de un camión, atenazado por la soledad y el miedo a lo desconocido, Youssef aguantó en su escondite durante 38 horas hasta que el vehículo que le transportaba llegó a Cádiz. "Pasé miedo y mucho sufrimiento –confiesa el joven inmigrante–, pero pensar en lo que me esperaba en mi país me dio fuerzas para seguir adelante. En Marruecos la vida es muy dura, hay mucha gente como yo, allí no hay trabajo, no hay esperanza».

Nuestro protagonista pasó un tiempo en Cádiz, y luego en Madrid, malviviendo como pastelero, mecánico y vendedor, siempre ilegal. Después se trasladó a Bilbao, donde fue interceptado por la policía y, al no disponer de documentación, fue internado en el Centro Zabaloetxe para menores no acompañados, dependiente de la Diputación Foral de Vizcaya. Allí lleva once meses, el tiempo más feliz que ha pasado en España: "ahora vivo muy bien aquí –asegura–. Estoy haciendo un curso de albañilería y pronto recibiré los papeles. Dentro de poco haré realidad mi ilusión de trabajar y poder enviar dinero a mi familia…».

Chema Doménech, Esperanzas y frustraciones, Perfiles, noviembre 2002

Fase preparatoria

1. Intente, con la ayuda de un diccionario, comprender lo más exactamente posible el contenido texto.
2. Anótese las palabras y expresiones que no ha (haya) conseguido comprender totalmente.
3. Haga una traducción libre del primer párrafo del artículo.
4. Prepare bien la lectura del relato para la próxima clase.

Cuestiones sobre el texto

1. ¿Qué edad tiene Youssef? — 2. ¿Cuánto tiempo lleva en la Península Ibérica? — 3. ¿De dónde es Yussef? — 4. ¿Cómo vino a España? — 5. ¿Cuánto tiempo pasó en los ejes del camión? — 6. ¿Qué nos dice el texto de su familia? — 7. ¿Qué fue lo que le llevó a abandonar su país? — 8. ¿Es la odisea de Youssef un caso único? — 9. Antes de trasladarse a Bilbao, Youssef vivió en Madrid. ¿Se puede decir que su estancia en Madrid fue agradable? — 10. ¿Dónde se encuentra ahora el joven inmigrante marroquí? — 11 ¿Cuánto tiempo lleva en el País Vasco? — 12. Al final del texto constatamos que ahora Youssef es una persona feliz. Explique con sus propias palabras por qué.

Análisis y cometario

1. Haga, con sus propias palabras una breve descripción del joven marroquí.
2. ¿Qué nos dice el texto de Marruecos?
3. Describa la foto en unas siete u ocho líneas.
   Puede preguntar al profesor las palabras que necesite.
4. ¿Es Youssef la persona detenida?
   Justifique su respuesta.

DOS MIL MENORES INMIGRANTES HAN CRUZADO EL ESTRECHO DESDE MARRUECOS EN LO QUE VA DEL AÑO

La llegada de 25 menores en pateras a las costas andaluzas en los últimos días eleva a más de dos mil el número de adolescentes, la mayoría de origen marroquí, que se encuentran en España. Según datos de la Junta de Andalucía, más de 1.800 han sido interceptados hasta ahora por la Guardia Civil en el Estrecho, convertido en ruta prioritaria de las mafias tras un año en el que Canarias había sido destino preferente. La llegada de estos niños, con una media de edad de ocho años, abre una nueva vía de investigación en el tráfico de personas, ya que se trata de un hecho novedoso en el entramado de la inmigración clandestina.

Hasta ahora, la manera habitual de entrada de los menores era ocultándose en los bajos de los camiones o en los ferrys que viajan hasta Algeciras. Según la Policía, hasta ahora no se tenía constancia de una entrada tan numerosa de chavales a través de embarcaciones, por lo que se sospecha que las mafias puedan estar utilizando también a los menores para engrosar las arcas de un negocio que mueve ya más dinero que el tráfico de drogas.

Según datos del Ministerio del Interior elaborados a partir de las estimaciones de las Comunidades Autónomas, en los últimos cuatro años el número de menores marroquíes en España se ha multiplicado por cuatro, pasando de 811 en 1998 a casi 3.500 en 2002, lo que da idea de la presión que soportan las Comunidades, encargadas de la tutela de estos menores.

Los atentados del 11-S supusieron un freno en la llegada irregular de estos adolescentes, pero a partir de finales de 2002 el flujo de llegadas se recuperó hasta casi igualar al primer semestre de 2001, fecha en la que se registró el mayor número de llegadas. Las de los últimos días no hacen prever una variación en esta tendencia y algunas Comunidades como la andaluza, por cuyas costas atraviesan la inmensa mayoría de estos menores, ya han dado la voz de alarma. El consejero de Asuntos Sociales de la Junta de Andalucía, Isaías Pérez Saldaña, ha expresado su «enorme preocupación» por este fenómeno, que prevé en aumento. De hecho, entre el mes de julio y la mitad de agosto alcanzaron las costas andaluzas más menores inmigrantes que en todo el año. Ante esta situación, anunció su intención de sentarse a hablar con representantes del Gobierno para «plantear ante la UE que hay que obtener una respuesta de Marruecos».

La legislación española prevé el reagrupamiento familiar del menor en su país de origen como primera medida. Pero hasta ahora Marruecos no ha puesto fácil su devolución, quedando bajo la tutela de la Administración española. Sobreviven en centros de acogida de los que se escapan muchas veces hasta que cumplen la mayoría de edad y pasan a engrosar la bolsa de inmigrantes irregulares. «La presión es tal que no hay plazas suficientes, por lo que en la mayoría de los casos están en la calle», afirman representantes de Cáritas en Barcelona, una de las ciudades con más adolescentes, precedida de Madrid, donde se dirige la mayoría de los menores una vez que atraviesan el Estrecho. «La movilidad de estos chavales es muy grande. Suelen llegar a las costas andaluzas, pero enseguida se trasladan donde creen que pueden trabajar. El boca a boca funciona muy bien. Por eso, es tan difícil su localización. La Comunidad a la que llegan les tienen que ofrecer la posibilidad de estar acogidos en un centro, pero no hay suficientes y, por tanto, esta posibilidad no se está llevando a cabo en muchos casos. Por otra parte, si en nueve meses el Gobierno no ha podido localizar a la familia del menor en su país, tiene que darle un permiso de residencia y para evitarlo se están repatriando sin las garantías debidas», aseguran en esta ONG.

Cruz Roja coincide con este argumento. Representantes de esta organización afirman que en algunas Autonomías «en lugar de ser tutelados inmediatamente atendiendo a la protección del menor, se devuelven aunque su familia no esté en condiciones de acogerlos». Las organizaciones sociales denuncian que el sistema de protección previsto para los menores españoles está fracasando en el caso de los inmigrantes ya que tienen un perfil distinto. De hecho, según datos de una de las pocas investigaciones sobre este asunto publicadas por la Generalitat de Cataluña, la mayoría son chavales que pertenecen a familias estructuradas. No son niños de la calle. El 84,5 por ciento de los que llega viene a trabajar y sus padres, muchas veces, consienten este viaje. «Pertenecen a familias estructuradas que probablemente se hayan endeudado para que sus hijos hagan este viaje. Los padres marroquíes también quieren a sus hijos y ven en el trayecto la solución para salir de la miseria. Deben prevalecer sus derechos como menores antes que como inmigrantes», dice Francisco Ramos, secretario general de Andalucía Acoge.

Isabel Gallego, ABC, 28-9-2003 (834 palabras)

Anotaciones

(2) adolescente (m.): menor que ha pasado la niñez, que se encuentra entre la niñez y la edad adulta, chaval [Jugendlicher] — (3) interceptar: impedir que una cosa (persona) llegue a su destino (en el diccionario «Clave» de SM se lee que este verbo no debe emplearse referido a personas) — (5) prioritario /a: que tiene preferencia, preferido [vorrangig] — (7) novedoso/a: nuevo [neuartig] — (8) entramado (m.): conjunto de elementos que forman un todo, mundo, campo, complejo [Gesamtheit] — (9) ocultarse: esconderse, camuflarse — (11) tener constancia de: tener certeza de, tener pruebas de — (13) engrosar: enriquecer, llenar, aumentar el contenido de — arca (f.); aquí: lugar en el que se guarda el dinero, caja fuerte — (18) soportar: sufrir, aguantar — (19) tutela (f.): protección, defensa — (20) atentados (m. p.) del 11-S: atentados que tuvieron lugar el 11 de septiembre del año 2001 en New York — suponer: llevar consigo, implicar — (21) flujo (m.): movimiento de personas que se trasladan de un lugar a otro, oleada, masa, cantidad, número — (29) sentarse a; aquí: ir a, tomarse tiempo necesario para, ponerse en contacto con — (35) escaparse: huir, abandonar un lugar, irse — (36) bolsa

de inmigrantes (f.); aquí: conjunto de emigrantes — (42) boca a boca (m.): información oral, información que se dan de palabra unos a otros — (55) familias estructuradas: familias íntegras — (58) endeudarse: adquirir deudas, llenarse de deudas [sich verschulden] — (60) prevalecer: imponerse, hacer valer

Cuestionario de estudio

Elaboración y comprensión

a) Cuestiones sobre el texto

1. ¿Cuántos adolescentes han entrado ilegalmente en España en los últimos días? — 2. ¿Cuál es el número de muchachos marroquíes que se encuentran (ilegalmente) en España? — 3. ¿A cuántos de ellos los ha controlado la Guardia Civil en el Estrecho de Gibraltar? — 4. ¿Quién ha fornecido estos datos?. — 5. ¿Qué edad tienen los jóvenes inmigrantes? — 6. ¿Cómo se infiltraban hasta hace poco tiempo estos grupos de jóvenes en la Península Ibérica? — 7. ¿Cómo lo hacen ahora? — 8. ¿Qué sospechan las fuerzas de seguridad? — 9. ¿Cuántos menores marroquíes desamparados había en España en 1998? — 10. ¿Cuál era su número en el año 2002? — 11. ¿A quiénes acarrea dificultades serias el aumento? — 12. ¿Por qué tienen problemas? — 13. ¿Qué consecuencias tuvo el atentado de las Torres Gemelas para la entrada de menores marroquíes en España? — 14. ¿Se ha mantenido la tendencia? — 15. ¿Por qué ha alarmado la Comunidad de Andalucía al resto de la nación? — 16. ¿Cuál es la primera medida prevista en la legislación española para los niños no acompañados que se encuentran en territorio español? — 17. ¿A qué obliga la ley a las comunidades autónomas en caso de que la reintegración familiar no se pueda llevar a cabo? — 18. ¿Cuánto tiempo pasan los desamparados en los centros de acogida? — 19. ¿Por qué dos motivos se encuentran muchos de estos jóvenes en la calle? — 20. ¿Qué ciudades españolas son las que cuentan con mayor número de jóvenes desamparados? — 21.¿De qué inculpa Cruz Roja a algunas comunidades? — 22. ¿Por qué fracasan los sistemas de protección de menores españoles? — 23. ¿Se les puede dar a la mayor parte de estos muchachos el nombre de chicos de la calle? Justifique su respuesta partiendo del texto.

b) Léxico y gramática

I Empleo del subjuntivo

Complete las frases.
1. Dio la excusa de que [él] (tener) que acompañar a su hermana. — 2. Me parece muy raro que [ellos] aún no (llamar). — 3. Es natural que [nosotros] (venir) a visitarte si [tú] (estar) enfermo. — 4. El oculista le aconsejó que cuando (ver) la televisión no (ponerse) muy cerca de la pantalla. — 5. En círculos financieros se rumorea que en el próximo semestre (producirse) una recesión. — 6. No es cierto que la delincuencia (ser) debida a la herencia genética. — 7. Los menores en situación de abandono que no (poder) ser

reintegrados en sus familias tienen derecho a ser tutelados hasta que (cumplir) los dieciocho años por las autonomías en que (encontrarse). — 8. Cuando [nosotros] (llegar) a casa, cenaremos. — 9. Esperamos que (mejorarte) pronto. — 10. Había muy pocas personas que (saber) exactamente lo que (estar) pasando. — 11. Le molestó la superficialidad con que se (tratar) el tema. — 12. Me extrañó muchísimo que [ellos] no (estar) en casa a aquellas horas. — 13. Esperamos que la operación (salir) bien. — 14. El profesor permite que [nosotros] (consultar) el diccionario. — 15. La legislación prevé que los niños en situación de abandono (ser), si (ser) posible, devueltos a sus familias. — 16. El profesor le dijo que (ser) mejor que [él] (dedicar) más tiempo al estudio. — 17.Como mi ordenador tiene poca memoria, [yo] no (poder) trabajar con ficheros que (tener) más de cincuenta kilobytes. — 18. De pequeño siempre decía que cuando (ser) mayor (ser) astronauta. — 19. No es fácil convencer a los sindicatos para que (aceptar) una disminución salarial. — 20. Fue una lástima que [tú] no (poder) venir a la fiesta. — 21. Dijo que (estar) enferma para evitar ir a la escuela. — 21. El conductor frenó el coche porque el semáforo (estar) en rojo. — 23. Se sospecha que en la actualidad existen mafias que (transportar) en embarcaciones a niños de África a España para aumentar sus ingresos. — 24. La psicóloga me ha sugerido que (cambiar) de trabajo. — 25. No toleraremos que [ellos] (faltar) al respeto de los ancianos. — 26. Ante la cantidad de dificultades que ponían los jefes a nuestro proyecto (tirar) la toalla. — 27. Tres menores desamparados fueron introducidos en un avión con destino a Casablanca sin que nadie (informarles), ni a ellos ni a sus familias, del procedimiento que se (estar) siguiendo.

II Ordene los antónimos.
secundario/a — rápido/a — prohibición — primero/a — previsto/a — periferia — ofrecer — ocultarse — moderar — minoría — mayores — legal — insensatez — inquietud — ignorancia — habitual — grave — salida — extrínseco/a — enriquecimiento — enfriar — elevarse — economizar — distinto/a — dificultar — difícil — despacio — desatender — derrota — defender — debilidad — conservación — congregar — aumento — auge — asentimiento — aproximado/a — amar — adquirir — acusación — aceptación — acelerar

agitar	...	atacar	...	atender	...
calentar	...	centro	...	clandestino/a	...
conocimiento	...	decadencia	...	deprisa	...
derrochar	...	descender	...	disconformidad	...
disculpa	...	disgregar	...	disminución	...
empobrecimiento	...	exacto/a	...	excepcional	...
fácil	...	facilitar	...	frenar	...
fuerza	...	imprevisto/a	...	intrínseco/a	...
lento/a	...	leve	...	mayoría	...
menores	...	mostrarse	...	negar	...
odiar	...	pérdida	...	permiso	...
principal	...	prudencia	...	rechazo	...
semejante	...	tranquilidad	...	último/a	...
vender	...	victoria	...	llegada	...

III Complete las frases.

1. *diez años — en peligro — española — huyen — la documentación — la pobreza — miles — una vida*

   Cada año hay ... de niños marroquíes, algunos de apenas ... de edad, que entran solos a España sin ... apropiada. Escabulléndose de la policía marroquí y ... en los puertos y puestos fronterizos, ponen ... su vida por perseguir el sueño de ... mejor. Unos ... de familias abusivas y otros de ... y de la falta de oportunidades de educación y de empleo en su país.

2. *ser golpeados — peligrosa — les niegan — detienen — derecho — centros de acogida — arbitrariamente*

   Con demasiada frecuencia encuentran violencia, discriminación y una vida ... en las calles de ciudades desconocidas. Cuando los ... en España, corren el riesgo de ... por la policía e internados en ... insalubres. A algunos se les niega ... la admisión a estos centros. Con frecuencia en los centros ... los servicios de salud y educación a que tienen ... en virtud de la legislación española.

3. *abandonados — abusos — centros — de — son — tienen*

   Además, en estos ... los niños pueden verse sometidos a ... por parte de otros menores o del personal encargado ... su cuidado. Si ... mala suerte son expulsados a Marruecos, donde muchos de ellos ... golpeados por la policía marroquí y luego ... en el desamparo. (...)

   New York: Human Rights Watch, 2002

IV Traducción

Regulación jurídica de la condición de menores

«Los menores extranjeros que se hallen en territorio español serán tratados conforme a lo previsto en la Convención de las Naciones Unidas sobre los derechos del niño de 1989, ratificada por España en 1990 y tendrán derecho a la educación conforme a lo dispuesto en la Ley Orgánica 1/1990 de 3 de octubre, sobre Ordenación General del Sistema Educativo, así como a la asistencia sanitaria y a las demás prestaciones sociales, conforme a los dispuesto en la mencionada Convención y en el Artículo 10.3 de la Ley Orgánica 1/1996 de 15 de enero de protección jurídica del menor». *(Real Decreto 155/1996, de 2 de febrero)*

«Se considera regular a todos los efectos la residencia de los menores que sean tutelados por una Administración pública. A instancia del organismo que ejerza la tutela, se le otorgará un permiso de residencia, cuyos efectos se retrotraerán al momento en que el menor hubiese sido puesto a disposición de los servicios competentes de protección de menores.

En los supuestos en que los Cuerpos y Fuerzas de Seguridad localicen a una persona indocumentada respecto de la que no pueda ser establecido con exactitud si es mayor o menor de edad, lo pondrán en conocimiento de los Juzgados de Menores para la determinación de la identidad, edad y comprobación de las circunstancias personales y familiares. Determinada la edad y demás datos a que se ha hecho mención, si se tratase de un menor, la Administración competente resolverá lo que proceda sobre el retorno o no a su lugar de origen o sobre la situación de su permanencia en España». *(Ley Orgánica 4/2000 de 11 de enero)*

Lectura comentada

El calvario de los menores

La situación de los menores marroquíes en España está en el centro de las negociaciones entre el Gobierno español y el reino alauí, desde la reanudación de las actividades diplomáticas. Desde que el embajador marroquí en Madrid, Abdesalam Baraka, pidió en febrero a España que devolviera a Marruecos a sus menores, los procesos de identificación de los más de 3.600 niños marroquíes acogidos en España se han acelerado con el fin de facilitar la reagrupación familiar a su país de origen.

Sin embargo, son pocos los que se preguntan en qué condiciones se produce la repatriación de estos niños. Para dar un ejemplo de cómo se suele desarrollar esta vuelta a su país de origen, Mercedes Jiménez, antropóloga de la Universidad Autónoma de Madrid experta en emigración de menores, relata el calvario por el que pasaron tres adolescentes marroquíes, de entre 15 y 17 años, que en octubre del año pasado fueron repatriados a Marruecos desde Barcelona.

Los menores fueron introducidos en un avión con destino a Casablanca sin que nadie les informara, ni a ellos ni a sus familias, del procedimiento que se estaba siguiendo. La ley española establece que un menor emigrante no acompañado sólo puede ser repatriado si expresa su consentimiento y siempre que su familia o una institución de acogida se hagan cargo de él.

No fue así en este caso y cuando los niños aterrizaron en Casablanca a más de 400 kilómetros de su ciudad de origen, Tánger el único recibimiento que tuvieron fue el de un furgón policial que les condujo a una comisaría, donde pasaron cuatro días encerrados en un calabozo junto con presos comunes adultos, mientras eran sometidos a malos tratos.

Los adolescentes estuvieron los cuatro días a pan y agua, durmieron en el suelo y sólo pudieron abandonar las dependencias policiales cuando el hermano de uno de ellos, al que habían conseguido prevenir a través de un teléfono móvil, se presentó en la comisaría y consiguió su liberación después de sobornar a un funcionario. El resultado de esta repatriación hecha sin garantías fue que uno de estos menores había vuelto a las calles de Barcelona una semana después. Esta historia es una de las que se relatan en un informe sobre la emigración de menores marroquíes elaborado por el colectivo independiente Al Jaima, financiado por la Agencia Española de Cooperación Internacional.

Los resultados del informe, que se elaboró sobre una base de 105 niños y 30 familias, de los que muchos de ellos habían sido repatriados, son demoledores. Según Jiménez, en España y en Marruecos «se vulneran los derechos de los niños y de todos los casos estudiados no hemos encontrado ni uno solo en que la repatriación se haya hecho con garantías».

La antropóloga muestra su escepticismo sobre la posibilidad de que los menores sean repatriados a Marruecos para ser acogidos por centros especializados porque afirma: «Hoy por hoy no hay ninguna institución en este país que pueda aplicar con garantías el retorno y los derechos de estos niños».

Trinidad Deiros – Bronte, El Mundo, 10-3-2003

TRES NIÑOS MAGREBÍES VIAJAN 660 KILÓMETROS EN LOS BAJOS DE UN CAMIÓN

Tres menores indocumentados vieron frustradas sus ilusiones el pasado martes cuando un camionero los descubrió en los bajos de su tráiler congelador. Los niños, de los cuales sólo se sabe que tienen entre 8 y 14 años de edad, estaban en un pequeño habitáculo de medio metro de altura y dos de longitud, e hicieron un recorrido de 660 kilómetros y más de 9 horas de viaje.

El conductor salió de Ciudad Real al mediodía en dirección a Barcelona. Hacia las diez de la noche el conductor paró a cenar en un restaurante próximo a una gasolinera, en Alcarràs (Segrià), sin sospechar en ningún momento nada extraño. Al salir del local algo le llamó la atención entre los ejes delanteros y posteriores del vehículo, un camión frigorífico. Al acercarse, descubrió a los tres niños, escondidos en ese pequeño habitáculo, que realizaban el viaje a escondidas poniendo en serio peligro sus vidas.

Un portavoz de los Mossos d'Esquadra informó de que los menores se encontraban en el vehículo desde el inicio del trayecto, en Ciudad Real. El camionero, asustado en principio por los problemas legales que pudiera ocasionarle este hecho, decidió llamar a la policía autonómica, que poco después se hizo cargo de los niños y los puso a disposición de la Fiscalía de Menores.

Los tres magrebíes pasaron dos noches en el centro de menores de Raïmat (Segrià) por orden de la fiscalía y bajo tutela de la Generalitat, a la espera de diversas pruebas. Ante la falta de documentación, ayer se les practicó un examen radiológico en el que se les analizaron los huesos de las muñecas y se confirmó que los tres son menores.

La intención de los chicos, que podrían tener entre 8 y 14 años, era llegar a Barcelona. Los jóvenes conocen el castellano, hecho que hace pensar a los Mossos d'Esquadra que se encontraban desde hacía tiempo en España. (...)

Al igual que sucede con estos tres magrebíes, el Departamento de Bienestar y Familia de la Generalitat da alojamiento en forma habitual a muchos niños y jóvenes inmigrantes abandonados. El primer paso que realiza la Generalitat es buscar a las familias de los chicos: se trabaja en colaboración con los consulados para intentar devolverlos a su país, siempre y cuando se compruebe que sus padres están en condiciones de mantenerlos. Si eso no es así, son enviados a centros residenciales, de donde en principio pueden salir y entrar sin problemas. En caso de que hayan cometido algún delito, la situación es más complicada y decide la justicia.

Pero la problemática de los niños de la calle no es nueva. En 1997 se empezó a advertir la presencia significativa de menores inmigrantes sin familia en todo el territorio español. En el año 2000 se formó la Plataforma en Defensa de los Menores Inmigrantes Desamparados, que presionó a las administraciones para que realizaran un trabajo más eficiente en este asunto. Se ha llegado a hablar de hasta 300 menores abandonados, sobre todo de origen magrebí, sólo en las calles de Barcelona. Las administraciones no han podido determinar la cifra exacta, aunque en los últimos años la tendencia de recién llegados ha bajado. *P. J. Álvarez / S. Cabrera, El País, 22-08-2003 (546 palabras)*

Anotaciones

(2) camionero (m.): conductor de un camión — en los bajos: en la parte baja — (4) habitáculo (m.): espacio de un automóvil o de un camión destinado al conductor y a los viajeros — (9) eje (m.): pieza mecánica que transmite el movimiento de rotación [Achse] — (11) a escondidas: ocultándose, ocultamente — (12) Mossos d'Escuadra: policía de la Autonomía Catalana — (15) hacerse cargo de: tomar a su cuidado a, encargarse de [übernehmen] — (16) fiscalía (f.): [Staatsanwalschft] — (20) muñeca (f.): parte del cuerpo donde se junta la mano con el brazo — (25) dar alojamiento: albergar [unterbringen] — (35) presionar: ejercer presión — (38) recién llegado /a: que acaba de llegar

Análisis y comentario

1. Estructure y resuma el contenido del texto.
2. Explique con sus propias palabras el viaje y la llegada a Alcarràs de los tres niños magrebíes.
3. En el texto leemos que la Generalitat se hizo cargo de los tres niños.
   a) Explique lo que dispone la legislación española con referencia a los menores inmigrados sin familia.
   b) Los resultados prácticos de lo dispuesto en la legislación española son bastante negativos. Explique por qué.
4. ¿Ve usted alguna posibilidad de solucionar el problema de los niños en situación de abandono?
   Justifique su respuesta.

ENGANCHADOS AL PEGAMENTO

No hace falta viajar a Latinoamérica para saber que miles de niños están enganchados al pegamento. La televisión se ha encargado de mostrárnoslo en docenas de reportajes. Una imagen que llena siempre de tristeza. Sobre todo por injusta: no hay derecho a que unos niños tengan tanto y otros tan poco, a que la riqueza esté tan mal repartida en el mundo.

Pero lo peor de todo es que esa imagen, la de los ojos perdidos de un niño con un trapo pegado a la nariz empapado en disolvente, ya ha llegado a Madrid. Desde hace meses, varias docenas de niños solos sobreviven como pueden en el barrio de Lavapiés. Niños de entre nueve y 16 años que un buen día se escaparon de sus casas en Marruecos, embriagados por otro gas: el que emana de las imágenes del bienestar que retransmite la televisión desde España.

Jugándose la vida, atravesando el Estrecho, esos niños acaban en las grandes ciudades. Y no hay nadie que les guíe, que les ayude. No tienen dinero y roban. Tienen hambre y se la quitan inhalando pegamento y disolvente para pinturas. Un veneno lento y terrible. Pero barato.

Entre las callejuelas de Lavapiés parecen zombis. No piensan, asaltan a cualquiera, roban donde pueden y como pueden. Amenazan. Sólo piensan en cómo conseguir un nuevo bote de disolvente. Ya no disciernen entre el bien y el mal. Son enfermos. Y la alarma ha saltado en todo el barrio. Los vecinos no se sienten seguros. Tienen miedo. Tanto, que algunos salen a pasear con un cuchillo o con un hacha. Están hartos.

El problema es grave y difícil, porque la tensión es enemiga de la templanza y puede ocurrir una desgracia. No se les puede internar en un centro de menores porque sus delitos no son graves. Y de los centros de acogida se escapan.

La cuestión es: ¿qué haríamos con un niño español adicto a una droga? Internarlo en un centro y desintoxicarlo. En este caso, la libertad de esos niños no está por encima de su salud. Es necesario ayudarles ahora. Dentro de dos años será muy tarde. Se convertirán dementes con un cerebro destruido.

Sí, son marroquíes, son inmigrantes, pero ante todo son niños, niños enfermos, y necesitan ayuda. Y en nuestra ciudad hay instituciones que pueden y tienen la obligación de ayudarles.

Ricardo Sanz, El Mundo, 28-10-2002 (327 palabras)

Anotaciones

(1) estar enganchado /a a: ser adicto a — (2) encargarse de: ponerse como objetivo, ocuparse de — (3) no hay derecho a: es injusto, es una injusticia — (7) trapo (m.): pedazo de tela, andrajo — pegado /a; aquí: puesto en, colocado en — empapado /a: impregnado, humedecido — (9) escaparse de; abandonar, huir de, marcharse de — (10) emanar: salir, proceder, provenir — (12) jugarse: poner en peligro, arriesgar— (13) guiar: decir el camino que se debe seguir, conducir, orientar — (16) callejuela (f.): calle estrecha, calleja — zombi (m.): muñeco, ser que no es consciente de lo que hace

— asaltar: abordar a alguien con la intención de robar, agredir, atacar [überfallen] — (18) bote (m.): recipiente pequeño, lata — iscernir; aquí: distinguir, diferenciar, — (20) hacha (f.): herramienta cortante que consta de una hoja de metal afilada y un mango de madera [Axt, Beil] — (21) templanza (f.): moderación, continencia — (27) demente: loco, paranoico, deficiente mental

Cuestionario de estudio

Elaboración y comprensión

a) Cuestiones sobre el texto

1. ¿Dónde han podido ver los españoles imágenes de niños que inhalan pegamento? — 2. ¿Qué es lo que se debe considerar en nuestro mundo como verdaderamente injusto? — 3. ¿En qué zona de Madrid se pueden ver niños adictos al pegamento? — 4. ¿Qué edad tienen los niños? — 5. ¿De dónde son esos niños? — 6. ¿Por qué abandonaron su país? — 7. ¿Cómo logran estos niños sobrevivir en la calle? — 8. ¿Se les puede culpar de los delitos que cometen? — 9. ¿Cómo reaccionan algunos vecinos de Lavapiés ante los niños del pegamento? — 10. ¿Por qué no pueden ser detenidos los niños que inhalan pegamento por las calles del barrio de Lavapiés? — 11. El autor dice que estos niños necesitan una ayuda urgente. Explique con sus propias palabras por qué.

b) Léxico y gramática

I Escriba los substantivos que pueden corresponder a los siguientes verbos.

abandonar	...	acoger	...	adquirir	...
advertir	...	agredir	...	alarmar	...
alcanzar	...	amenazar	...	acordar	...
amparar	...	angustiar	...	anhelar	...
asaltar	...	atacar	...	atender	...
auxiliar	...	ayudar	...	conseguir	...
creer	...	defender	...	descuidar	...
desdeñar	...	desear	...	distribuir	...
dividir	...	esperar	...	guiar	...
imaginar	...	inquietar	...	intentar	...
lograr	...	negar	...	olvidar	...
pensar	...	perder	...	pretender	...
prohibir	...	provocar	...	rechazar	...
repartir	...	retransmitir	...	robar	...
sentir	...	socorrer	...	viajar	...

II Complete las frases.

1. *duermen — en situación — los primeros — no — padecen — una excepción*
   Por supuesto, España no es ... a la cruda realidad que ... los niños y niñas de la

calle. Desde que en 1997 se detectaron en Barcelona ... casos de niños inmigrantes ... de desamparo, el número de menores que viven y ... en las calles españolas ... ha parado de crecer.

2. *un error — su — se trata — menores — llegan — laboral — familiar — dinero rápido — de marginación*

   Se trata mayoritariamente de ... varones, de procedencia magrebí que ... a nuestro país sin un referente ... adulto, con un proyecto ... concreto y dispuestos a ganar ... para poder ayudar a sus familias. Sería ... considerar que ... de niños de la calle en sus países de origen ya que ha sido la situación ... en los países de acogida la que ha provocado ... exclusión.

3. *referentes — menor de edad — inequívoca — en desamparo — de atención — a su favor*

   En este caso los menores tienen ... una ley que va por delante de las necesidades y que es ... al respecto: «una persona ... que se encuentre en territorio español, sin ... familiares adultos, deberá ser declarada ... y amparada, tutelada y documentada por los servicios ... a la infancia de la comunidad autónoma correspondiente.

4. *de manera — debe — necesaria — regularización — reivindicar — se cumplan — una situación*

   Entendiendo que el desamparo es ... de hecho, que la tutela ... hacerse de forma inmediata y ... efectiva y que ha de usarse toda la diligencia ... para conseguir la documentación y ... del menor». No se trata, por lo tanto, de ... unas leyes más justas sino de crear el marco necesario para que ... las vigentes.

   Carles Vidal, One World, 2002

III Condicional (repaso)

1. Si (continuar) la degradación ambiental, la tierra se convertirá en un infierno. — 2. Si [él] viviera más cerca, no (llegar) tantas veces tarde al trabajo. — 3. Si [tú] (venir), te habrías divertido mucho. — 4. Si la riqueza estuviese mejor repartida, el hambre en el mundo no (existir). — 5. Si [yo] (encontrar) a Luis, te avisaré. — 6. Si no tienes conocimientos de arte, (ser) fácil que no (entender) el libro. — 7. Si [tú] (decir) siempre la verdad, no tendrías tantos problemas. — 8. Si hubiéramos sabido que llegabais hoy, (prepararos) algo para cenar. — 9. Si [vosotros] (daros) prisa, no perderemos el autobús. — 10. Si supiera quién lo ha hecho, (decírtelo). — 11. Si [tú] (estudiar) más, no estarías ahora tan preocupado con los exámenes. — 12. Si no se toman medidas radicales, el equilibrio ecológico de nuestro planeta (estar) en grave peligro dentro de pocos años. — 13. Si [nosotros] (incorporar) un módem a nuestros ordenadores, podremos intercambiar informaciones. — 14. Si tuvieras dos dedos de frente, no (hacer) estas locuras. — 15. Si [yo] (encontrarme) mal, habría llamado al médico. — 16. Si [ellos] (tener) verdaderas perspectivas de vida en África, no se vendrían a Europa. — 17. Si hubieras practicado más el francés, no (olvidarlo). — 18. Si (seguir) disminuyendo la mano de obra como hasta ahora, los sindicatos no podrán obtener la pretendida reducción del

horario laboral. — 19. Es una lástima porque si tú estudiases un poquito más, (sacar) unas notas estupendas. — 20. Si su situación (ser) más esperanzadora, no hubieran arriesgado su vida atravesando el Estrecho. — 21. Si [tú] (hacer) lo que te digo, no te pasará nada. — 22. Si [tú] (dormir) más la noche pasada, ahora no estarías tan cansado. — 23. Si es cierto lo que cuentas, [nosotros] (ayudarte). — 24. Si no (estar) siempre en la luna, te habrías enterado de mi pregunta.

IV Modismos

Remplace los segmentos en itálica por las expresiones correspondientes.

avivar la discordia — enfadada — es muy listo — faltando a las clases — la persona menos importante — ofrecieron un gran banquete — tuvieron muchas dificultades — se entienden bien — sufrí una gran decepción — toma las decisiones

1. Sus palabras sólo sirvieron para *atizar el fuego*.
2. Sus padres *se las vieron negras* para sacar adelante a todos los hijos.
3. Alberto se pasó el curso *haciendo novillos* y ha suspendido todas las asignaturas.
4. Los dos primos *hacen buenas migas*.
5. No te fíes de él, que es un individuo que *sabe mucho latín*.
6. Cuando me enteré de que me había mentido, *se me cayó el alma a los pies*.
7. En esta empresa es el subdirector el que *corta el bacalao*.
8. Está *de morros* porque no podemos ir al cine con ella.
9. Me mandó callar porque dice que soy *el último mono*.
10. Cuando se les casó la hija *echaron la casa por la ventana*.

V Traducción

¿De México a Madrid?

Las temidas escenas vistas en tantas fotografías y documentales de la televisión están más cerca de lo que creíamos. Pero, ¿qué tiene el pegamento que ya se ha cobrado miles de víctimas en América Latina?

Descubiertas sus cualidades entre los niños mendigos de México, en los años 60, de allí pasó a ser consumida por los gamines colombianos y los meninos da rua brasileños quienes, cruzando el Atlántico, lo introdujeron en Portugal para, de aquí, dar un sencillo salto hasta Marruecos.

Su manipulación es sencilla. Nada más quitar el tapón el olor tira de espaldas. Es muy similar, pero mucho más fuerte, al de las tintorerías de limpieza en seco. Algunos utilizan una bolsa de plástico. Echan en su interior el producto químico, meten la cara y comienzan a inhalar. Sin embargo, y sobre todo aquí, en España, lo más frecuente es que decidan cortar de un tajo el trozo de calcetín que va por encima del tobillo y que en su interior pongan una pequeña cantidad de pegamento. La razón de estos manejos hay que encontrarla en su alto poder abrasivo: es la mejor manera de evitar que se pegue a la nariz que, insensibilizada, no recibe el contacto en la epidermis.

Las consecuencias son terribles. El bioquímico Roszack lo describió hace unos años de una manera muy gráfica: «El pegamento convierte el cerebro en un puré de garbanzos». Javier Urra también ha estudiado sus efectos.

«Si a los chavales que lo inhalan ahora les hiciésemos un test de inteligencia dentro de un año, notaríamos los agujeros que se han producido en su cerebro. El resultado normal son terribles alucinaciones, alteraciones psicóticas, la mirada perdida y una fuerte halitosis», asegura.

Jaime Barrientos, El Mundo, 14-2-1999

Lectura comentada (interviú)

«Me han obligado a robar»

Hassan Abdelkader Mohamed es uno de los muchos niños de la calle que hay en Melilla, un menor acogido por la Ciudad Autónoma de Melilla que, al cumplir 18 años, ha quedado totalmente desasistido y, lo que es peor, ha sido declarado apátrida.

Actualmente lleva un año sobreviviendo en las calles de la ciudad cuidando coches, practicando la mendicidad y escondiéndose de la policía y sus controles de documentación para evitar ser expulsado de la tierra donde ha crecido. Éstas son sus espeluznantes declaraciones.

— *¿De dónde eres y por qué viniste a Melilla?*

— Yo nací en Mekinés y allí viví cuando era muy pequeño. De niño siempre escuchábamos historias de mayores que hablaban de España y de Europa. Nos decían que la vida era mejor y que podíamos ganar mucho dinero. Además, veíamos a los vecinos y familiares que llegaban de Alemania y Francia con coches, con buenas ropas y regalando cosas y así todos creíamos que en Europa o en España podíamos vivir mejor.

Desde muy pequeño en las calles de Mekinés y de muchas ciudades de Marruecos, los niños miramos y buscamos la forma de poder escapar para ir a Europa y eso me hizo intentar llegar hasta Melilla más de una vez.

— *¿Y cómo con sólo 9 años pudiste llegar a Melilla?*

— En Marruecos nadie te dice nada si eres menor y vas por la calle o si no vas al colegio y vendes cosas que los mayores te dan. Llegar a Melilla no es difícil para un niño de Marruecos. Tú vas por la carretera y los coches te paran y te preguntan a dónde vas. Hay mayores buenos y mayores malos, pero casi todos te llevan porque les da igual. Muchas veces te montan para decirles a la policía que eres su hijo y así no te vigilan ni el coche ni nada.

— *¿Recuerdas cuánto tardaste en llegar a Melilla?*

— Poco, un día o dos. En Marruecos es fácil llegar hasta la frontera con Melilla, porque nadie dice nada. La policía no es como la española que te ve por la calle y te pregunta qué haces o dónde vas. En Marruecos vas tranquilo de un lugar a otro sin papeles y sin nada, porque a nadie le importa lo que hagas.

— *Cuando llegaste a la frontera de Melilla, ¿cómo la pasaste si no tenías papeles?*

— Pasar la frontera de Melilla no es problema.

Es casi como ir por Marruecos, porque nadie te dice ni te pregunta nada. Si te ponen pegas hay quienes saben sitios por los que te puedes colar, pero yo pasé por la frontera y ni la policía española ni la marroquí me dijeron nada. Iba al lado de una mujer para que dijeran que era su hijo y pasé sin problemas.

— *¿Tuviste que pagarle a alguien para llegar hasta Melilla?*

— No. No tenía dinero. Algunos te pedían cosas para llevarte de un sitio a otro, pero cuando veían que no tenías dinero no te decían nada. Para entrar a Melilla tampoco hay que pagar nada ni a los españoles ni a los marroquíes.

— *¿Qué hiciste cuando llagaste a Melilla?*

— Primero estaba asustado porque había mucha policía y si te ven sin papeles te llevan a la frontera o te hacen muchas preguntas. Los primeros meses eran muy duros porque no conocías a nadie y te tenías que buscar la vida como podías. La gente de Melilla se asusta de los menores y nadie te ayuda. Además, había muchos mayores que intentaban abusar de nosotros, obligándonos a hacer cosas sexuales a cambio de dinero.

— *¿Qué te pedían a cambio de dinero?*

— Que fuese con ellos a los pinos y allí nos tocaban y nos decían muchas cosas. En Melilla hay muchos mayores dando vueltas con los coches que buscan a los menores para que hagan cosas con ellos y nos dan 2.000 o 5.000 pesetas con las que podemos comer algunos días, si no nos las roban antes los mayores que también están en la calle. Cuando tienes dinero lo tienes que esconder muy bien porque si lo saben te pegan y te lo quitan.

— *¿Dónde vivías antes de estar en un centro de acogida?*

— En la calle, donde se puede. Por la Alcazaba hay muchos sitios para poder esconderse del frío y allí nos metemos. Lo malo es que allí están también los mayores de la calle que son muy malos. Te pegan, te roban, abusan de nosotros y nos dicen que tenemos que robar para poder quedarnos ahí. Si no les haces caso, te pegan muy fuerte y abusan de ti.

— *¿Te han obligado a ti a robar alguna vez?*

— Sí, muchas veces. Te dicen dónde tienes que ir, cómo romper los cristales de los coches y lo que tienes que robar. Ellos te ven de lejos y si no haces lo que te mandan, después te pegan muy fuerte.

— *¿Y qué os dan a cambio? ¿Es que os dan cosas para robar?*

— Claro, nos dan pegamento y pastillas para que se nos quite el miedo. Muchos menores tenemos miedo de robar por la policía o porque nos expulsan a Marruecos y ellos nos dan esas cosas porque dicen que con ellas se quita el miedo. Muchas veces cuando te tomas esas pastillas no sabes ni lo que haces. Ves un coche y vas a romper el cristal sin miedo o si ves un teléfono móvil o un bolso te lo llevas como si estuvieras solo en la calle. Casi todos los menores que roban lo hacen porque han tomado pegamento o pastillas.

— *¿Y qué pasa si no te tomas las pastillas o el pegamento?*

— Te lo tienes que tomar por fuerza, si no te pegan. Los mayores no nos dejan salir hasta que ellos ven como nos tomamos las pastillas o respiramos el pegamento un rato. Una vez un niño tiró el pegamento que le dieron y le pegaron mucho, hasta que le hicieron mucha sangre.

— *¿Te han pegado a ti alguna vez?*

— Sí, muchas. Una vez me rompieron la cara y tuve que estar en el hospital. Yo no quería que abusaran de mí, ni robar. Sólo estaba buscando un sitio donde poder estar porque me habían echado del centro y no tenía nada. Les dije que no quería hacer nada y me pegaron muy fuerte. Pero no sólo a mi, todos los niños que no les hacen caso reciben muchos palos.

— *Ahora que no estás en ningún centro, ¿cómo es tu vida?*

— No puedo hacer nada. Como de las sobras de los contenedores y me lavo en la playa, pero tengo que ir a dormir a la zona de la cárcel vieja y allí están los mayores que nos pegan y nos obligan a hacer cosas malas. Cuando encuentro algún sitio donde dormir que no sea ese, me quedo por ahí, pero a veces en las calles de noche pasan muchas cosas malas y si estás dando vueltas por no ir a donde están los mayores viene la policía y es peor. En los centros no podemos estar y te da mucho miedo estar en la calle o irte a donde están los mayores.

— *¿Has pedido los papeles?*

— Sí, muchas veces, pero no me los quieren dar. Me dicen que vaya a Marruecos con mis padres pero mis padres ya no viven en Mekinés, yo no sé dónde están y no puedo estar así. Un día me van a matar porque no quiero robar ni hacer nada malo, quiero tener mis papeles y poder irme a España a trabajar como otra persona normal.

— *¿Con quién has hablado para pedir los papeles?*

— He ido a la Delegación del Gobierno y me han pedido el pasaporte y muchas cosas más que yo no sé qué son. A mí en Marruecos no me dan el pasaporte porque tengo que pagar mucho dinero y yo no tengo. Tampoco tengo familia y en Melilla no nos dejan estar en centros.

José me llevó a hablar con el Defensor del Pueblo y me dijeron que me iban a ayudar, pero cada vez las cosas están peor. Antes había más menores que mayores, pero ahora hay muchos mayores y por donde vas te los encuentras y te piden que robes o que les des el dinero y si no lo haces te pegan. Un día nos van a matar a todos y nadie se va a enterar. Queremos que alguien haga algo por nosotros porque así no podemos vivir.

— *¿Te han amenazado de muerte alguna vez?*

— Todos los días. Si vas a donde están los mayores y no haces lo que ellos quieren te dicen que te van a matar cuando te vean por la calle durmiendo en cualquier sitio. Yo estoy asustado y nadie hace nada por mí. Los españoles se creen que todo esto es mentira pero hay muchos niños que los pueden matar un día por no robar, por eso quiero que la gente nos ayude. Nosotros no somos malos y todo lo que hacemos es porque los mayores nos pegan sino les hacemos caso y nos pueden matar.

Natural, otoño, 2001

Análisis y comentario (Enganchados al pegamento)

1. Estructure y resuma el contenido del texto.
2. Anótese los elementos con los que caracteriza el autor al niño de la calle madrileño y haga una descripción detallada de estos menores.
3. Ricardo Sanz muestra en este texto una seria preocupación.
   a) ¿De qué tiene miedo concretamente el autor del texto?
   b) ¿Comparte usted su temor?
   Fundamente su respuesta.
4. Escriba una carta al alcalde de Madrid mostrando su preocupación por estos niños y solicitando su ayuda.
5. Explique el contenido y la función del título del texto.

«A VECES, LLORO POR DENTRO»

Ismael camina con unas viejas y sucias zapatillas de estar por casa que en sus pies se convierten en una reveladora paradoja. Porque Ismael, un chico marroquí de 14 años, no tiene casa. Este símbolo de comodidad es su calzado en el único hogar que conoce desde hace seis años: las calles de Ceuta. Y eso se adivina al instante con sólo observar sus vaqueros y una chaqueta deportiva ennegrecidos por la miseria. «Es la única ropa que tengo y llevo 10 días sin poder lavarme, aunque a mí me gusta estar limpio», se disculpa.

Sin embargo, no es la suciedad lo que atrae la atención sobre este niño de mirada profunda y orgullosa. Sus manos, su rostro y su espalda muestran las heridas, algunas aún sin cicatrizar, de las batallas que libra contra las leyes no escritas de la calle. La última la tiene marcada con fuego. Hace apenas un mes despertó envuelto en llamas. Un marroquí de 22 años intentó quemarlo vivo por negarse a robar para él.

Como todas las noches, Ismael dormía sobre los fríos bloques de granito del puerto de Ceuta. En las escolleras, el lugar de los sueños de estos niños de nadie que aguardan una oportunidad para aferrarse a un futuro mejor, el olor a disolvente le hizo abrir los ojos. «De repente tenía fuego en los brazos y en la cara. «El marroquí mayor me dijo que robara con él y yo le dije que no. Por la noche, me echó disolvente y prendió fuego», recuerda Ismael con la vista en sus manos policromadas por las quemaduras. «El olor y el calor me despertaron. Luego sólo pensaba en apagar el fuego y me tiré al agua. Luego salí corriendo a pedir ayuda a una ambulancia que pasaba».

Lo cuenta sin darle importancia, como si las terribles agresiones que ha sufrido fueran gajes del oficio. «Este marroquí mayor ya me había clavado una navaja por lo mismo», dice mientras muestra la cicatriz que atraviesa su cuello y espalda.

Una veintena de niños de la calle de Ceuta asisten atentos a su relato y le obligan a abrirse la chaqueta para enseñar otra huella de la vida entre las piedras, por las que corren también las ratas. Su tripa padece una erupción de granitos: «Me han picado unos mosquitos», explica el chico para justificar lo que a primera vista parece sarna.

—¿Después de lo que te ha pasado, no tienes miedo?

—No. Para vivir en la calle no puedes tener miedo. Ahora lo que pasa es que desconfío de la gente.

Habla como un adulto con voz de niño, con ojos que se resisten a llorar y con la declarada determinación de no rendirse a su destino. «A veces, por la noche, lloro por dentro». Hace seis años, Ismael, el mayor de siete hermanos, decidió marcharse de Tetuán para no volver. «Tenía problemas familiares. Vine a Ceuta a buscarme la vida».

Su historia y sus deseos no difieren de los de la mayoría de los niños que cruzan la frontera empujados por sus familias. Pero, además, Ismael desmonta con sus principios los argumentos de las autoridades que criminalizan a estos chicos para evitar tutelarlos.

—Yo no robo, prefiero pedir. Tampoco inhalo pegamento, como otros. Esnifar te empuja a robar, pierdes el control sobre ti mismo y yo quiero controlar mi vida. Cuando llegué y era más pequeño también un mayor me obligó a robar y a pedir para él. Se lo daba todo a cambio de protección.

—¿Cómo te protegía?

—La protección era que no me robaran los demás y que no me pegaran.

La mendicidad le permite reunir entre 300 y 1.000 pesetas en un buen día. Por la tarde, vuelve a las escolleras a esperar.

—Yo quiero ir al colegio aquí, buscar un futuro y ser carpintero.

—¿Crees en la suerte?

—Sí.

— ¿Y si la tuvieras...?

—Conseguiría los papeles y un trabajo digno.

Isabel Longhi-Bracaglia, El Mundo, 25-1-2001 (661 palabras)

Anotaciones

(1) zapatillas (f.p.) de esta por casa: zapatos sin talón, pantuflas [Hausschuhe] — (2) paradoja (f.): situación que aparentemente encierra una contradicción, contrasentido, absurdo [Widersinn, Paradoxon] — (3) comodidad (f.): situación de una persona que se encuentra bien y a gusto, bienestar — (4) adivinar: descubrir por intuición, conjeturar — (5) vaqueros (m. p.): pantalones de tela fuerte y generalmente azul, tejanos, bleu-jeans — ennegrecido /a: que se ha puesto negro, oscurecido, sucio — (9) espalda (f.): parte posterior del cuerpo humano que comprende desde los hombros a la cintura, dorso [Rücken] — herida (f.): rotura del tejido de la piel producida por un golpe o un corte, lesión [Wunde, Verletzung] — (10) cicatrizar: cerrar una herida, curar, sanar [heilen] — (11) marcado /a: [gebrandmarkt] — envuelto /a en: cubierto de, rodeado de [eingewickelt] — (14) escolleras (f. p.): dique, muro de protección, sobre todo en los puertos, contra las olas del mar — aguardar: estar a la espera de, esperar — (15) aferrarse: agarrarse, asegurarse [sich festhalten] — disolvente (m.): pegamento, cola, tintura — (22) gajes (m. p.) de oficio: molestias e inconvenientes que lleva consigo una ocupación o una profesión — clavar: introducir un objeto puntiagudo en un cuerpo, meter, hundir — (23) atravesar: ir de una parte a otra — (26) erupción (f.): aparición en la piel de manchas o granos — granito; aquí: diminutivo de grano [Pickel] — (27) sarna (f.): enfermedad de la piel, roña [Räude] — (30) desconfiar de: no tener confianza en, recelar de — (32) rendirse a: doblegarse a, someterse a, capitular ante — (35) no diferir de: no ser diferente de, no diferenciarse de — (36) empujado /a: estimulado, impelido, animado [angestoßen] — (38) tutelar: proteger, ayudar, cuidar — (44) pegar: maltratar físicamente, golpear — (45) mendicidad: lo que se obtiene pidiendo, acto de pedir limosna — (47) carpintero (m.): persona que construye objetos de madera

Cuestionario de estudio

Elaboración y comprensión

a) Preguntas sobre el texto

1. ¿Qué edad tiene Ismael? — 2. ¿Es Ismael de Ceuta? — 3. ¿Dónde vive? — 4. ¿Qué es lo que llama la atención en su forma de vestir? — 5. ¿Cuánto tiempo lleva sin poderse cambiar de ropa? — 6. ¿Qué es lo que atrae especialmente la atención en Ismael? — 7. ¿Por qué estuvo su vida en grave peligro hace unos días? — 8. ¿Dónde pasa Ismael las noches? — 9. ¿Qué le propuso un joven marroquí? — 10. ¿Aceptó Ismael la proposición de su compatriota? — 11. ¿Cómo reaccionó el otro marroquí? — 12. ¿Cómo apagó Ismael el fuego en que ardía? — 13. ¿Qué le había hecho el muchacho marroquí anteriormente? — 14. ¿A qué le obligan un grupo de niños de la calle? — 15. ¿Qué tiene Ismael en el vientre? — 16. ¿Cómo explica Ismael la aparición de la erupción? — 17. ¿Cuántos hermanos tiene Ismael? — 18. ¿En qué ciudad marroquí nació Ismael? — 19. ¿Por qué abandonó su hogar y su ciudad? — 20. ¿Se puede decir que ahora Ismael es culpable por algún delito? — 21. ¿Qué reprocha el autor a las autoridades españolas? — 22. ¿Por qué robaba Ismael cuando era más pequeño? — 23. ¿De qué vive actualmente? — 24. ¿Qué quiere ser cuando sea mayor?

b) Léxico y gramática

I Ponga un poco de orden.

1. viven — sus — porque — perdido — padres. — niños — Muchos — la — han — en — calle — a
2. barrio — buena — chico — de — donde — el — Ese — goza — no — reputación — vive.
3. vida económica — un — paralización — La — la — ha provocado — desempleo. — del — de — aumento
4. escolar — formación — hacer — Hay que — los niños — nos — para que — posible — profesional. — que — reciban — sea — tienen que — todo lo que — trabajar — una adecuada — y
5. uno de — se inspiran — no sufrir — los principios — los — las normas — internacionales — humanos. — fundamentales — es — en los que — El derecho — discriminación — derechos — de — a
6. y — unos — tengan — tanto — tan — poco. — otros — No — niños — hay — derecho — a que
7. consecuencias — del — económico. — embargo — está — Este — las — país — sufriendo
8. un billón — tuvieron que — trabajar — porque — planeta — ir — Hoy — eran niños — en nuestro — en lugar de — de — cuando — contamos — con — analfabetos — a la escuela.

II Escriba los artículos y verbos correspondientes.

... vista	...	... vida	...	... trabajo	...
... sufrimiento	...	... suspiro	...	... subsistencia	...
... robo	...	... relato	...	... reflexión	...
... quemadura	...	... protección	...	... preferencia	...
... permiso	...	... pensamiento	...	... ofuscación	...
... negación	...	... molestia	...	... mirada	...
... marca	...	... lucha	...	... llegada	...
... limpieza	...	... herida	...	... duración	...
... disgusto	...	... desconfianza	...	... crimen	...
... control	...	... conocimiento	...	... concesión	...
... cicatriz	...	... camino	...	... calzado	...
... ayuda	...	... aviso	...	... auxilio	...
... atención	...	... asistencia	...	... asesoramiento	...
... asalto	...	... agresión	...	... advertencia	...
... abuso	...	... abertura	...	... abatimiento	...

III Complete la tabla.

Pretérito indefinido	**Condicional simple**	**Imperfecto de indicativo**	**Imperfecto de subjuntivo**	**Presente de indicativo**
se enganchó				
	repetiríamos			
		repartían		
			transigieran	
				necesito
			sustituyéramos	
		convertían		
	dramatizaría			
internaron				
	[él] dormiría			
		nos escapábamos		
			huyerais	
				se reúnen
			difiriesen	
		adivinaban		
	mostraríamos			
desconfió				

IV Ponga los acentos necesarios.

Acusan a las instituciones de criminalizar a los «sin papeles»

Delincuencia no es igual a niño magrebi. Esta es una de las premisas de la Plataforma Ciudadana en Defensa de los Menores Inmigrados Desamparados, que acuso ayer a las administraciones de estar llevando a cabo una campaña de criminalizacion de los menores y jovenes inmigrantes.

Los miembros de la plataforma, que agrupa a 84 entidades ciudadanas, exigieron al Govern «que cumpla con la ley catalana de Proteccion del Menor, que le obliga a asumir la tutela y documentar a los menores inmigrantes que viven en la calle».

La Plataforma presento un informe sobre la situacion de los menores inmigrantes indocumentados y aseguraron que persiste la situacion de desamparo y de pernoctacion en la calle «de un numero importante de menores inmigrantes no acompañados».

La Federacion de Asociaciones de Vecinos de Barcelona (FAVB), integrante de esta Plataforma, lamento que «la unica solucion que proponen las administraciones es un pacto institucional para aumentar la vigilancia policial en las zonas donde se concentran mayor numero de menores indocumentados».

Segun Andres Naya, vicepresidente de la FAVB, «se esta uniendo el concepto de inmigracion y delincuencia, mientras que los delitos cometidos en Barcelona por jovenes inmigrantes no supera el 10 por ciento».

El Mundo, 19-7-2000

A todos los rostros que conozco

Los chicos de la calle, las sombras del asfalto,
los nadie con demasiada historia en tan pocos años,
los dueños de los sueños resquebrajados.

Los de mirada ausente,
de corazón violado,
los hijos de la desconfianza,
los del pulmón encharcado, de disolvente.

Sherpas en el país de los desengaños,
viajeros perdidos en busca de su Eldorado.

A ellos, los que también sonríen con los pequeños gestos,
los que agradecen la presencia ante tanta ausencia.
Los que sobreviven a la indiferencia,
los nacidos del Sur que llaman a nuestras conciencias.

Los chicos de la calle que vienen en pateras.

Malaes, 11 de marzo de 2000

Lectura comentada

La Policía desarticula una «banda» de tres atracadores cuyo jefe era un niño de 6 años

La «banda del chupete» ha sido desarticulada y sus presuntas actividades delictivas ya están en manos de la autoridad judicial competente. Sin embargo, los tres integrantes de esta «red» no han sido entregados al juez sino a sus progenitores porque no alcanzan la edad penal, ni la del «pavo» y casi ni la escolar. Dos de los presuntos atracadores tienen 12 y 9 años, respectivamente, mientras que el «cabecilla» de esta banda siempre según fuentes policiales es de 6 años.

Los tres menores fueron interceptados por la Policía el pasado martes por la tarde, cuando presuntamente acababan de robarle con amenazas veinte duros a otros dos muchachos de 14 años.

Ni los propios agentes que participaron en la operación podían creer lo que estaban viendo tan cerca de la Gran Vía.

La historia se remonta a finales de junio, cuando un hombre denunció en la comisaría de Centro que un grupo de muchachos se dedicaba a sustraer dinero a otros jóvenes en la madrileña Plaza de Santa María Soledad Torres Acosta, y que una de las víctimas era su hijo adolescente.

El «modus operandi» de la banda era el siguiente: primero pedían dinero y si los jóvenes en cuestión se negaban a ser «donantes», les amenazaban con hacer uso de las navajas que «decían llevar», según informaron ayer fuentes policiales.

Con estos datos, los policías acudieron el martes sobre las cinco de la tarde (hora en la que según la denuncia solían cometerse los asaltos) a la citada plaza para comprobar la veracidad de lo denunciado.

Y allí los pillaron «in fraganti» con su último botín: las cien pesetas que, contra su voluntad, acababan de «entregarles» dos muchachos.

Pero los verdaderos sorprendidos fueron los agentes: el más pequeño de los niños, un marroquí de 6 años, era quien llevaba «la voz cantante». Sus otros dos «compinches» (un español de 12 años y otro niño también marroquí de 9 años) le obedecían.

Aunque los presuntos asaltantes amenazaban a sus víctimas con clavarles una navaja, los policías no les encontraron ningún arma blanca.

Una vez repuestos todos del susto, los menores fueron trasladados a la comisaría de Centro y ante la presencia de sus padres culparon a otro joven, amigo y vecino, de 16 años.

Según los menores, fue este muchacho quien les «incitó y obligó» a actuar así.

Este joven fue detenido el miércoles y puesto en libertad tras negar la acusación. Mientras, los tres menores fueron entregados a sus padres al no tener la edad penal.

Pero esta no ha sido la primera vez que estos niños han visitado la comisaría y se las «han visto» con los agentes.

Según fuentes policiales, durante la pasada primavera los tres menores estuvieron involucrados en el intento de agresión a una pareja de turistas en la Plaza de Callao.

«Un coche patrulla de la Policía se trasladó al lugar y vio a dos de los tres niños en actitud agresiva mientras que el más pequeño amenazaba a los dos turistas con una botella rota», señalaron fuentes policiales.

Las mismas fuentes explicaron cómo mientras uno de los agentes intentaba controlar la situación su compañero tuvo que pedir refuerzos para poder reducir a los tres menores.

La presencia de la policía no intimidó a los pequeños, que se enfrentaron a los agentes hasta que, con la ayuda de otro coche patrulla, pudieron reducirles y llevarles a comisaría.

Según la Policía, la «banda» estaba integrada sólo por estos tres niños. Sin embargo, los pocos vecinos que ayer se dejaban caer por la plaza aseguraban que éstos eran una representación.

«Son unos diez chicos de cerca de dieciséis años. Se mueven aquí, en la plaza, y piden dinero». El escueto comentario procede de un niño de la zona. «Sí, viven por aquí y en la calle Barceló. Yo no estoy con ellos, prefiero jugar solo, aunque no me dan miedo», puntualiza. Sin embargo, la mayoría de los vecinos ha adoptado la actitud de los «monos de Gibraltar»: no han oído nada, tampoco lo han visto y, menos aún, lo cuentan.

Isabel Muñoz, El Mundo, 7-7-1995

EL DOLOR DE LOS NIÑOS

El caso es éste: en una casa del tipo corrala vive una pareja con dos hijos; el primero lo es de la mujer y de un primer marido o pareja; el segundo lo es de los dos. El primer niño vive en la casa oculto a todos los vecinos, no sale a la calle, está permanentemente encerrado, al parecer, por orden de la pareja actual de la mujer y padre del segundo niño. El primero es golpeado, maltratado y malalimentado durante dos años, se sabe por el estado en que es hallado o llevado finalmente a un hospital y por los testimonios de los vecinos. Este niño muere a causa de una última paliza. A su muerte se le encuentran toda clase de golpes, cicatrices, malnutrición y disfuncionalidad. Estuvo siempre encerrado, sin salir a la calle durante esos dos años. Sólo conoció su pequeña cárcel y el dolor. El segundo niño sí era hijo de los dos componentes de la pareja, salía a la calle con su madre, estaba bien tratado y era conocido en el vecindario; era, también, testigo inocente, pero sano, del drama; la situación recuerda esas exhibiciones documentales en las que el macho dominante que ha sometido a la hembra devora a las crías anteriores de ésta y genera las suyas propias. Los vecinos escucharon durante esos dos años un grito que se repetía de continuo: «¡Mamá, no me pegues!». Esta criatura sólo conoció el infierno.

Si hay una imagen desgarradora es la del niño maltratado que tiende sus brazos a su maltratador en busca de ayuda. Es una imagen insoportable y, sin embargo, real. Para un niño, los padres son el mundo y son quienes le ordenan el mundo. No concibe otro espacio de afecto, protección y entendimiento que ése; por lo tanto, no tiene defensa ante los abusos y su único impulso es intentar refugiarse en quien le daña aunque le dañe; no posee un solo recurso que le permita vislumbrar otra salida a su situación. Por eso son tan acomodaticios: la capacidad de acomodación de un niño es muy superior a la de cualquier adulto. Quien quiera que tenga niños o trate con niños lo sabe.

El protagonista de la novela *La peste,* de Albert Camus, hizo famosa y universal la afirmación de que en este mundo podía soportarlo y entenderlo todo excepto el sufrimiento de los inocentes, de los niños. Hoy vivimos en un mundo civilizado en el que la pedagogía infantil se encuentra muy desarrollada en comparación con otras épocas. En este mundo los niños son maltratados, torturados, asesinados y explotados sexualmente, además de educados en odios tribales, utilizados como chantaje de guerra (como en el caso de las mujeres violadas y deliberadamente embarazadas durante la guerra de los Balcanes), usados como niños-soldado en África, abandonados en la calle... Lo sabemos porque existe información, una información tan constante que quizá alcanza el paradójico resultado de anestesiar la conciencia de la sociedad en otras palabras: de valer tanto como la desinformación, hasta el extremo de considerar el asunto como se considera uno de esos males endémicos con los que se convive. Y es frecuente pensar que el maltrato se debe a gente ignorante, primitiva o aculturalizada. Son cosas que pasan dice el padre de familia cerrando el periódico o el noticiero antes de llevar a sus hijos al colegio.

Los niños maltratados de las mil maneras en que pueden serlo por los adultos son débiles, frágiles y sólo sobreviven los más resistentes al castigo. En una sociedad como la nuestra, producto de un acuerdo de supervivencia que nos obliga a todos, miles y miles de niños son privados de ese pacto social que pretende asegurar la neutralización de los abusos, muy especialmente del uso de la violencia. Hay muchas explicaciones, pero ni esos niños entran en programa electoral alguno, esos programas que votamos los ciudadanos, ni las malformaciones psicosociales que pretenden explicar los maltratos justifican un solo golpe, una sola lesión, un solo abandono. Y a ello hay que añadir que el maltrato no es un problema de clase. Hay un hecho que las explicaciones acaban ignorando siempre, un hecho de fondo, un asunto moral intolerable: el maltrato al niño es, ante todo y sobre todo, el ensañamiento con el débil: un fenómeno que se da en todas las sociedades desde lo más bajo hasta lo más alto de la escala social.

El doctor de *La peste* ni entiende ni tolera que ésta alcance y haga sufrir a los niños; su incomprensión es de orden existencial e incluso metafísico y pertenece a la pregunta de quiénes somos, de dónde venimos y a dónde vamos. Es un asunto sustancial el que él plantea, que lo lleva de inmediato a cuestionar la existencia de Dios y la naturaleza del hombre. El maltrato a los niños es aún peor que la peste porque no viene de la enfermedad que, por lo general, no procede de la voluntad humana, sino de una gravísima malformación moral que no es individual, sino social; que no pertenece sólo al individuo ni a la especie, sino al modo de relación que la especie establece consigo misma. La especie, la sociedad, parece haber aceptado que el maltrato infantil es inevitable con la misma intención que dice que es inevitable que existan pobres y ricos, un argumento que esconde la absolución de la insolidaridad. Si el ejercicio del poder espejo donde los hombres se reflejan, privilegia el ensañamiento con el débil en nombre de la suprema autoridad del beneficio propio..., ¿por qué hemos de sorprendernos que este talante discurra por todas las capas sociales en una sociedad donde la dureza de corazón es un factor de éxito? El maltrato a los niños, tan débiles que han de plegarse al dolor, es el espejo del ejercicio más vil del poder y está tan extendido como éste. El ensañamiento es sólo el extremo de la impotencia a la que nos aboca una sociedad cobarde, acomodaticia y depredadora a partes iguales. El maltrato no es un problema de ignorancia, pobreza o atavismo: hoy es un problema de la corrupción moral consentida por el cuerpo social que se mira en el espejo del Poder.

¿Palabras? Sí, palabras. Hay veces en que las palabras son ejemplos de sufrimiento más hirientes que cualquier imagen. No hay mayor expresión de dolor inocente ni más intolerable contradicción que esas palabras de aquel niño que los vecinos escuchaban en silencio en sus casas: «¡Mamá, no me pegues!». No sé si su grito resuena aún entre las paredes de aquella corrala y en la conciencia del vecindario. No me pegues, mamá, no me pegues más.

José María Guelbenzu, El País, 27-01-2003 (1116 palabras)

Anotaciones

(1) corrala (f.): casa de vecinos de varios pisos con un gran patio interior al que dan todas las puertas principales de cada vivienda — (3) oculto a: escondido para, sin que puedan verlo — (5) golpear: aporrear, maltratar físicamente, sobar [schlagen] — (6) hallar: encontrar, descubrir — testimonio (m.): declaración o explicación de alguien que está seguro de los hechos sucedidos — (7) paliza (f.): tunda, soba, serie de golpes dados a una persona o a un animal [Prügel] — a su muerte: cuando murió, después de muerto — (8) disfuncionalidad (f.): mal funcionamiento orgánico — (12) exhibiciones documentales: ejemplos claros — (13) devorar: tragarse, comerse, hacer desaparecer por completo — (14) cría (f.): hijo, niño y sobre todo animal joven, que se está criando — (15) pegar: golpear, maltratar — (17) tender: alzar, alargar [reichen] — (21) dañar: lastimar, perjudicar, causar mal — (22) vislumbrar: ver de una manera poco clara, entrever — (23) acomodaticio /a: que se adapta muy fácilmente — (24) quien quiera que: todo el que — (31) odios (m. p.) tribales: odios entre (tribus) grupos humanos — chantaje (m.): perjuicio que se hace a alguien para obtener algo — (35) anestesiar: adormecer, insensibilizar, aletargar — (39) aculturizado /a: que ha perdido su propia cultura por la imposición de otra que se considera superior — (44) ser privado /a de: no tener acceso a, estar excluido de — (48) golpe (m.): substantivo de golpear — (51) intolerable: que no se puede tolerar, con lo que no se puede estar de acuerdo — ensañamiento (m.): crueldad máxima al causar un daño [verbissene Wut] — (64) esconder: ocultar, encubrir, tapar — (65) privilegiar: conceder privilegios, favorecer — (67) talante (m.): actitud de una persona en un momento determinado — discurrir; aquí: extenderse, propagarse, correr — (69) espejo (m.): superficie de vidrio en la que podemos contemplarnos a nosotros mismos — (71) abocar: llevar fatalmente — depredador /a: perjudicial, dañino, destructor — (72) atavismo (m): tendencia a mantener costumbres anticuadas

Cuestionario de estudio

Elaboración y comprensión

a) Cuestiones sobre el texto

¿Cuántos hijos tenía la familia de la que habla el texto? — 2. ¿Eran los dos hijos verdaderos hermanos? — 3. ¿Cómo le tocaba que vivir al niño de más edad? — 4. ¿Cuánto tiempo aguató el maltrato? — 5. ¿A qué se debió su muerte? — 6. ¿Era tratado el segundo de los hijos como su hermano? — 7. ¿Qué imagen considera el autor como muy difícil de soportar? — 8. ¿Por qué le es totalmente imposible a un niño defenderse contra las agresiones de sus padres? — 9. ¿Qué sabe usted de Albert Camus? Consúltelo en Internet o en una buena enciclopedia. — 10. ¿Qué es lo que no podía entender ni soportar el protagonista de *La peste*? — 11. ¿Qué contradicción constata Guelbenzu en el mundo de nuestros días? — 12. Guelbenzu habla de una información que puede desinformar. Comente brevemente esta afirmación. — 13. ¿Es el maltrato de los niños algo exclusivo de determinadas clases sociales? — 14. ¿Qué es lo que ni entiende ni admite el doctor de La peste? — 15. Traduzca el penúltimo párrafo del texto. — 15. Explique la contradicción existente el la expresión «¡No me pegues mamá!»

b) Léxico y gramática

I Ordene las definiciones.

1. frontera:	a) no tiene que peinarse
2. soldado:	b) hija de mi hermana
3. nativo:	c) parte de los árboles que está introducida en la tierra
4. ignorante:	d) tiene un teclado
5. tutela:	e) van de un sitio para otro sin rumbo
6. abeja:	f) nos sirve en el bar
7. odio:	g) dicen que defiende a la patria
8. vecino:	h) no lo podemos ver
9. ensañarse:	i) se tiene cuando no se ha comido lo suficuiente
10 hambre:	j) mostrar excesiva crueldad al causar un daño a una persona que no se puede defender
11. oculto:	k) tiene pocos conocimientos
12. camarero:	l) insecto que produce la miel
13. desgraciado:	m) es el contrario de *amor*
14. ordenador:	n) vive cerca de nuestra casa
15. deambulan:	o) autoridad legal que se concede a una persona adulta para que cuide de un menor
16. raíz:	p) el alemán lo es de Alemania, el ruso de Rusia
17. sobrina:	q) persona que no es feliz
18. calvo:	r) límite entre dos naciones
19. jornal:	s) dependencia de una droga
20. adición:	t) salario que recibía un obrero por un día de trabajo

II ¿Por o para?

Un viaje

En marzo Enrique, Silvia y yo vamos a la República Dominicana ... las vacaciones de Semana Santa. Vamos a estar allí siete días. Ayer Enrique y yo pasamos ... la agencia de viajes ... comprar los pasajes. Queremos viajar en avión y encontramos unos pasajes muy baratos — sólo pagamos 250 $ ... un viaje de ida y vuelta. Tenemos que salir ... el aeropuerto a las cinco. ¡Ay, ... Dios! No me gusta levantarme tan temprano ... la mañana! Decidimos ir a la República Dominicana, sobre todo, porque nos encanta la música caribeña. También tenemos ganas de tomar el sol. La isla es muy famosa ... sus hermosas playas. El sol es muy intenso allí. ... eso antes de ir a la playa tendremos que ir a una drogería a ... sombreros, gafas de sol, y crema ... el sol. ... principiantes, ya hablamos español bastante bien, pero estamos muy interesados en continuar aprendiendo. Claro, antes de volver compraremos una postal ... nuestra profesora de español y le escribiremos: «¡Gracias ... habernos enseñado la diferencia entre el ... y el ...!»

© *Bárbara Kuzcun Nelson, Spanish Grammar Exercices, 2002*
(Texto ligeramente modificado)

III Ponga los verbos en el futuro.

1.La disputa que hemos tenido con el jefe (traer) consecuencias, ya lo (ver). — 2. Dicen que, en el futuro, la ciencia (aclarar) misterios que hoy parecen inexplicables. — 3. Los chabolistas (entrevistarse) con el alcalde para pedirle que el ayuntamiento colaboré en la financiación de las casas subvencionadas. — 4. Estoy segurísimo de que tus padres no (querer) prestarnos el coche. — 5. [Yo] (hacer) lo posible para ir a verte el día de la operación. — 6. [Tú] no (madurar) nunca sino eres capaz de asumir tus propias decisiones. — 7. Con el tiempo (poderse) ver que el uso indiscriminado de insecticidas en la agricultura tiene consecuencias imprevisibles. — 8. Dada la complejidad del problema, (haber) que examinarlo detenidamente. — 9. Si los europeos queremos competir con los países asiáticos, (tener) que abaratar los costes de producción — 10. Las pruebas de salto de vallas (tener) lugar en el estadio de la ciudad. — 11. Nunca (llegar) a un acuerdo porque nuestros intereses son irreconciliables. — 12. Te (costar) convencerlo porque Cosme tiene la cabeza muy dura. — 13. El ministro de Asuntos Exteriores alemán (ser recibido) por su homólogo español. — 14. Se dice que el promedio de vida (aumentar) en los próximos años. — 15. El pronóstico del tiempo dice que (subir) las temperaturas. — 16. El ministro del Interior (dar) una rueda de prensa para informar del atentado terrorista. — 17. ¿En 2092 (celebrarse) el sexto centenario de la llegada de Colón a América. — 18. La estudiante asegura que (hacer) todo lo posible por salir bien en el siguiente examen. — 19. Por mucho que se lo preguntéis, no os lo (decir). — 20. La empresa (deber) hacer frente a un déficit de millones de euros. — 21. Dicen que la semana que viene (llover) a cántaros.

Lectura comentada

Entrevista con el Defensor del Menor de la Comunidad de Madrid

A falta de estudios recientes y exhaustivos sobre el niño que sobrevive en las calles de las grandes ciudades españolas, Javier Urra nos relata la realidad a través de las experiencias adquiridas en su trabajo.

— ¿Cuál es el perfil de un niño español de la calle y qué motivos le impulsan a vivir así?

Yo creo que tanto en Madrid como en España tenemos un cuarto mundo dentro del primero, una realidad que se nos olvida en la que podemos distinguir tres tipos de situaciones. Una es el niño que está en un ambiente normalizado, en una casa maja, en un buen colegio. No es que esté en la calle, pero sí está desasistido en atención y escucha. Este es un hecho más general. Luego hay un segundo bloque de niños que son primordialmente de etnia gitana cuya fórmula de vida hace que su asistencia escolar sea normalmente ocasional. Pero si yo tuviera que decir cuál es el niño de la calle por excelencia solo, tirado, buscándose la vida, ese es el niño de Marruecos que muchas veces viene solo. En las grandes ciudades sobre todo, tenemos zonas donde hay asentamientos terribles, principalmente de inmigrantes que llegan de manera ilegal que pasan hambre. Con ellos vienen los niños que están en la calle. Es una realidad que existe y que va a ir incrementándose día a día porque el hambre no tiene fronteras.

— *¿A qué peligros están expuestos los niños en las calles de nuestro país?*

Muy sencillo, 24 horas al día para sobrevivir sin dinero es un riesgo seguro para un niño o para un adulto. Para un menor las tentaciones son claras: desde la sustracción económica hasta la prostitución.

—*¿Qué imagen nos está quedando de todo esto y qué está sucediendo en realidad?*

Si no se consigue protección para estos menores pronto, la conclusión de la ciudadanía puede ser totalmente errónea, es decir, que son unos delincuentes que se prostituyen. Pero la realidad es otra. Son niños remitidos a una sociedad en graves dificultades, con una cultura y un ambiente que es, no digo hostil, pero sí desconocido, y donde la única forma de sobrevivir es esa. No es que vengan ya con esa actitud, es que es su salida, porque nadie va a ofrecer un puesto de trabajo a un chaval de 14 años sin papeles, que viene de Marruecos.

— *¿Por qué hay tan pocos estudios en España sobre el tema?*

Pues porque no hemos tenido ese problema hasta ahora.

— *¿Es un fenómeno creciente?*

Sí, sí, eso seguro. Tendría que hundirse mucho la economía española para que a ellos no les fuera rentable. Y nuestro sistema de justicia también es mucho más leve que el de ellos, por eso muchas veces se encuentran aquí mucho más a gusto. Lo que nosotros tenemos que hacer es incrementar los sistemas y bajo ningún concepto crear guettos. Hay que crear albergues y ayudarles, pero siempre con un mediador de su propia cultura, porque si no se puede recibir como una respuesta sancionadora, cuando no es eso. Ha de ser una respuesta protectora.

— *¿Qué ayudas reciben por parte del Gobierno?*

Pues tienen muchos derechos: a la Sanidad, a la Educación, enseguida se pone uno en contacto con ellos y les ofrece un centro de acogida. Es decir, que sí se les dan opciones, lo que pasa es que hay de por medio razones que pueden ser incluso culturales. Hay muchachos de 14 ó 15 años que lo último que quieren es estudiar, lo que quieren es ganarse la vida, trabajar. Son criterios distintos.

— *¿Qué respuesta está pidiendo este problema?*

Lo único que hay que hacer es dar una respuesta ética, y no hipócrita. Y esta respuesta es que el que resida en nuestro país tenga los mismos derechos que el que nazca aquí. No se trata de abrir las puertas y de decir que venga el que quiera y se quede el tiempo que quiera, porque al final esta sociedad se volvería en contra, pero lo que no se puede hacer es ser conscientes de que están aquí y dar la espalda a una realidad. Eso el Defensor del Menor no lo va a permitir.

— *¿Y qué lagunas encuentras en este momento con respecto al tema de los niños de la calle?*

En que no se ha hecho un trabajo real. Aquí cada uno da su opinión, pero no hay una política clara para ver qué hacemos con esta realidad. Hasta hace poco éramos una sociedad de inmigrantes, ahora viene la gente aquí. Nos falta educar a la sociedad en la convivencia porque ahora sí vamos a empezar a ser de otros colores y a tener otras formas de pensar. Y hasta el momento hemos sido muy tolerantes y nada racistas; ahora es la ocasión de comprobar si es cierto.

Fusión, Octubre, 1997

«LIVING» LAVAPIÉS

Hoy Rinconete y Cortadillo se llaman Mohamed y Mustafá. Viven del hurto y el engaño, duermen bajo cartones y se olvidan de sí mismos entre los venenosos efluvios del pegamento que coloca.

¿Cuántos de ustedes los han visto? Muchos quizá los hayan sufrido; algunos se han visto sorprendidos por su insolencia adolescente, pero quizá ninguno sepa cómo y por qué están aquí con nosotros. Información que imagino saludable, en tanto ayudaría a encarar como hay que hacerlo un serio problema que tiene esa zona tan castiza y castigada hoy del centro de la Villa y Corte. La lamentable tentación, tan arraigada como peligrosa, de asociar automáticamente delincuencia e inmigración, estalla como en ningún sitio en este barrio de la capital en el que los tenderos son chinos, los carniceros musulmanes, los restauradores te ofrecen esencias de oriente y las abuelas aún miran sorprendidas la marea multicolor que puebla su barrio cuando vienen de la compra.

Quizá una de las razones es el patio de Monipodio que se ha montado en uno de los rincones de Lavapiés. Esa veintena de adolescentes que llegó del sur en busca de un sueño y se estrella contra el asfalto de la gran ciudad. Como sus precursores literarios, viven al día y también como ellos, tienen alrededor rateros y rufianes de mayor calado y edad a quienes sirven y que les controlan. Mientras se van matando a sorbitos con el pegamento y aterran al vecindario con golpes y tirones, están dando alas a quienes matrimonian delincuente y extranjero.

Y urge acabar con esto. Entre otras cosas, porque cabe pensar que en ese barrio hay otros problemas que resolver, otras necesidades que arreglar. Que si empieza a hacerse normal la convivencia entre vecinos viejos y vecinos nuevos, es fácil que se vea más claro lo que de verdad hoy necesita ese barrio.

No hay soluciones fáciles, pero hay que encontrar el lugar común donde todos caben, y para eso todos tienen que poner de su parte. Vamos, que uno sigue creyendo que algo cabe hacer para que se pueda volver a vivir en Lavapiés.

Con permiso del tráfico, por supuesto.

Juan Ramón Lucas, El mundo, 28-10-2002 (372 palabras)

Anotaciones

(1) Rinconete y Cortadillo: título y personajes de una novela picaresca que Miguel de Cervantes Saavedra (1547-1616) que forma parte de las Novelas Ejemplares. — hurto (m.): robo pequeño que se hace sin utilizar violencia — (2) efluvio (m.): emisión, emanación [Ausströmung] — (3) colocar: poner eufórico, embriagar — (5) insolencia (f.): atrevimiento, falta de respeto [Anmaßung] — (6) en tanto: al mismo tiempo — (7) encarar: poner cara a cara, hacer frente, afrontar — castizo /a: original, antiguo — (8) Villa y Corte: Madrid — (9) estallar: explotar, aparecer repentinamente [Ausbrechen] — (10) tendero (m.): propietario de un comercio, vendedor, comerciante — (14) patio

(m.) de Monipodio: banda, pandilla, grupo — (15) Lavapiés: barrio muy conocido de Madrid — (16) estrellarse: chocar, fracasar, no obtener lo que se quiere — precursores literarios: referencia a Rinconete y Cortadillo — (17) ratero (m.): persona que roba con habilidad y cautela cosas de poco valor — rufián (m.): hombre que vive de la estafa y del engaño — (18) calado (m.): calibre, importancia — (19) a sorbitos: inhalando, bebiendo (o mejor: aspirando) pequeñas cantidades — tirón (m.): robo que se hace de un bolso o de otro objeto por el procedimiento de tirar violentamente de él y darse a la fuga — dar alas: dar fundamento, confirmar — (20) matrimoniar: asociar — (21) urge: corre prisa, es urgente

Cuestionario de estudio

Elaboración y comprensión

a) Cuestiones sobre el texto

1. ¿Qué nacionalidad tienen las personas de las que se nos va a hablar en el texto? — 2. ¿Dónde trabajan? — 3. ¿De qué viven? — 4. ¿Qué se nos dice de sus viviendas? — 5. ¿Qué piensa el autor que la mayor parte de los lectores ignoran? — 6. ¿De qué generalización peligrosa hace mención Juan Ramón de Lucas? — 7. ¿Qué se nos dice de una zona de Madrid? — 8. ¿Qué es un patio de Monipodio? — 9. ¿En qué zona de Madrid se ha formado la cuadrilla de muchachos? — 10. ¿Cuántos jóvenes componen la pandilla? — 11. ¿Con quiénes conviven? — 12. ¿Por qué tienen miedo de ellos los habitantes de Lavapiés? — 13. ¿Qué lleva al autor a afirmar que estos jóvenes destruyen poco a poco sus vidas? — 14. ¿Por qué piensa el autor que es necesario resolver el problema cuanto antes? — 15. ¿Es para el autor el problema de los jóvenes emigrantes el problema más grave del barrio madrileño?

b) Léxico y gramática

I Ponga en activa las frases siguientes.

1. El césped es regado todas las mañanas por un empleado doméstico.
2. El presidente había sido insultado por un parlamentario.
3. Los problemas de este barrio no han sido resueltos por el ayuntamiento.
4. Algunos empresarios de esta comarca son extorsionados por grupos terroristas.
5. Las propuestas del sindicato serían oídas por la dirección de la empresa.
6. La evasión de impuestos va a ser perseguida por Hacienda.
7. Los revolucionarios fueron castigados por el dictador con el exilio.
8. Ningún grupo social debe ser marginado por el Estado.
9. Una banda de ladrones que operaba en el barrio acaba de ser detenida por los agentes de seguridad.
10. La primera máquina de vapor sería inventada por el inglés Watt en 1763.
11. La revuelta de los campesinos fue originada por la mala explotación de los latifundios.

12. El trabajo ha sido simplificado por la mecanización.
13. Los estudios que hizo en Francia le ha sido convalidados por el ministerio.
14. Muchos pueblos habían sido/fueron sometidos por los romanos.
15. Algunos han sido sorprendidos por la elevada insolencia de ciertos jóvenes.
16. Algunas películas antiguas de cine mudo serán sonorizadas por un equipo de técnicos.
17. La llegada del cantante era esperada por una manada de admiradores enloquecidos.
18. La fachada del palacio fue carbonizada por completo por el fuego.
19. La noticia sería difundida rápidamente por los medios de comunicación.
20. El auditorio es decepcionado por la gris actuación del ponente.

I Ordene los sinónimos.
tendero — someterse — sobrevivir — secreto — saludable — retroceso — resolver — rebelión — rebajar — razón — preciso /a — precisar — permitir — permanentemente — opuesto /a — odiar — obligar — negociante — muchacho — mirar — matrimoniar — joven — informar — inaguantable — imparcial — hurtar — herida — generar — fundamentar — famoso /a — estrellarse — engaño — encarar — dolencia — desenvolvimiento — desastre — débil — cuestión — corrección — corpóreo /a — caber —aseverar

adolescente	...	afirmar	...	afrontar	...
asociar	...	autorizar	...	basar	...
catástrofe	...	chocar	...	comerciante	...
contrario /a	...	desarrollo	...	descontar	...
detestar	...	disminución	...	enfermedad	...
engendrar	...	enigma	...	enmienda	...
forzar	...	frágil	...	insoportable	...
lesión	...	levantamiento	...	material	...
motivo	...	muchacho	...	muy conocido /a	...
necesario /a	...	necesitar	...	notificar	...
objetivo /a	...	observar	...	problema	...
robar	...	sano /a	...	ser posible	...
sin cesar	...	solucionar	...	subsistir	...
supeditarse	...	timo	...	vendedor	...

III Traducción
Hamido ya tiene marcada con fuego su terrible experiencia como niño de la calle. Su cuerpo conservará para siempre las cicatrices de las quemaduras de segundo y tercer grado que lo mantienen hospitalizado desde la noche del miércoles. Las llamas fueron el castigo a su miseria: dos adultos y un menor lo rociaron con disolvente y le prendieron fuego después de robarle lo único que tenía, su jersey y sus zapatos.
Hamido, de 14 años, es uno de los cientos de menores marroquíes que malviven desamparados en las calles de Ceuta alimentándose de la basura, a pesar de las leyes obligan al Gobierno a ejercer su tutela. Había llegado hace 10 días a la ciudad tras

abandonar Rincón (Marruecos),su población natal situada a 25 kilómetros. El miércoles se encontraba en el barrio musulmán de San José (Hadú) cuando fue víctima de la agresión.

Hoy tiene quemaduras en el 25% de su cuerpo: en el brazo y mano derechos, en el tórax y en un muslo. El menor, sin familia en España y sin ningún lugar al que ir, ha contado lo sucedido a la Policía Nacional desde la cama del hospital de Ceuta, donde permanece ingresado con pronóstico grave. La policía espera que una vez recuperado pueda identificar a sus agresores.

Hamido no es el primer niño de la calle que sabe lo que es ser quemado vivo en Ceuta. Hace apenas un mes otro menor de 14 años sufrió una agresión similar. El chaval dormía en la playa cuando un marroquí de 22 años prendió los cartones que hacían las veces de colchón. El joven, detenido después, intentó quemar al chico por negarse a robar a otros para él.

Dos adultos y un menor prenden fuego a un «niño de la calle», Isabel Longhi-Bracaglia, El Mundo, 15-5-2001

Lectura comentada

De perros y de niños

La que fue mito erótico del cine francés, Brigitte Bardot, convertida después en ardiente defensora de los animales, ha llorado ante los micrófonos de una emisora de radio italiana, mostrando su pesar por la suerte de los animales de compañía que en verano sufren con frecuencia el desamparo de sus dueños. "Os suplico que no abandonéis a los animales, perros o gatos, igual que no se abandona a los niños».

Nadie duda que la cultivada actriz está al tanto de lo que ocurre a su alrededor y que, con el paso de los años y la dedicación a otras actividades ajenas a la cinematografía, ha podido ampliar sus motivos de preocupación y perfeccionar su experiencia sobre el mundo en que vivimos. Es también encomiable la preocupación que muestra por los animales que acompañan, ayudan, y consuelan a los seres humanos. Aunque también a veces les molesten, ataquen e incluso les causen la muerte, que de todo hay. Pero lo que es mucho menos aceptable es el segundo término de la comparación en la que basa su argumento, dando por sentado que no se abandona a los niños.

Convendría recordar a quien fascinó a tantas personas desde la gran pantalla y que, por eso mismo, sigue teniendo influencia en la opinión pública, que en el mundo en que nos movemos hoy en día, hay niños abandonados, deliberadamente o no, por sus padres. Niños vendidos por ellos. Niños solitarios cuyas familias se han deshecho entre la guerra y el hambre. Niños que trabajan como esclavos, laborales y sexuales. Niños a los que se arrebata la infancia para convertirlos en soldados y guerrilleros. Niños que se buscan la vida en bandada en los suburbios más miserables del mundo. Niños que necesitan inhalar pegamento para encontrar sentido a la vida y sentir algún placer en su desventurado pasar cotidiano. Niños que escarban las basuras y son maltratados si al concluir su indefinida jornada laboral no aportan a sus explotadores la cantidad conveniente de detritus reutilizables. Niños que viven en alcantarillas. Niños a los que se extraen órganos para negociar con ellos... ¿Hacen falta más ejemplos? ¿Habría que dar ahora una lista de cifras y porcentajes avalados por Naciones Unidas?

No es necesario. Basta con vivir mirando alrededor. Por mucho que algunos se sientan formando parte de un mundo estrechamente vinculado, donde la misma corriente vital fluye desde los más elementales protozoos hasta los evolucionados seres humanos, sigue siendo todavía necesario establecer unas prioridades que hacen difícil y doloroso comparar la suerte de los niños con la de los perros. Bien está dedicar a éstos los cuidados que cualquier persona de buenos sentimientos estima beneficiosos. Pero eso sólo debería hacerse después de que fuera verdad el término de comparación utilizado por la protagonista de *Et Dieu... créa la femme:* ..."Igual que no se abandonan los niños».

Están activas en nuestros días unas vanguardias del pensamiento o de la ciencia que profundizan hacia futuros todavía imprecisos pero no por eso menos deseables. Algún curso de verano se ha dedicado al estudio de la psicología de los animales, buscando analizar las razones de su sufrimiento, aunque por algunas de las más lujosas calles del mundo pasean a veces perros enjoyados ostentando sobre su cuerpo más riqueza de la que pueden gozar en toda su vida muchos millones de seres humanos. Se dedican recursos enormes a los programas espaciales, que quizá algún día nos expliquen con precisión el origen del universo pero que no contribuyen en nada a mejorar el nivel de vida de los más miserables del presente. Es evidente que quien tiene dinero puede hacer con él lo que le plazca, incluso dejárselo en testamento a su perro o a su gato. Tampoco hay que oponerse al desarrollo imparable del saber humano, que a veces reporta beneficios a toda la humanidad, aunque por lo general éstos suelan repercutir más directamente en quienes ya gozan de una privilegiada posición.

Pero eso debería siempre ser llevado a la práctica conformándose principalmente a una sola medida: la de los seres humanos. No solo los que vivimos en la selecta porción del mundo que concentra la mayor parte de la riqueza y el poder, sino también los innumerables que, fuera de todos los circuitos de la globalización, sólo de una cosa están seguros: de que la muerte les va a sobrevenir para poner fin a una vida miserable.

Alberto Piris, Solidarios, 11-8-2000

SENTIMOS VERGÜENZA

Queridos inmigrantes... marroquíes, trabajadores que honráis nuestra ciudad con vuestra presencia y que la enriquecéis con vuestro trabajo y vuestro esfuerzo; rebelaos cívicamente, razonablemente, contra la falaz, ignominiosa y xenófoba pulsión que os relaciona con el incremento de la delincuencia, y sabed sobrellevar, bien que de manera orgullosa, reivindicativa y activa, la amnesia que nos maniata y que nos hace olvidar que hasta no hace mucho era España un país de inmigrantes, de transterrados económicos, y que los españoles éramos los parias de Europa y los marroquíes de los franceses, de los belgas, de los suizos y de los alemanes. Trabajadores honrados, personas despojadas del derecho a vivir con dignidad en vuestra patria, para los madrileños lúcidos y de buen corazón representáis un modelo de superación y de lucha.

En el barrio en el que vivo desde hace 30 años, Lavapiés, una panda de adolescentes carenciados, desamparados, violentos y enganchados al pegamento siembran el pánico en las calles mediante el ejercicio de eso que la estadística llama «delitos menores», pero que son inmensos y trágicos tanto para el particular como para la colectividad que los sufre. Pese a que el origen y la nación son irrelevantes en el caso del que delinque, parece que se pone más acento en el hecho de que sean marroquíes que en el de que sean lo que verdaderamente son, criaturas dejadas de la mano de Dios, carne de arroyo y de presidio, muchachos sin luces, sin amor, sin familia y sin instrucción alguna. La existencia de esa bolsa lumpen, que debería sonrojar al Gobierno por su poca voluntad de erradicarla, se utiliza para arrojar, por extensión, un baldón de oprobio sobre vosotros, honestos ciudadanos.

Todo el mundo sabe, y se supone que los fiscales, los servicios sociales y la policía también, quiénes son esos chicos demenciados, dónde actúan y cómo exhuman el descarnado horror del hampa urbana y cutre de comienzos del siglo XX que relató admirablemente Pío Baroja en La busca, pero por hache o por be nada se hace, o muy poco, para erradicar del corazón de un barrio humilde, obrero y popular, el de Lavapiés, ese cáncer de la sirla, de las reyertas y del atraco violento y con navajas. Entre tanto vosotros, inmigrantes ninguneados y explotados, que sufrís como vuestros vecinos españoles ese abandono del Estado, recibís la bofetada del tópico infamante que os relaciona con el delito. Sabed que muchos españoles sentimos, por eso, vergüenza.

Rafael Torres, El Mundo, 29-1-2003 (413 palabras)

Anotaciones

(3) falaz: falso, embustero, hipócrita — pulsión (f.) : tendencia, impulso [Drang] — (4) incremento (m.): crecimiento, aumento, acrecentamiento — (5) amnesia (f.): pérdida total o parcial de la memoria — maniatar: atar las manos, dejar totalmente inactivo — (6) transterrado /a: persona que ha sido puesta fuera de su tierra — (7) paria (m.): persona que se considera inferior — (10) lúcido /a: que razona claramente, consciente — (12) panda (f.): grupo, banda — (13) carenciado /a: que no tiene lo necesario para vivir dignamente, que carece de algo, necesitado — (17) delinquir: cometer delitos, no cumplir lo que exige la ley — (19) carne (f.) de arroyo: gente que no puede cubrir sus necesidades — (20) sonrojar: avergonzar, roborizar — (22) baldón (m.): afrenta, ultraje — oprobio (m.): vergüenza, deshonra — (24) exhumar; aquí: poner al descubierto, desenterrar — (25) cutre: sucio, de baja calidad — (26) por hache o por be: por razones que no son convincentes — (28) sirla (f.): navaja, cuchillo de bolsillo — (28) reyerta (f.): disputa, riña entre dos o más personas — (29) ninguneado: considerado como algo inexistente

Análisis y comentario

1. Estructure y resuma el contenido del texto.
2. ¿Formule con sus propias palabras la acusación que se hace en el primer parágrafo del texto a los españoles.
3. Niños en situación de desamparo es un término que se ha hecho corriente en los últimos años.
   a) Explique lo que se entiende por este término.
   b) ¿Por qué tienen los nativos miedo de los «desamparados»?
4. ¿De qué se siente concretamente el autor de este texto avergonzado?

«LO HUBIERA HECHO CUALQUIER MADRE»

Una joven sevillana amamantó a una niña nigeriana de seis meses que había llegado a una playa de Barbate (Cádiz) a bordo de una patera el pasado domingo. La pequeña viajaba con sus padres en una expedición de 60 inmigrantes irregulares que llegaron exhaustos a las costas españolas tras atravesar las aguas del Estrecho desde las costas marroquíes.

La joven sevillana, llamada Isabel María Caro, de 28 años de edad, tiene también una niña pequeña, de 18 meses, a la que aún amamanta de vez en cuando. Decidió darle el pecho a la pequeña subsahariana tras comprobar, según ha relatado ella misma, que no dejaba de llorar y que su madre yacía en la arena sin fuerzas suficientes como para poder alimentar a su hija.

Isabel María Caro se sorprende de que por darle de mamar a una bebé recién desembarcada de una patera junto a su madre africana sea noticia. La noticia, más bien, asegura, habría sido no hacerlo.«No soy ninguna heroína. Esto lo hace cualquier madre en la misma situación, viendo a una criatura llorando porque pasa hambre», explica restándose importancia.

Pero lo cierto es que aún está conmovida desde que el domingo el contacto entre su pecho y los labios sedientos de la pequeña inmigrante de seis meses llegada a Caños de Meca le abrió los ojos de golpe a ese drama que «tantas veces había visto por televisión» desde su casa de Los Palacios, en Sevilla.

«Ibamos a preparar los bocadillos y entonces empezamos a ver pasar por la playa a inmigrantes mojados. Me llamó la atención un hombre, creo que era el padre, que llevaba en brazos a una bebé corriendo monte arriba, y me dio mucha lástima. Poco después, la Guardia Civil empezó a agruparles. Una amiga se me acercó entonces y me dijo: 'la niña está llorando'».

A Isabel, de 28 años, le pedían prestado el biberón de su hija de 18 meses, Blanca, para calmar al bebé clandestino. Pero como conserva leche materna porque aún da el pecho a ratos, optó por lo más natural: darle la teta como si fuera su propia criatura.«No tengo mucha leche pero es una ayuda. La madre estaba desvanecida al lado, pero miraba. Cuando la niña se agarró al pecho, yo me eché a llorar como una magdalena».

El marido de Isabel, José Manuel, que es peluquero en Dos Hermanas, sacó el vídeo casero para inmortalizar la escena hermosa que estaba viendo junto al otro hijo, Antonio José, de 7 años. Una mujer blanca de rodillas en la orilla, alimentando con su leche a una niña negra que acababa de llegar a un mundo muy diferente al suyo.

«Esto lo ves siempre en la tele, como algo muy lejano, y cuando lo ves tan cerca, piensas: 'esta gente cómo lo estarán pasando de mal que arriesgan su vida y la de su hija para venir'. Lloré porque vi que yo podía estar en su lugar».

Alguien le tradujo que la niña se llamaba algo así como Joy (que en inglés significa «alegría») o Yoice, y supo que ella y sus padres venían de Nigeria, país con el que España tienen un convenio que permite deportar a los inmigrantes irregulares de esa nacionalidad.

Pero la Guardia Civil («un capitán me dijo que no había visto un gesto así en 40 años de servicio») tranquilizó a la voluntaria. «Me han dicho que a las madres con niños y embarazadas no las expulsan. Pero quiero volverla a ver, o al menos saber cómo están. Me han dicho que a las madres las llevan con un cura de Algeciras», aventura. Pero también pudieron llevarlos al centro de internamiento de Tarifa.

Las vacaciones en el cámping Caños de Meca de Barbate se le acaban hoy. «Dentro de la amargura, me voy con la alegría de haber hecho algo bueno. Lo malo es que a esto nos acostumbramos y lo vemos como algo normal. Ahora me duele de verdad».

Eduardo del Campo, El Mundo, 18-1-2002

Quellennachweis

Text 1 aus:	Niños del Sur, Blanco y Negro v. 28.11.1993
Text 2 aus:	¿Qué implica ser un niño de la calle?, Shine a ligth 2001
Text 3 aus:	Esperando la luz roja del semáforo, Panal v. Juli 1999
Text 4 aus:	¿Por qué hay niños de la calle?, Casa Alianza de Guatemala v. August 1998
Text 5 aus:	Capitanes de la arena v. 11.11.1999
Text 6 aus:	Niños adictos a inhalantes, El País v. 20.11.2002
Text 7 aus:	Volver al barro, Anticuentos 2003
Text 8 aus	Rutilo, Historias de la calle, Casa Alianza 2000
Text 9 aus:	Infancia de tercera, Fusión v. Oktober 1997
Text 10 aus:	Gabriela, Historias de la calle, Casa Alianza 2000
Text 11 aus:	Los meninos da rua, Autogestión v. August 2001
Text 12 aus:	No dejéis que los niños de la calle se acerquen a mí, El Mundo v. 12.9.1992
Text 13 aus:	Vergüenza y polémica en Argentina por la muerte de cuatro niños desnutridos, El País v. 15.11.2002
Text 14 aus:	Nuevo Diario v. 11.12.2002
Text 15 aus:	Se puso a llorar, Gaceta Independiente v. 13.2.2002
Text 16 aus:	Pro derechos de la infancia, 2002
Text 17 aus:	Niño silvestre, 1994
Text 18 aus:	Trabajo infantil, Casa Alianza 1999
Text 19 aus:	Lilia vive de la basura, El Tiempo v. 4.1.2003
Text 20 aus:	Dos millones de niños trabajadores, La Insignia v. 30.4.2003
Text 21 aus:	Voces de niños trabajadores, Brecha v. Januar 2001
Text 22 aus	Connats y su postura frente al convenio 138 de la OIT, Connats, 2001
Text 23 aus:	Empleos dignos, El Mundo v. 8.6.2001
Text 24 aus:	Voices of Children in Latin America and the Caribbean, 1998
Text 25 aus:	Crecer limpiando parabrisas, El País v. 26.8.1997
Text 26 aus:	Patas arriba, 1998
Text 27 aus:	La pobreza lleva al trabajo infantil, y éste perpetúa la pobreza, El País v. 8.12.2002
Text 28 aus:	El estigma del trabajo infantil, La Insignia v. 30.11.2001
Text 29 aus:	Trabajo infantil, El País v. 7.10.1998?
Text 30 aus:	Trabajo versus explotación infantil, Ropa Limpia v. September 1999
Text 31 aus	Niñ@s y adolescentes trabajadores son contra el Día Mundial contra el Trabajo Infantil, Adital v. 12.6.2003
Text 32 aus:	Contra los niños, El País v. 24.8.1999
Text 33 aus:	Meninos del fútbol, El País v. 31.1.2000
Text 34 aus:	Alarma política por tráfico de jugadores a Europa, Inter Press Service v. 16.2.2001
Text 35 aus:	Tráfico de niños futbolistas, Jantun Sanqu v. März 2001
Text 36 aus:	Hijos de la muerte, El Mundo v. 25.9.1994

Text 37 aus:	Prenden fuego a niños de la calle mientras dormían, La Jornada v. 16.5.2001
Text 38 aus:	Exterminio de los «meninos da rua» Anmesty Inernational v. 28.1.2002
Text 39 aus:	Pistoleros de los «escuadrones de la muerte» asesinan en Río a ocho niños de la calle, El País v. 24.7.1993
Text 40 aus:	Escuadrones matan niños y adolescentes en Honduras, La Prensa v. 12.12.2001
Text 41 aus:	El doble rasero de EEUU, La Insignia v. 4.4.2003
Text 42 aus:	La pobreza como delito, Brecha v. August 1996
Text 43 aus:	En la burbuja del poder, Brecha v. August 1996
Text 44 aus:	La convención de Mahaman, El Mundo v. 22.11.1994
Text 45 aus:	EEUU ha ejecutado a 10 condenados menores de edad, El Mundo v. 20.10.1999
Text 46 aus:	«Muchos niños de la calle no cumplen 17 años», El Mundo v. 27.5.96
Text 47 aus	Los chicos de la calle, Website del rock argentino
Text 48 aus:	Hogar sin paredes, Fusión v. Oktober 1997
Text 49 aus:	Río de Janeiro intenta sacar de las calles a miles de niños mendigos, El País v. 10.1.1992
Text 50 aus:	El relato de Gerson Antonio da Silva, El País v. 10.1.1992
Text 51 aus:	Acoso al «padre» de los Meninos de Brasil, El País v. 2-5-1993
Text 52 aus:	De «niño de la calle» a testigo de cargo, El Mundo v. 1.5.1997
Text 53 aus:	Comunicado de Amnistía Unternacional v. 22.9.2003
Text 54 aus:	La araña, 1998
Text 55 aus:	Ser como ellos, Siglo Veintiuno 1992
Text 56 aus:	Las pandillas juveniles, ECA, v. Juli/August 2002
Text 57 aus:	Origen y persecución de las «maras» de Centroamérica, El País v. 7.4.2003
Text 58 aus:	Un motín en una cárcel de Honduras acaba con 69 muertos y una treintena de heridos, El País v. 7.4.2003
Text 59 aus:	El sistema neoliberal es la causa de la miseria y la violencia, Adital v. 9.4.203
Text 60 aus:	Pistoleros de 12 años, El Mundo v. 27.10.2002
Text 61 aus:	Ingreso cada vez más precoz en el tráfico de drogas, Jornal do Estado v. 10.1.2003
Text 62 aus:	Las galleras, Situación de la violencia juvenil en Río de Janeiro, 1997
Text 63 aus:	Menores utilizados en tráfico de drogas, La Prensa v. 27.4.2003
Text 64 aus:	Cuando mato, no siento nada, Autogestión v. Juli 2003
Text 65 aus:	Por los derechos de la infancia v. September 2003
Text 66 aus:	Los Sicarios, © Mario Vargas 1999
Text 67 aus:	El ejército infantil de los narcos, El País v. 11.9.2002
Text 68 aus:	Patria grande
Text 69 aus:	Niños combatientes, Desarme v. 13.4.2003
Text 70 aus:	Los herederos de Pablo Escobar, El Mundo v. 10.5.1995
Text 71 aus:	El ataque de los «pirañitas», El Mundo v. 26.5.2000
Text 72 aus:	Entre pirañitas y los de terno y corbata, News Review v. 23.7.3003

Text 73 aus:	Río y sus «niños combatientes», BBC-Mundo v. 9.9.2002
Text 74 aus:	Esperanzas y frustraciones, Perfiles v. November 2002
Text 75 aus:	Dos mil menores inmigrantes han cruzado el Estrecho desde Marruecos en lo que va de año, ABC v. 28.9.2003
Text 76 aus:	El calvario de los menores, El Mundo v. 10.3.2003
Text 77 aus:	Tres niños magrebíes viajan 660 kilómetros en los bajos de un camión, El País v. 22.8.2003
Text 78 aus:	Enganchados al pegamento, El Mundo v. 28.10.2002
Text 79 aus:	One World, 2002
Text 80 aus:	¿De México a Madrid?, El Mundo v. 14.2.1999
Text 81 aus:	«Me han obligado a robar, Natural, Herbst 2001
Text 82 aus:	«A veces, lloro por dentro», El Mundo v. 25.1.2001
Text 83 aus:	Acusan a las instituciones de criminalizar a los «sin papeles», El Mundo v. 19.7.2000
Text 84 aus:	Malaes v. März 2000
Text 85 aus:	La policía acusa a una «banda» de tres atracadores cuyo jefe era un niños de 6 años, El Mundo, 7-7-1995
Text 86 aus:	El dolor de los niños, El País v. 27.1.2003
Text 87 aus:	Entrevista con el Defensor del Menor de la Comunidad de Madrid, Fusión v. Oktober 1977
Text 88 aus:	«Living» Lavapiés, El Mundo v. 28.10.2002
Text 89 aus:	Dos adultos y un menor prenden fuego a un «niño de calle», El Mundo v. 15.5.2001
Text 90 aus:	De perros y de niños, Solidarios v. 11.8.2000
Text 91 aus:	Sentimos vergüenza, El Mundo v. 29.1.2003
Text 92 aus:	Lo hubiera hecho cualquier madre, El Mundo v. 8.1.2002